古典文獻研究輯刊

三八編

潘美月・杜潔祥 主編

第 58 冊

西山朝北使詩文研究：以四部燕行錄為考察中心

侯汶尚 著

國家圖書館出版品預行編目資料

西山朝北使詩文研究：以四部燕行錄為考察中心／侯汶尚 著
-- 初版 -- 新北市：花木蘭文化事業有限公司，2024〔民113〕
目 4+214 面；19×26 公分
（古典文獻研究輯刊 三八編；第 58 冊）
ISBN 978-626-344-761-5（精裝）
1.CST：文獻分析 2.CST：研究考訂 3.CST：中越關係
011.08   112022625

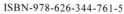

ISBN-978-626-344-761-5

9 786263 447615

古典文獻研究輯刊
三八編　第五八冊　　　　　　　ISBN：978-626-344-761-5

西山朝北使詩文研究：以四部燕行錄為考察中心

作　　者　侯汶尚
主　　編　潘美月、杜潔祥
總 編 輯　杜潔祥
副總編輯　楊嘉樂
編輯主任　許郁翎
編　　輯　潘玟靜、蔡正宣　美術編輯　陳逸婷
出　　版　花木蘭文化事業有限公司
發 行 人　高小娟
聯絡地址　235 新北市中和區中安街七二號十三樓
　　　　　電話：02-2923-1455／傳真：02-2923-1452
網　　址　http://www.huamulan.tw 信箱 service@huamulans.com
印　　刷　普羅文化出版廣告事業
初　　版　2024 年 3 月
定　　價　三八編 60 冊（精裝）新台幣 156,000 元

西山朝北使詩文研究：以四部燕行錄為考察中心

侯汶尚 著

作者簡介

侯汶尚，生於臺灣屏東。國立中正大學中文系碩士（2016），目前為該系博士候選人。現任國立屏東科技大學兼任講師（2019～）、《中正漢學研究》（THCI）編輯助理（2018～）、「東亞漢籍與儒學研究中心」執行秘書（2022～）。曾任中正大學中國文學系研究生學會學術組組長（2015～2016）、會長（2017～2018）。研究領域為中國古典文學、越南漢學、東亞近代知識轉型。著有：《西山朝北使詩文研究：以四部燕行集為考察中心》（2017 碩論），以及國內外國際會議論文數篇：〈隱與現：《婦女雜誌》家政議題中的男人身影〉、〈十九世紀氣象學於東亞的流傳：以《航海金針》、《博物新編》、《測候叢談》為考察對象〉、〈跨域與越境：論合信《博物新編》〉……等。

提　　要

　　本篇論文針對西山朝四部燕行錄進行研究，試圖從使臣紀錄的文獻資料觀看當時的中越關係，以及詩文內容如何描寫於中國的見聞。使臣於詩集中的紀錄，讓讀者能以異域之眼觀看中國，跳脫向來以中國視角為主的框架。歷來對於越南燕行文獻的研究，大多從行旅主題、使臣身分、貢道構擬為主，較無針對一個區間或斷代進行全面性的研究。

　　筆者以西山朝作為研究斷代，針對該時期的燕行文獻進行全面性的研究，包含中越關係的轉變、乾隆對於西山朝的特別禮遇等。向來以明朝為正統的越南，至西山朝時改換清代冠服，這些資訊都被記錄在燕行文獻中。西山朝在推翻後黎朝後，吸收前朝的政治勢力，與清廷先敵後降的態度轉變，國王甚至親自赴北京觀見乾隆，接受了高於以往的待遇。在貢道的安排與改變方面，使臣的詩文留下了行走的軌跡，揭示清廷如何安排進京的路線，包含伴送、賞賜制度。

　　詩文內容分析方面包含兩大面向，其一為文學與修辭，從地景描寫到個人抒懷進行系統性的論述，使臣踏入中國後心境的轉變，造訪名勝時的紀錄，揭示漢文影響越南知識分子之深刻，亦可以發現使者彼此相識的情況，可以側面了解當時西山朝的政治局勢；其二為應制、侍宴與交遊，包含與中國官紳、朝鮮使臣的交流，觀看三方的互動其況。

目

次

第一章　緒　論

第一節　研究動機與目的

　　《越史略》記載：「昔黃帝既建萬國，以交趾遠在百粵之表，未能統屬，遂介於西南隅，其部落十有五焉。」〔註1〕可知自黃帝部落聯盟的時代，越南境內已出現部落活動。此外，張秀民又提出，在不同的時代又有不同的稱呼，分布的範圍從溫州一直到閩粵、廣東、廣西之南粵，同屬越族。〔註2〕《史記‧南越列傳》：「南越王尉佗者，真定人也，姓趙氏。秦時已并天下，略定楊越，置桂林、南海、象郡，以謫徙民，與越雜處十三歲。」〔註3〕越南正式成為中國的領土，至漢武帝時平南越，設九郡，〔註4〕其中交趾、九真、日南三郡位於越南北部及中部，〔註5〕自秦始皇至五代天福三年（968）丁朝建立止，〔註6〕又於明永樂五年（1407）至宣德二年（1427）期間二十年，長達近一千二百年

〔註1〕佚名：《越史略》，（北京：中華書局，1985年），頁5。

〔註2〕張秀民：《中越關係史論文集》，（臺北市：文史哲出版社，1991年3月），頁3。

〔註3〕司馬遷：《史記‧南越列傳》，（臺北市：臺灣商務，1988年），2967頁。

〔註4〕司馬遷：《史記‧平準書》：「元鼎六年，定越地，以為南海、蒼梧、鬱林、合浦、交趾、九真、日南、珠崖、儋耳郡」，（臺北市：臺灣商務，1988年），頁1440。

〔註5〕張秀民：《中越關係史論文集》，（臺北市：文史哲出版社，1991年3月），頁11。

〔註6〕陳荊和編校：《校合本大越南史記全書》：「丁先皇因吳國之喪亂，平十二使君，天與人歸，與圖混一。……創制朝儀，定立軍旅，我越正統之君，時自此始。」（東京：東京大學東洋文化研究所，1986年），頁87。

都作為中國的郡縣，〔註7〕可知中越關係非常密切，即使自立為帝，亦與中國保持密切的關係，如朝貢，且統治者甚至具有中國血統，〔註8〕因此越南在文化、民俗、制度上與中國有很深的淵源。

近來東南亞研究興起，越南漢學成為熱門的研究項目，更與東亞漢學結合，以更宏觀的視角切入，激盪出許多新的學術思維，筆者欲從中汲取些許學術能量，一窺其中風采。筆者第一次接觸越南漢學，係從碩二下時耿慧玲老師開設「東亞漢學專題研究」，從碑誌拓片到燕行文獻為我的研究生生涯開啟了一個新天地，燕行文獻是筆者碩論的基石，第一次發表有關越南漢學的論文，是在中正大學中文系所舉辦的「文獻與近路——越南漢學工作坊」，筆者〈阮忠彥《介軒詩集》的北使書寫管窺〉有幸得到上海復旦大學陳政宏老師、中央研究院鍾彩鈞老師、朝陽科技大學耿慧玲老師、成功大學陳義源老師以及毛文芳老師的指導與鼓勵，讓筆者更有動力進入越南漢學的領域。在架構學位論文、資料蒐集的過程中，筆者發現了幾個值得深入探究的現象：

第一，越南燕行文獻在臺灣的研究仍不多，是個可以繼續開發的領域，目前最新的學位論文是臺灣師範大學博士班黎春開《越南燕行詩中的中國敘述——以人文、地景、文學文化交流為論述中心》、〔註9〕成功大學博士班阮黃燕的《1849～1877年間越南燕行錄之研究》。〔註10〕黎春開以統整的方式處理文獻，從文化地理學的面相出發，研究越南使臣對中國山水勝蹟書寫。阮黃燕以斷代的方式處理文獻，研究十九世紀中期越南使臣至中國的見聞。當時西方勢力席捲整個東亞，使臣至中國後如何擷取相關經驗，回應母國面臨的問題。筆者在文獻及時代的選擇上，以西山朝為研究對象，西山朝是越南歷史上相當特別的朝代，國祚僅24年（1778～1802），對應到中國正是乾隆晚期至嘉慶初年，當時西山朝欲取代後黎朝，與清朝爆發戰爭，後清廷因戰事失利，西山朝皇帝阮惠又多次遣使求降，乾隆五十五年（1790）正式冊封阮惠為安南國王。從使臣出使的詩文中，筆者發現當時越南對於清廷的態度，包含停戰休兵與恢復朝貢，甚至阮惠親自赴北京觀見乾隆，乾隆對其亦款待討好，兩國交流的情

〔註7〕張秀民：《中越關係史論文集》，（臺北市：文史哲出版社，1991年3月），頁11。
〔註8〕張秀民：《中越關係史論文集》，（臺北市：文史哲出版社，1991年3月），頁11。
〔註9〕黎春開：《越南燕行詩中的中國敘述——以人文、地景、文學文化交流為論述中心》，（臺北市：臺灣師範大學，博士論文，2016年）。
〔註10〕阮黃燕：《1849～1877年間越南燕行錄之研究》，（臺南：成功大學，博士論文，2015年）。

景，也能從使臣的詩作中有所感受。

　　第二，丁朝（968）建立後，中越關係從郡縣轉變成藩屬，遣使往來成為兩國在政治、文化上的連結，歷代前往中國使臣留下許多詩文，作為曾經到訪中國的見證。復旦大學與漢喃研究院所編輯的《越南漢文燕行文獻集成》二十五冊，收錄了自元代至清末，越南使臣出使中國期間的見聞與紀錄。筆者所關注的西山朝被收錄在第六至八冊，包含了潘輝益、武輝瑨、段浚、吳時任、潘清簡、阮偍等人的詩集及作品，有單人所做，亦有合集。筆者欲從這些作品中，探討使臣如何書寫中國、何呈現當時的政治氛圍、與其他國家的交流等議題。

　　第三，燕行詩文的主題不乏寫景、抒情、歎詠與懷古，部分的詩文有小序提供背景、創作動機等資訊。筆者想要探討使者的寫作動機與表現手法為何，融入與接受了哪些中國古典詩歌元素。在參與重大場合時，亦有相關的紀錄，包含乾隆皇帝的萬壽節與千叟宴、嘉慶皇帝的登基大典等，他們筆下的北京風貌、圓明園或熱河山莊是如何呈現？

　　第四，使臣與中國或其他國家的交流，亦是筆者關注的重點。燕行文獻記錄了越南使臣與中國、朝鮮使臣的交流與互動，在隆重的國際場合上，彼此溝通的管道只有漢文，在詩文的酬唱交流間，不僅僅是文化交流或詩作切磋，更表現出一個國家的文化素養與國家高度，是非常重要的外交手段。此外，北使途中亦可見使臣與伴送官、各地仕紳的交流，雙方的酬贈之作，除了可以看出中國人士對域外使臣的好奇，亦可見受招待的越南使臣的感謝與致意。

　　筆者將目光聚焦在西山朝，在《越南漢文燕行文獻》二十五冊中，共有三冊是紀錄西山朝出使中國的燕行作品，包含潘輝益《星槎紀行》、武輝瑨《華原隨步集》與《華程後集》、段浚《海煙詩集》與《海翁詩集》、吳時任《皇華圖譜》、阮偍《華程消遣集》，及抄錄潘、武、段等人部分詩作的《燕臺秋詠》、佚名《使程詩集》，共計九部。〔註11〕在爬梳與整理後，筆者挑選了潘輝益《星槎紀行》、武輝瑨《華原隨步集》、《華程後集》、阮偍《華程消遣集》三位作家與四部作品為主要研究對象，其原因有下：

　　第一，西山朝特殊的歷史背景也在燕行文獻中被記錄，中越兩國的關係也可在文獻中看出清廷態度的轉變，除了有史料的考證，亦對照燕行文獻的紀錄，從文學來看歷史的更迭。西山朝與後黎朝、清朝三方勢力的消長，或可從

〔註11〕分別是第六、七、八冊。詳見鄭克孟、葛兆光：《越南漢文燕行文獻集成》，（上海：復旦大學書版社，2010年）。

燕行文獻中窺知一二。值得一提的是，西山朝的使官多以後黎朝有功名之人為主，這個特色值得繼續深究，甚至可擴及當時的士人集團與西山朝的互動。

　　第二，潘輝益、武輝瑨、阮偍三位作者的生平事蹟皆可考，作品也可確定是出自其手。作品的選擇是以內容含量、資料的特殊性為主要出發點，如潘輝益《星槎紀行》共有 122 首詩作，[註12] 其中部分作品有小序提供創作背景、時間、地點等資料，除了單純的寫景詠唱，還記錄了乾隆皇帝的萬壽節、與朝鮮使臣的酬答之作，相當具有參考價值。武輝瑨《華原隨步集》、《華程後集》則記錄了出使行程的安排、清政府對西山朝的禮遇、安排假國王觀見乾隆的緊張氣氛、與中國官紳和朝鮮使臣的唱和作品，且按行程排列。[註13] 阮偍《華程消遣集》包含了阮偍兩次出使中國的紀錄，兩出使目的皆不相同，提供了更多的資訊，且篇次依行程排列，除了寫景詩情，也記錄了乾隆皇帝的萬壽節與千叟宴，也有 20 首與中國官員、朝鮮使臣的酬唱之作。[註14] 相較於其他作品僅記錄沿途風光山水之色、或是內容雜亂為多人之作，難以分辨作者的情況下，筆者挑選了上述的作家與作品。

　　《海煙詩集》、《海翁詩集》、《皇華圖譜》、《燕臺秋詠》、《使程詩集》、等五部則以資料上的佐證為主。《海煙詩集》、《海翁詩集》的作者段浚生平無法明確考證，僅知曾與武輝瑨、潘輝益等人一同出使中國，筆者目前所得之詩集版本有部分內容無法辨識，若來日有機會覓得其他版本，必能從中得到更多具體的事證，屆時再以單篇論文的行事作為補充。吳時任《皇華圖譜》紀錄 1792 年出使清朝的見聞，在材料的豐富度上不及筆者所選的四部燕行作品，原因有為雙方朝貢已走向穩定，吳氏此次出使目的為告哀及求封，與先前的求和及阮惠入京觀見之盛況有很大的不同，筆者想要凸顯西山朝燕行文獻有別於其它作品之處，故《皇華圖譜》亦以佐證、輔助性資料為用。《燕臺秋詠》抄錄人不詳，收集了潘輝益、武輝瑨、段浚、吳時任等人的作品，但在詩作的排列上較為雜亂，亦無署名作者姓名，筆者將其作為與其它詩集的比較，包含內容與文字上的差異。《使程詩集》無屬名作者，亦不知其出使於何年，在資料的確定度上較低，故也以輔助性的形式使用。

〔註12〕潘輝益《星槎紀行》收錄詩作含七律 80 首；五律 3 首；五排、五古贊各 1 首；詞、曲 10 首；題詠 17 首。詳見《越南漢文燕行文獻集成》第六冊，頁 184。
〔註13〕詳見《越南漢文燕行文獻集成》第六冊，頁 292。
〔註14〕詳見《越南漢文燕行文獻集成》第八冊，頁 103。

第二節　研究概況

　　本節筆者整理目前可見包含燕行詩文的相關研究，以及學者對於西山朝歷史的考證做整理，梳理出在當時的新興王朝西山朝與清廷的關係變化，以及出使的使臣，如何紀錄乾隆晚期的中國面貌及外交情形。

（一）燕行文獻的相關研究

　　早期對於燕行文獻的研究多集中於韓國，隨著東南亞經濟的發展，漢學也逐漸將視野轉向東南亞。2009 年上海復旦大學與越南漢喃研究院，共同編輯了《越南漢文燕行文獻集成》共二十五冊，時間斷代從元朝至清末，收錄第一本詩集為越南陳朝時期的阮忠彥，他於 1314 年出使中國，經後人整理其於中國的見聞，編成《介軒詩集》，是目前可見最早的燕行詩文集；1883 年范慎遹、阮述為越南最後一次出使中國，二人分別留下《福建元年如清日程》、《每懷吟草》。在時間的行跨上約 500 餘年，是紀錄中越關係演變的重要參考資料，整理各詩集的版本、年代、作者，讓後續的研究者能夠更全面的掌握其中的內容。

　　近十年對於燕行詩文的研究已相當多元，從詩文中擷取當時中國的資訊，研究成果豐碩，有湖湘文化研究、赴京貢道研究、文學地景研究、中越關係研究等多元的面向。臺灣方面，有博士論文三本，分別為臺師大黎春開《越南燕行詩中的中國敘述——以人文、地景、文學文化交流為論述中心》，以歷代燕行詩文為對象，以文化地理學的角度切入分析詩文；〔註 15〕中山大學阮氏美香《鄭懷德《艮齋詩集》研究》，將鄭懷德生平、《艮齋詩集》版本以及詩文、當時中越關係作研究，以詩文的分析為主題；〔註 16〕成功大學阮黃燕《1849～1877 年間越南燕行錄研究》，以中越朝貢史晚期為對象，使臣除了看到西風東漸，亦看到逐漸衰亡的清帝國，之後反思被法國蠶食鯨吞的越南該如何生存，觸及面較廣。〔註 17〕又一本碩士論文為成功大學游思盈《外國人眼睛的明代中國——以幾本遊記為例》，以馮克寬《使華手澤詩集》為部分觀看中國的視角，

〔註 15〕黎春開：《越南燕行詩中的中國敘述——以人文、地景、文學文化交流為論述中心》，（臺北市：臺灣師範大學，博士論文，2016 年）。

〔註 16〕阮氏美香：《鄭懷德《艮齋詩集》研究》，（高雄市：中山大學，博士論文，2016 年）。

〔註 17〕阮黃燕：《1849～1877 年間越南燕行錄之研究》，（臺南：成功大學，博士論文，2015 年）。

紀錄周邊國家如何記錄中國。〔註18〕

　　在單篇論文方面，筆者從臺灣期刊論文索引系統中查找，僅有一篇刊登於《漢學研究集刊》為莊秋君〈十九世紀越南華裔使節對中國的書寫——南燕行錄為主要考察對象〉，可知燕行文獻在學術上還有很大的發展空間。今年二月中研院文者所有陳益源教授主講〈一路題詩道日邊——談越南使節在中國的文學活動〉。2016 年 5 月，中正大學中文系主辦「越南漢學工作坊」邀請中國、臺灣、越南等優秀學者一同參與，其中亦有許多精彩的論述，《越南漢文燕行文獻集成》編纂成員陳政宏更親臨現場演講，介紹東亞漢集版本的識別。

　　在中國大陸對於燕行文獻的研究已有相當多的文獻資料，筆者以萬方數據庫及中國知識資源總庫（CNKI）索引，包含博碩士論文、期刊論文，參考文獻有使用《越南漢文燕行文獻集成》者合計七十二條，影響力匪淺。從主題的分類上，外交、政治、歷史、文學無所不包，近來更有趨向精細化的研究，如貢道的細考，搭配地方誌的資訊，讓整體貢道更加明朗。以近五年的研究方向來看，燕行文獻開始注重特定地區的紀錄，如彭單華特別關注越南使臣如何歌詠永州，發表了了一系列的文章；張京華則關注使臣如何描寫湖南地區。在學位論文方面，關注議題較大，多以使臣在中國的活動、與中國官紳的交流為主要探討對象。

（二）西山朝的相關研究

　　西山朝國祚短，在學界上尚未有非常完整的討論，且越南歷史對西山朝的評價並兩極，甚至被認為是偽朝或篡位者，〔註19〕在紀錄上較無完整且全面的保存，大多須透過中國史料，如《清史稿》、《清實錄》才能逐漸拼湊當時的歷史面貌。故筆者在梳理西山朝歷史時，大量引用了上述兩本史書，因《大越史記全書》謹記載至後黎朝，西山朝幾乎完全空白，僅能依靠中國的官方紀錄。

　　筆者在文獻蒐集的過程，發現一本博論研究乾隆晚期中國與越南的政治情勢，文化大學政治系陳中雨《清代中葉中國對越南宗藩關係的重建——以「中華世界秩序原理」的角度分析》，引用張啟雄老師的觀點，去看後黎朝、西山朝與中國的外交關係，在後黎朝末年乾隆對越南政局的干預以及態度的轉變。陳雨中大量使用雙方來往之公文去映證當時的歷史，並以張啟雄老師

〔註18〕游思盈：《外國人眼晴的明代中國——以幾本遊記為例》，（臺南：成功大學，碩士論文，2013 年）。

〔註19〕《大南實錄》稱西山朝為偽朝，有〈偽西列傳〉一篇。

「興滅繼絕」的儒家觀點解釋為何乾隆放棄後黎朝，並在短時間內擁立西山朝，是筆者在整理這段歷時短卻複雜的歷史時，非常重要的參考文獻。

筆者從萬方數據庫及中國知識資源總庫（CNKI）索引，目前尚未找到有論題專門處理西山朝的論文，多以後黎朝、阮朝為對象去看中越的關係，西山朝比較少被關注，或許是國祚短，國家亦無大作為，且越南方面又刻意低調這段歷史。但筆者認為，西山朝相較於其他越南王朝，與中國的關係更加緊密，如繼它而起的阮朝，也沒有向阮惠一樣，國王本人親自赴京觀見，且欲改著清朝服飾意圖拉攏，相較於歷代對中國王朝的討好與示弱前所未有，相當值得深究。

第三節　研究文獻

在處理後黎朝、西山朝關係的議題上，引用資料多以《清史稿》、《清實錄》、《大越史記全書》為主，在觀點的建立上，參考陳中雨《清代中葉中國對越南宗藩關係的重建──以「中華世界秩序原理」的角度分析》一文。筆者欲凸顯西山朝於越南的歷史定位，向來談到西山朝多以偽朝稱之，對其統治者多以負面評價為多，較少客觀的論述。筆者對西山朝的定義為 1788 年，阮惠於富春建立的王朝為正統，阮岳雖早十年稱帝，但卻沒有與中國建立外交關係，反而阮惠積極與清廷交涉，並大量啟用前朝遺民、政治勢力，在作為上比阮岳積極。因此透過史料翻閱，期望可以客觀的角度去整理這段歷史。

在文本的選擇上，筆者以上海復旦大學與越南漢喃研究院合編的《越南漢文燕行文獻集成》為主要文本，並以其中第六冊潘輝益《星槎紀行》、武輝瑨《華原隨步集》、《華程後集》；第八冊阮偍《華程消遣集》，三人四本燕行詩文集為研究對象。《越南漢文燕行文獻集成》除了以對版本加以考證，且每本詩集皆有內容題要與作者介紹，讓筆者可以快速掌握詩及主旨。武輝瑨《華原隨步集》是其第一次出使中國的紀錄，序亦為本人所寫，在西山朝歷史意義上，武輝瑨的出使象徵兩國朝貢關係的建立，其重要性及代表性是其他詩集無可取代的。潘輝益《星槎紀行》紀錄乾隆五十五年（1790）年與武輝瑨、段浚、吳時任同阮惠一同赴北京觀見的紀聞，其體例安排、內容的描述都具有非常大的史料價值，如《清實錄》詳細記載了此次出使的準備，其中更可見乾隆對使臣團的安排，資料之詳細是歷史上少有，更足見西山朝的特殊，且《星槎紀行》

收入應制詩、侍宴詩、與朝鮮交流詩、與中國官紳交流詩數首，更能見到當時的外交歷史。武輝瑨《華程後集》是紀錄與潘輝益等一同赴京的見聞，由於已是第二次出使，在心境的變化上能與第一次出使的潘輝益作比較，不過最值得一看的仍是武輝瑨對於朝鮮使臣質疑西山朝改換清朝官服的回應，這段的外交歷史比起潘輝益所載更有價值。阮偍《華程消遣集》紀錄 1790 年、1795 年兩次的出使，一次為謝恩、一次為賀嘉慶登基，是西山朝燕行詩文收詩最多的詩文集，其參考價值相對高，亦有與中國官紳、朝鮮使臣交流的作品，尤其第二次出使紀錄了千叟宴的與嘉慶登基萬國來朝的盛況，以上四本為筆者最主要的研究文本。

第四節　研究章節與次第

　　首先，針對中越歷代關係做整理，最後凸顯筆者所關注的西山朝。此章節著重於政治方面的文獻整理，從先秦直至嘉慶初年，中越關係的演變，除了能更了解中國古籍中的越南形象，亦能從中看到在被納入中國版圖的四次北屬時期，中國如何經營與掌控越南；又王朝勢力衰弱時，透過羈縻的方式持續在越南發揮影響力；唐亡後直至明永樂前，中國王朝都無力再直接統治越南地區，但雙方依然透過朝貢的方式維持外交關係。明永樂至宣德間的二十年，越南短暫納入明朝版圖，亦是歷史上最後一次中國直接統治越南的時期。宣德末年後黎朝將明朝勢力逐出越南，開始與明朝的朝貢關係。後黎朝與中國的朝貢關係一直維持到乾隆五十三年（1788），後乾隆以兩次丟失國印、天厭黎氏為由，切斷與後黎朝的朝貢關係，並於乾隆五十四年（1789）與西山朝正式建立朝貢關係，乾隆將平定安南列為自己的十大武功之一，西山朝最後一次出使清朝為嘉慶四年（1799），出使原因為乾隆駕崩。此時阮福映開始威脅西山政權，阮光纘曾於嘉慶六年（1801）遣使如清求兵營救，但未獲准進關，兩國朝貢關係終止。最後西山朝於隔年亡於阮朝。嘉慶相較於乾隆積極干涉越南國勢的態度大不相同，嘉慶以隔岸觀火為主，並不多加干預，其中態度的轉變值得深究。

　　筆者所關注之燕行詩文皆以漢文書寫，若說燕行詩文的出現有朝貢等政治方面的因素，那此章筆者將討論使臣以漢文書寫背後的文化面相，從越南歷來的漢文教育至科舉制度，中國文化無不浸潤著越南的文化面。從先秦即有中國的經典進入越南，兩漢夾帶強勢的武力直接統治，漢化逐步加深，且安南地

區亦可透過廉慈等途徑進入政府機關，即使在羈縻時期，於當地的統治者皆具有中國血統，漢化的過程不致完全中斷，幾任有作為的統治者更安定了南方，相較於戰火頻傳的中國，經濟文化快速發展；隋唐盛世更為越南文學奠定了大放異彩的基礎，不但可通過考試進入中央任職，亦有不少的中國文人道經此地講書授學，對越南文學風氣有深遠的影響。入宋後中國再無力統轄越南，但越南各王朝依然與中國保持密切關係，中國然是越南主要的文化輸入國，其科舉制度、官僚體系都與中國相去不遠，使臣有時更擔任購書、求書的角色。越南自主初期皆以佛教立國，佛教典籍多來自中國，故僧侶肩負文風教化、政治顧問的重要角色，李朝以後，當局者開始重視儒學，並開科取士，至陳朝逐漸制度化，其制度與考題都沿用中國制度，足見中國於政治、文化的影響力。出使中國之使臣，對於漢文的熟稔程度深厚，在其書寫的過程中，更會摻入中國傳統詩文的特色，足見中國詩歌對越南知識份子的影響力。

　　第三部份進入筆者所關注的四部燕行詩文集，除了介紹三位使臣與四部詩文集，亦對三位共五次的出使做介紹。使臣方別是武輝瑨、潘輝益、阮偍，武輝瑨共出使二次，且二次都是非例行性常貢，第一次出使（1789）開啟了西山朝與清廷的正式朝貢關係，第二次（1790）則與安南國王阮惠一同赴京觀見，其規模與禮遇更是前所未有，史書更是有詳細的記載，足見當時特殊的歷史背景。潘輝益於 1790 年與阮惠、武輝瑨一同出使，選擇潘輝益之因在於《星槎紀行》相較於武輝瑨《華程後集》多了更多的紀錄，兩者可相互參照，且《華程後集》無序，且有收錄與燕行無關之作。《星槎紀行》無論在編排次序、史料價值、文學鑑賞、外交視野等方面，都較《華程後集》更有價值。阮偍亦有兩次的出使，第一次為 1789 年，充謝恩使赴北京，第二次為 1795 年，賀嘉慶登基，亦非例行常貢。四部燕行詩文集分別為武輝瑨《華原隨步集》、《華程後集》；潘輝益《星槎紀行》；阮偍《華程消遣集》，此章相處理四部詩文的序文及內容題要，除從序文撰寫、次序編排著手分析，亦從出使目的、貢道擬構等方面初步研究詩文集所紀載的內容。

　　其後，筆者將使者的書寫面向分為兩大類，其一為文學與修辭，此章主要探討使臣進入中國後如何記錄中國地貌與人文景觀。第一部分以旅行地景為主體，將三位使臣所經之地逐一整理，觀看使臣如何描寫中國地景，有自我抒發，到此一遊的紀錄，亦有模仿歷代中國文人對特殊地景的描寫，在特定的地域或景物前，運用他們的先在視野，去映證之前未親眼見證的中國地貌，他們

如何營造氛圍、動景靜景、光線變化，彼此書寫模式的差異又為何，都是筆者想關注的角度。第二部分為個人抒懷，隨著遠離故土，思鄉之情切，將所見之中國山川、氣候風貌賦予濃烈情感，其中亦包含對故土的眷戀、旅途抒發、道路阻長等面向，相較於第一部分的紀行寫景，融入更多使臣的生命色彩與面貌，筆者透過他們留下的詩文，觀看他們如何於字裡行間建構出一個心靈的理想鄉，讓他們可以克服身心壓力，繼續踏上赴京之路。第三部分為與同行使臣、家鄉故友的交流，在這部分筆者發現的四位使臣緊密的關聯性，如相識甚早，其中亦有前朝的遺臣或家族，其實更加應證了西山朝對於要安穩人心的政治手段。如前所述，歷來使者多為進士出身，但潘輝益、武輝瑨、阮偍三人皆非進士出身，卻在使臣團中擔任重要角色，除了與皇帝的應制，更要與外國使臣交流，可見西山朝除了仰賴其深厚的漢學基礎，更可之三位使臣背後家族的影響力，西山朝如此拉攏足可見其欲取得政治正確的意圖。

　　最後一大類為書寫面向二，是以外交與應制為主要討論面向。此類詩文主要以政治為目的，與先前的紀行書寫有相當大的差異。在應制的部分除了要對乾隆歌功頌德，亦要表現出西山朝對清廷的臣服，其中的用字遣詞都可見西山朝委身恭謹之貌。第二部分為與中國官紳的交流，這個部分最常表現在贈詩於伴送官，除了感謝伴送官的辛勞，更有文化的意涵，一個位於文化邊陲的朝貢國，透過詩文來站穩外交地位，促進兩國的和平，除了展現漢文能力的深厚，也可以看出越南對清朝文化的展現，在與部分中國文人的交流中，雙方亦透過詩文唱答，也是展現越南文學實力其實並不亞於中國的證明。第三部分為與越南使臣的交流，赴京觀見應是兩國可以直接對談的外交場合，在交流的詩作中，充滿了對彼此的想像，值得注意的是乾隆五十五年（1790），阮惠入京觀見，朝鮮使臣對於越南更換清朝官服感到詫異，並且多次詢問更改冠服的動機，因向來兩國皆著明朝冠服，除了是對正統的堅持，亦是對滿清是外來政權的輕視，面對越南更改朝服，有著文化上的叛離感，越南使臣又該如何答覆？亦是映證當時西山朝欲拉攏清朝的政治縮影。

第二章　中越關係演變簡史與朝貢概況

　　越南，中國舊稱「安南」，古稱「交阯」或「交州」。越南人自稱為「大越」或「安南國」，「越南國」之名最晚，起自清嘉慶帝（1803）。〔註1〕中越的宗藩關係可追溯至於宋朝初年，在可考的兩千餘年的信史中，千餘年屬中國郡縣，是為「郡縣時代」或「北屬時代」。〔註2〕直到公元 968 年丁朝建立，〔註3〕越南與中國的關係從郡縣轉為宗藩。公元 973 年丁朝向宋朝上表請封，在宋太祖時確立了中越的宗藩關係，且歷經了元、明、清，除了短暫「屬明時期」（1406～1428）之外，一直持續到公元 1885 年越南淪為法國殖民地止。〔註4〕

　　自李朝建立後，中越關係轉以宗藩模式為主，其關係表現主要有三，一為越南王朝需上表宗主國請封、二為越南王朝需定期歲貢，盡其藩屬之義務、三為中原王朝有鞏固藩屬國於當地的政治地位之義務。〔註5〕同上所述，依據張啟雄先生「名分秩序論」的觀點，宗藩關係出自於五倫的延伸，概分為名分論

〔註1〕張秀民：《中越關係史論文集》，（臺北市：文史哲出版社，1991 年 3 月），頁1。

〔註2〕王志強：《李鴻章與越南問題（1881～1886）》，（廣州：暨南大學出版社，2013年 3 月），頁 31。

〔註3〕見陳荊和編校：《校合本大越南史記全書》：「丁先皇因吳國之喪亂，平十二使君，天與人歸，與圖混一。……創制朝儀，定立軍旅，我越正統之君，時自此始。」（東京：東京大學東洋文化研究所，1986 年），頁 87。

〔註4〕詳見，王志強：《李鴻章與越南問題（1881～1886）》，（廣州：暨南大學出版社，2013 年 3 月），頁 31。

〔註5〕陳雙燕：〈中越關係的歷史發展論述〉，（收入《南洋問題研究》，總第 104 期，2000 年），頁 67。

與秩序論。名分首重正名，名正始得依名定分，〔註6〕形成「五倫國際關係」的國際體系，中國皇帝命禮部或理藩院管轄屬藩事務，執行冊封朝貢體制，屬藩奉正朔以示臣從，中國皇帝則以「興滅繼絕論」履行「興滅國繼絕祀」的共主義務，護持受封王室正統。〔註7〕筆者所處理的西山朝時期，正可以映證清廷如何對越南後黎朝與西山朝行使「興滅繼絕」的政治手段。

　　從歷史資料來看，中國與越南之間的關係相當密切，即使自立為王，也與中國保持密切的宗藩關係，除了地理位置的靠近與逾千年為郡縣的政治因素外，越南王朝的統治者多半具有中國人的血統。如前黎朝地的國君黎桓的父母來自中國廣西，李朝太祖李公蘊為閩人，陳朝太宗陳日照為福州長邑人，莫朝太祖莫登庸或為廣東莞縣人，〔註8〕可見越南比起其他藩屬國更有血緣之親。受儒家思想影響，中國宗主與藩屬係由五倫的關係延伸而來，亦即是君臣、父子、夫婦、兄弟與朋友的關係。〔註9〕據張啟雄先生的論點，中華世界的領導者就是天子，其勢力所及之處，可概分為華、夷二部分，華指王畿，夷係指藩，也就是中國周邊的王國。〔註10〕宗藩關係的穩定，與中國武力強弱有直接的關係，如宋以前越南屬中國一郡縣，唐亡而中原大亂，公元 968 年丁部領平十二使君之亂後建立丁朝，國號大瞿越，〔註11〕開寶三年（970 年）遣使如宋請求冊封，開寶六年（973年），宋朝冊封丁部領為交趾郡王，其子為檢校太師、靜海軍節度使、安南都護等職。〔註12〕彼此藉由朝王貢物的制度運作，進行所謂的「封貢體制論」，也就是施行冊封儀典、朝覲與納貢的儀式，以明彼此之名分位階。〔註13〕

〔註 6〕張啟雄：《全蒙統一運動：喀爾喀獨立的另類觀點》，（臺北市：蒙藏委員會，2001 年），頁 3。

〔註 7〕詳見張啟雄：〈東西國際秩序原理的差異——「宗藩體系」對「殖民體系」〉，（收入《中央研究院近代史研究所集刊》，總第 79 期，2013 年 3 月），頁 56。

〔註 8〕詳見張秀民：《中越關係史論文集》，（臺北市：文史哲出版社，1991 年 3 月），頁 12～17。

〔註 9〕陳中雨：《清代中葉中國對越南宗藩關係的重建——以「中華世界秩序原理」的角度分析》（文化大學，博士論文，2016 年 6 月），頁 35。

〔註10〕張啟雄：《全蒙統一運動：喀爾喀獨立的另類觀點》，（臺北市：蒙藏委員會，2001 年），頁 3。

〔註11〕陳荊和編校：《校合本大越南史記全書》，（東京：東京大學東洋文化研究所，1986 年），頁 180。

〔註12〕陳荊和編校：《校合本大越南史記全書》，（東京：東京大學東洋文化研究所，1986 年），頁 181。

〔註13〕王志強：《李鴻章與越南問題（1881～1886）》，（廣州：暨南大學出版社，2013年 3 月），頁 35。

朝貢關係成立，中國皇帝即認定其作為「邦國」之資格，冊封朝貢國領導者為「國王」，有了冊封的這一層關係，也就承認了領導者的正統地位。藩屬為表示忠誠，於元旦、冬至、萬壽節、即位、駕崩、恩賜等等之際，都會派遣使節至中國致意。對於藩屬的來貢，秉持儒家「厚往薄來」的精神，皇帝必須豐厚的「回賜」，於此之外，恩賜屬藩免稅的朝貢貿易。皇帝為體恤帝國周邊長期屏障中央屬藩，以免稅的貿易體制作為犒賞，藉由經濟援助，培養宗主國與朝貢國之間的共同意識。〔註14〕

第一節　先秦至明宣德

一、北屬與羈縻時期

中越地理相連，彼此的交流源遠流長，《大越史記全書》載：「涇陽王，諱祿續，神農氏之後也。」〔註15〕又《越史略》載：「昔黃帝既建萬國，以交趾遠在百粵之表，莫能統屬，遂界於西南隅，其部落十有五焉。」〔註16〕神農氏與黃帝皆是中國遠古時期的傳說人物，更是中華文化的起源，更能佐證兩方關係之密切。《越史略》載：「至周成王時，越裳氏始獻白雉。」〔註17〕又《後漢書》載：「交阯之南有越裳國。周公居攝六年，制禮作樂，天下和平，越裳以三象重譯而獻白雉。」〔註18〕呂士朋先生認為，無論是越南的起源或是周成王時越裳來朝，雖未必真有其事，但在遠古時期，中越兩民族已有過密切的歷史關係。〔註19〕

至始皇帝嬴政，中越關係開始有了轉變，秦始皇二十六年（前221）統一中國，三十六年（前211）平定今日的北越地區，《史記》載：「三十三年，發諸嘗逋亡人、贅壻、賈人略取陸梁地，為桂林、象郡、南海，以適遣戍。」〔註20〕

〔註14〕陳中雨：《清代中葉中國對越南宗藩關係的重建──以「中華世界秩序原理」的角度分析》，（文化大學，博士論文，2016年6月），頁43。

〔註15〕陳荊和編校：《校合本大越南史記全書》，（東京：東京大學東洋文化研究所，1986年），頁97。

〔註16〕佚名：《越史略》，（北京：中華書局，1985年），頁1。

〔註17〕佚名：《越史略》，（北京：中華書局，1985年），頁1。

〔註18〕范曄：《後漢書·列傳·南蠻西南夷列傳》卷七十六，（臺北：鼎文書局，1985年），頁2835。

〔註19〕呂士朋：《北屬時期的越南》，（香港：香港中文大學新亞研究所，1964年），頁7。

〔註20〕司馬遷：《史記·秦始皇本紀》卷六，（臺北市：臺灣商務，1988年），頁253。

至此，北越地區正式納入中國版圖，征服的原因《淮南子》載：「利越之犀角、象齒、翡翠、珠璣。」〔註21〕三郡的設立，為中國征服越南設置派官之始，南海郡位於今天的廣東省、桂林郡為廣西省、象郡則涵括越南境內北圻至中圻（廣南）一代。〔註22〕北越的平定正式開啟越南北屬中國長達近千年的歷史。

秦始皇駕崩後，秦王朝搖搖欲墜，《史記》載：「南越王尉佗者，真定人也，姓趙氏。……佗，秦時用為南海龍川令。」〔註23〕當時越南的地方官趙佗見秦朝漸衰有了異心。秦亡後，即擊并桂林、象郡，自立為南越武王。〔註24〕漢高祖劉邦建立漢朝，十一年（前196年）遣陸賈出使越南，《史記》載：「高祖使陸賈，賜尉他印為南越王。」〔註25〕趙佗稱臣歸漢。但好景不常，漢高祖劉邦駕崩，呂后專政，《史記》載：「高后時，有司請禁南越關市鐵器。」〔註26〕市場貿易的關閉引起趙佗猜疑與漢朝斷絕往來，並於高后五年（前183年）稱帝，為南越武帝，《史記》載：「佗乃自尊號為南越武帝，發兵攻長沙邊邑，敗數縣而去焉。高后遣將軍隆慮侯竈往擊之。會暑溼，士卒大疫，兵不能踰嶺。歲餘，高后崩，即罷兵。佗因此以兵威邊，財物賂遺閩越、西甌、駱，役屬焉，東西萬餘里。」〔註27〕趙佗統轄之地廣泛，與漢帝國並雄。漢文帝元年（前180年），再遣陸賈使越，《漢書》載：「陸賈至，南粵王恐，乃頓首謝，願奉明詔，長為藩臣，奉貢職。」〔註28〕雙方關係再次解凍，趙佗對外棄帝號，獻白璧一雙，翠鳥千，犀角十，紫貝五百，桂蠹一器，生翠四十雙，孔雀二雙。〔註29〕雙方友好關係持續到漢武帝元鼎四年（前113年），時越南已歷經趙佗、趙胡、嬰齊三王，嬰齊崩後，太后欲求歸漢，但丞相呂嘉不肯，《史記》載：「天子聞嘉

〔註21〕劉安：《淮南子・人間訓》卷十八，（臺北市：建安出版社，1998年），頁617。
〔註22〕呂士朋：《北屬時期的越南》，（香港：香港中文大學新亞研究所，1964年），頁23。
〔註23〕司馬遷：《史記・南越列傳》卷一百一十三，（臺北市：臺灣商務，1988年），頁2967。
〔註24〕司馬遷：《史記・南越列傳》卷一百一十三，（臺北市：臺灣商務，1988年），頁2967。
〔註25〕司馬遷：《史記・酈生陸賈列傳》卷九十七，（臺北市：臺灣商務，1988年），頁2697。
〔註26〕司馬遷：《史記・南越列傳》卷一百一十三，（臺北市：臺灣商務，1988年），頁2969。
〔註27〕司馬遷：《史記・南越列傳》卷一百一十三，（臺北市：臺灣商務，1988年），頁2969。
〔註28〕班固：《漢書》卷一百一十三，（臺北市：臺灣商務，1988年），頁3851。
〔註29〕班固：《漢書》卷一百一十三，（臺北市：臺灣商務，1988年），頁3852。

不聽王，……又以為王、王太后已附漢，獨呂嘉為亂……元鼎五年秋，衞尉路博德為伏波將軍，出桂陽，下匯水。」〔註30〕武帝以呂嘉叛亂為由發兵征討，最後在元鼎六年（前111年）消滅趙氏政權，漢分南越為九郡，其中交阯、九真、日南三郡即秦時的象郡，越南再次納入中國版圖。

　　魏晉六朝對於越南地區的建設與文教亦相當重視，如東漢末年天下大亂，當時的太守士燮穩定了嶺南地區的局勢，《三國志》載：「士燮字威彥，蒼梧廣信人也。……士燮作守南越，優游終世，至子不慎，自貽凶咎。」〔註31〕又《大越史記全書》載：「我國通詩書，習禮樂，為文獻之邦，自士王始。其功德，豈特施於當時，而有以遠及於後代，豈不盛矣哉！子之不肖，乃子之罪爾。」〔註32〕中越史書對於士燮的評價都不差，其統轄越南四十年間政治安定，許多因戰火南渡的漢人亦於此避難，更加深了兩地人民的交流。漢亡後，孫吳政權繼續治理越南地區，又有呂岱、陸胤、陶璜等傑出太守，三國志載：「還在交州，奉宣朝恩，流民歸附，海隅肅清。……自胤至州，風氣絕息，商旅平行，民無疾疫，田稼豐稔。」〔註33〕陸胤再任十一年，期間政治清明、局勢穩定。晉朝統一天下後，有吾彥平定九真之亂，《晉書》載：「吾彥字士則，吳郡吳人也。初，陶璜之死也，九真戍兵作亂，……，彥悉討平之。在鎮二十餘年，威恩宣著，南州寧靖。」〔註34〕西晉亡後至東晉，因國勢漸衰，無暇顧及邊遠的越南地區，位於越南中部的林邑不斷侵擾，歷經十餘年的征伐才平定，晉朝著名太守有杜爰，《晉書》載：「林邑范胡達陷日南、九真，遂寇交阯，太守杜瑗討破之。」〔註35〕後劉宋篡晉，太守慧度與檀和之貢獻甚鉅，《宋書》載：「慧度布衣蔬食，儉約質素，能彈琴，頗好《莊》《老》。禁斷淫祀，崇修學校，歲荒民饑，則以私祿賑給。為政纖密，有如治家，由是威惠沾洽，姦盜不起，乃

〔註30〕司馬遷：《史記‧南越列傳》卷一百一十三，（臺北市：臺灣商務，1988年），頁2973～2975。

〔註31〕陳壽：《三國志‧吳書四‧劉繇太史慈士燮傳》卷四十九，（臺北市：臺灣商務，1988年），頁1191～1194。

〔註32〕陳荊和編校：《校合本大越南史記全書》，（東京：東京大學東洋文化研究所，1986年），頁133。

〔註33〕陳壽：《三國志‧吳書十六‧潘濬陸凱傳》卷六十一，（臺北市：臺灣商務，1988年），頁1410。

〔註34〕房玄齡：《晉書‧列傳‧吾彥》卷五十七，（臺北市：世界書局，1988年），頁1561～1563。

〔註35〕房玄齡：《晉書‧帝紀‧安帝德宗》卷十，（臺北市：世界書局，1988年），頁251。

至城門不夜閉，道不拾遺。」足可見社會安定之象，檀和之最主要的貢獻在於擊破林邑，使其在無能力北犯。其後的齊、梁再無有治理能力的太守出現，社會政治逐漸混亂，至梁武帝大同七年（541 年）爆發李賁之亂，梁武帝派陳霸先平亂，後霸先又平侯景之亂，最終篡梁自立，是為陳武帝。陳武帝駕崩後，越南再陷入內亂，直至隋朝建立派劉方南征，越南才又再次納入中國版圖。

　　隋朝統一天下後，越南地區仍由李佛子所控制，《隋書》載：「仁壽中，會交州俚人李佛子作亂，據越王故城，遣其兄子大權據龍編城，其別帥李普鼎據烏延城。」〔註36〕後隋朝派劉方平定，《隋書》載：「佛子懼而降，送於京師。其有桀黠者，恐於後為亂，皆斬之。」〔註37〕至此，越南再次回歸中國版圖。隋亡唐興，唐太宗時欲遣良吏前往整飭風氣，如祖尚曾與太宗面談，祖尚以「嶺南瘴癘，皆日飲酒，臣不便酒，去無還理。」〔註38〕為由拒絕了，太宗大怒斬於朝堂。高宗時期，交州地區更名為安南都護府。武后時李嗣先做亂，武后垂拱三年（687 年）平之，玄宗時期又有梅叔鸞叛亂，後又平之。唐肅宗至德二年（757 年），安南都護府更名為鎮南都護府，隔年（758 年）升安南經略使為節度使。初唐至盛唐國力日強，對安南地區仍可進行有效的控制，但在安史之亂後，國勢漸衰對於安南的控制逐漸鬆脫，著名都護有趙昌，《舊唐書》載：「趙昌字洪祚，天水人。……拜安南都護，夷人率化。十年，因屋壞傷脛，懇疏乞還。」〔註39〕其後的裴泰繼遭反，唐德宗復請趙昌回任，始得平亂。唐憲宗至唐武宗時期，再無能力有效治理安南，唐懿宗時期有高駢，《舊唐書》載：「高駢字千里，幽州人。……五年，移駢為安南都護。至則匡合五管之兵，期年之內，……收復交州郡邑。又以廣州饋運艱澀，駢視其水路，自交至廣，多有巨石梗途，乃購募工徒，作法去之。由是舟楫無滯，安南儲備不乏，至今賴之。」〔註40〕高駢在任五年，是唐王朝直接統治越南的最後一抹餘暉。唐末黃巢之亂爆發，風雨飄搖的唐王朝再也無力收回安南。

　　唐末藩鎮割據，朱溫篡唐後，中國歷史進入五代十國。《大越史記全書》載：「梁以廣州節度使劉隱兼靜海軍節度使，封南平王。時隱據番禺交州人曲

〔註36〕魏徵：《隋書‧列傳》卷五十三，（臺北市：臺灣商務，1988 年），頁 1357。
〔註37〕魏徵：《隋書‧列傳》卷五十三，（臺北市：臺灣商務，1988 年），頁 1357～1358。
〔註38〕劉昫：《舊唐書‧列傳》卷六十九，（臺北市：臺灣商務，1981 年），頁 2522。
〔註39〕劉昫：《舊唐書‧列傳》卷一百五十一，（臺北市：臺灣商務，1981 年），頁 4063。
〔註40〕劉昫：《舊唐書‧列傳》卷一百八十二，（臺北市：臺灣商務，1981 年），頁 4703。

顯據州治，稱節度使，志在相圖。」〔註41〕西元 917 年，劉隱之弟劉巖稱帝，史稱南漢。923 年，劉巖攻克交州，後又被逐，謂左右曰：「交趾民好亂，但可羈縻而已。」〔註42〕939 年，吳權自立為王，《大越史記全書》載：「姓吳，諱權，唐林人，世為貴族。」〔註43〕此政權傳五王，歷時二十六年（939～965），其後爆發十二使君之亂，後由丁部領平定建立丁朝（968～980），為越南獨立之始。

（二）朝貢制度化時期

宋朝結束自唐末以來的藩鎮割據，此時越南由丁朝統治，丁先皇丁部領於 968 年稱帝，972 年遣其子丁璉如宋，973 年回國，《大越史記全書》載：「南越王璉使還，宋遣使封帝為交趾郡王，璉檢校太師、靜海軍節度使、安南都護。」〔註44〕從這段歷史記載，可知宋朝承認其政權的合法性。丁部領死後，幼子繼位，黎桓把持朝政，宋朝藉此由欲滅交趾。980 年黎桓稱帝，建立前黎朝（980～1009），與宋朝發生白藤江之戰，《宋史》載：「桓詐降以誘仁寶，遂為所害。轉運使許仲宣馳奏其事，遂班師。」〔註45〕宋朝收復交趾的計畫失敗，982 年黎桓遣使貢方物，上表謝罪，終於 986 年得到宋朝的冊封，《大越史記全書》載：「封帝為安南都護、靜海軍節度使、使京兆郡侯。」〔註46〕又於 993 年冊為交趾郡王，前黎朝傳三帝，遣使如宋 7 次。前黎朝於 1009 年被李公蘊所篡，建立李朝（1009～1226），隔年即遣使如宋交好，宋朝同年冊封李公蘊為交趾郡王、領靜海軍節度使。〔註47〕李朝與宋朝的關係時好時壞，兩方多有戰爭且互有輸贏，冊封多以郡王，直至淳熙元年（1174），李英宗被冊封為安南國王，

〔註41〕陳荊和編校：《校合本大越南史記全書》，（東京：東京大學東洋文化研究所，1986 年），頁 169。
〔註42〕陳荊和編校：《校合本大越南史記全書》，（東京：東京大學東洋文化研究所，1986 年），頁 170。
〔註43〕陳荊和編校：《校合本大越南史記全書》，（東京：東京大學東洋文化研究所，1986 年），頁 172。
〔註44〕陳荊和編校：《校合本大越南史記全書》，（東京：東京大學東洋文化研究所，1986 年），頁 181。
〔註45〕脫脫：《宋史・列傳・外國四・交趾大理》卷四百八十八，（臺北市：臺灣商務，1988 年），頁 14059。
〔註46〕陳荊和編校：《校合本大越南史記全書》，（東京：東京大學東洋文化研究所，1986 年），頁 191。
〔註47〕陳荊和編校：《校合本大越南史記全書》，（東京：東京大學東洋文化研究所，1986 年），頁 209。

《宋史》載：「淳熙元年二月，進封天祚安南國王，加號守謙功臣。二年，賜安南國印。三年，賜安南國曆日。」〔註48〕至此，之後的陳朝、後黎朝、阮朝君主，中國史書多以安南國王稱呼越南國君。

李朝歷經八位國君，於 1125 年最後一位李朝君主，也是越南唯一一位女主李昭皇，禪讓給陳煚，李朝滅亡，陳朝（1226～1400）立之。陳朝依然與南宋保持良好的外交關係，陳煚被封為安南國王，南宋末年與元朝戰爭，大批難民避難於越南，《大越史記全書》載：「宋人來附先是，宋國偏居江南，元人往往侵伐。至是以海船三十艘裝載財物及妻子浮海來藛葛原。至十二月，引赴京，安置于街媚坊。」〔註49〕陳朝施以援手的行動，足見兩國關係之密切。入元後，蒙古人以其強大的武力威脅著陳朝的存亡，元朝共發動三次對陳朝的戰爭，第一次發生於 1527 年，《元史》載：「元憲宗七年丁巳十一月，兀良合臺兵次交趾北，先遣使二人往諭之，不返，乃遣徹徹都等各將千人，分道進兵……，兀良合臺亦破其陸路兵，又與阿朮合擊，大敗之，遂入其國。」〔註50〕此次為元朝第一次大規模進攻陳朝，戰後訂下了陳朝對元朝三年一貢的規定，陳朝成為元朝的朝貢國，元世祖二年（1261）封陳煚為安南國王。第二次於 1284 年，《元史》載：「鎮南王軍至安南，殺其守兵，分六道以進。安南興道王以兵拒於萬劫，進擊敗之。」〔註51〕第三次於 1287 年，《元史》載：「丁亥，以不顏里海牙為參知政事。發新附軍千人從阿八赤討安南。」〔註52〕這三次的征討都無法消滅陳朝勢力，元成宗即位後，兩國不再開戰。

朱元璋於 1368 年推翻元朝，隔年陳朝即向明朝遣史入貢。《明史》載：「洪武元年，……日煃遣少中大夫同時敏，正大夫段悌、黎安世等，奉表來朝，貢方物。」〔註53〕隔年即封為安南國王，承認陳朝的正統性。又《明史》載：「詔三年一貢，新王世見。尋復遣使貢，帝令所司諭卻，且定使者毋過三四人，

〔註48〕脫脫：《宋史·列傳·外國四·交阯大理》卷四百八十八，（臺北市：臺灣商務，1988 年），頁 14071。

〔註49〕陳荊和編校：《校合本大越南史記全書》，（東京：東京大學東洋文化研究所，1986 年），頁 349。

〔註50〕宋濂：《元史·列傳·外夷四·安南》卷二百九十，（臺北市：臺灣商務，1988 年），頁 4633～4634。

〔註51〕宋濂：《元史·本紀·世組》卷十三，（臺北市：臺灣商務，1988 年），頁 271。

〔註52〕宋濂：《元史·本紀·世組》卷十四，（臺北市：臺灣商務，1988 年），頁 295。

〔註53〕張廷玉：《明史·本紀·世組》卷十四，（臺北市：臺灣商務，1988 年），頁 295。

貢物無厚。」〔註54〕越南成為明朝的朝貢國。1400年胡季犛廢陳朝少帝建立
胡朝（1400～1407），胡朝國祚僅七年，兩任皇帝皆有被冊封為安南國王，但
隨後即被明成祖滅亡俘虜至金陵。《明史》載：「五年正月大破季犛於木丸
江，……季犛父子以數舟遁去。……五月獲季犛及偽太子於高望山，安南盡
平。羣臣請如耆老言，設郡縣。六月朔，詔告天下，改安南為交阯，設三司。」
〔註55〕直至明宣宗宣德三年（1428），黎利驅逐明朝勢力止，安南地區再次納
入中國版圖，也是越南最後一次的北屬時期。

第二節　明正統至清乾隆

（一）明朝與後黎朝的關係

　　明永樂五年（1407）至宣德三年（1428），明朝直接統治越南有二十年之
久。後黎利起義稱帝，將明朝勢力於越南驅逐。後黎朝有兩個時期，以莫登庸
的篡位做分水嶺，之前稱「黎初」，之後黎寧於哀牢復辟的政權稱「黎中興」。
後黎朝的興起與革命大有淵源，在後黎朝建立之前，是越南歷史上短暫的明屬
時期，〔註56〕由明朝所控制，據《大越史記全書記載》：

> 帝姓黎，諱利，清化梁江藍山鄉人也。在位六年，壽五十一，葬永
> 陵。帝奮起義兵，削平明賊，十年而天下大定。及即位，定律令，
> 制禮樂，設科目，置禁衛，建官職，立府縣，收圖籍，創學校，可謂
> 有創業之宏謨矣。然多忌好殺，此其所短也。〔註57〕

明朝勢力於宣德三年（1428）正式退出越南，黎利稱帝，結束了第四次，也是
最後一次的北屬時期。明朝對黎利的最早的紀錄始於永樂十六年（1418），《明
史》記載：「十六年春正月甲寅，交阯黎利反，都督朱廣擊敗之。」〔註58〕可
知黎利一開始的反明行動並不順利，直到明仁宗（1424年）佔領清化，〔註59〕

〔註54〕《明史・列傳・外國二・安南》卷三百二十一，（臺北市：臺灣商務，1988年），
頁8311。

〔註55〕《明史・列傳・外國二・安南》卷三百二十一，（臺北市：臺灣商務，1988年），
頁8315。

〔註56〕張秀民：《中越關係史論文集》，（臺北市：文史哲出版社，1991年3月），頁2。

〔註57〕陳荊和編校：《校合本大越南史記全書》，（東京：東京大學東洋文化研究所，
1986年），頁515。

〔註58〕《明史・本紀》卷七，（臺北市：臺灣商務，1988年），頁97。

〔註59〕《明史・本紀》卷八：「丁亥，黎利寇清化。」，（臺北市：臺灣商務，1988年），
頁109。

明宣德二年（1427）占領昌江與隘留關。〔註60〕同年十一月，明朝同意黎利的要求冊封陳朝後裔陳暠為安南國王，〔註61〕宣德三年（1428）明朝勢力正式退出越南，〔註62〕黎利以「黎利表陳暠卒，子孫并絕，乞守國俟命。」為由接管越南政權，〔註63〕宣德五年（1430）黎利以「黎利稱陳氏無後」為由，「上表請封」，〔註64〕宣德六年（1431）明朝正式授權黎利管理權，但並未冊封，〔註65〕宣德八年八月二十二日（1433）黎利駕崩，〔註66〕次子黎元龍即位為黎太宗，明英宗正統元年（1437）冊封黎元龍為安南國王，正式承認後黎朝。〔註67〕後黎朝的「黎初時期」傳十帝，國祚百年（1428～1527），後被莫登庸所篡，建立莫朝。〔註68〕嘉靖十二年（1533），後黎朝遺臣擁立前黎朝宗室黎寧於哀牢登基，史稱「黎朝中興」，〔註69〕越南分裂成兩國，直至萬曆二十一年（1539）莫朝被推翻。〔註70〕

　　黎寧在哀牢復辟後，並沒有得到明朝的冊封，反而莫朝太祖莫登庸向明朝

〔註60〕《明史·本紀》卷九：「夏四月庚申，黎利陷昌江」、「秋七月己亥，黎利陷隘留關」，（臺北市：臺灣商務，1988年），頁118。

〔註61〕《明史·本紀》卷九：「冬十月戊寅，王通棄交阯，與黎利盟。十一月乙酉，赦黎利，遣侍郎李琦、羅汝敬立陳暠為安南國王，悉召文武吏士還。」，（臺北市：臺灣商務，1988年），頁118。

〔註62〕詳見陳荊和編校：《校合本大越南史記全書》：「明人既還國，帝遂混一天下，以是年為大定之年。」，（東京：東京大學東洋文化研究所，1986年），頁550。

〔註63〕《明史·本紀》卷九，（臺北市：臺灣商務，1988年），頁119。

〔註64〕《明史·本紀》卷九，（臺北市：臺灣商務，1988年），頁121。

〔註65〕《明史·本紀》卷九：「六月己亥，遣使詔黎利權署安南國事。」，（臺北市：臺灣商務，1988年），頁122。

〔註66〕陳荊和編校：《校合本大越南史記全書》，（東京：東京大學東洋文化研究所，1986年），頁555。

〔註67〕《明史·本紀》卷十：「庚申，封黎利子麟為安南國王。」，（臺北市：臺灣商務，1988年），頁128。

〔註68〕詳見陳荊和編校：《校合本大越南史記全書》：「六月，莫登庸自古齋入京，逼帝禪位，時國中臣民咸屬莫登庸，俱迎入京。」，（東京：東京大學東洋文化研究所，1986年），頁834。

〔註69〕詳見陳荊和編校：《校合本大越南史記全書》：「時莫登庸篡僭，帝避居清華，太師興國公阮淦，使人訪求，迎至哀牢國尊立之。春，正月，帝即位於哀牢，建元元和，尊大將軍阮淦為尚父太師興國公，掌內外事，以中人丁公為少尉雄國公，其餘一一封賞，俾之同心匡輔。」，（東京：東京大學東洋文化研究所，1986年），頁845。

〔註70〕詳見陳荊和編校：《校合本大越南史記全書》：「癸巳十六年是歲莫氏亡、明萬曆二十一年。」，（東京：東京大學東洋文化研究所，1986年），頁895。

投降後，〔註71〕明朝冊為「安南都統使」，〔註72〕最後一位接受冊封的莫朝君主是莫竟寬。〔註73〕明朝對後黎朝的冊封始於萬曆二十五年，世宗黎維潭是第一個被明朝冊封的後黎朝君主，與莫朝一樣都是安南都統使，〔註74〕直到南明建立前，後黎朝的地位依然沒有獲得明朝的國王稱號的認可，〔註75〕直至永曆元年（1647）神宗黎維祺被南明冊封為安南國王。〔註76〕

（二）清朝與後黎朝的關係

《清實錄‧世祖皇帝實錄》紀載：「順治十七年。庚子九月。癸丑朔。安南國王黎維祺、奉表投誠。附貢方物。得旨、覽王表奏、輸忱嚮化。深可嘉悅。著察例具奏。」〔註77〕筆者翻閱史料，並無尋著清朝冊封黎維祺的紀錄，僅在順治十八年（1661）有嘉獎黎維祺歸順的紀錄：「安南國王黎維祺，傾心向化，有協力討賊之勞。應照例賞銀一百兩、錦四端、紵絲十二表裏。」〔註78〕按《清史稿》紀錄，黎維祺是「自封」為安南國王：「十七年九月，黎維祺始自稱國王，奉表貢方物，帝嘉之，賜文綺、白金。」〔註79〕從上述紀錄可以看出，清廷對於後黎朝的歸順是抱持肯定的態度。清朝對後黎朝的冊封初見於康熙二十二年（1683），《清實錄‧聖祖仁皇帝實錄》：

命翰林院侍讀明圖為正使、編修孫卓為副使，往封安南國王嗣黎維

〔註71〕《國朝典故》卷九十三：「莫登庸請降、投降申文結狀，同抄白通國小目、耆人、士人降本，并登庸所繫組一條，理合具呈，伏乞照詳施行。」（北京市：北京大學出版社，1993年），頁1901。

〔註72〕《明實錄‧世宗》卷二百四十八：「上命降安南國為安南都督統使司，以莫登庸為安南國都統使官，從二品，子孫世襲，別給銀印。」（臺北市：中央研究院歷史語言研究所，1967年），頁4971。

〔註73〕《明實錄‧神宗》卷五百七十一：「安南都統使黎新、高平府莫敬寬等分別獎賞從之。」（臺北市：中央研究院歷史語言研究所，1967年），頁10778。

〔註74〕《明史‧本紀》卷二十一：「冬十月甲戌，安南黎惟潭篡立，隣關請罪，詔授安南都統使。」（臺北市：臺灣商務，1988年），頁279。

〔註75〕詳見《明實錄》。黎維潭（世宗）、黎維新（敬宗）、黎維祺（神宗）於《明實錄》中，都以安南都統使的身分被記載。

〔註76〕詳見陳荊和編校：《校合本大越南史記全書》：「朕惟帝王之興，務先柔遠，春秋之義，獨獎尊王⋯⋯。是用遣詞臣潘琦，科臣李用撝持節封爾為安南國王。」（東京：東京大學東洋文化研究所，1986年），頁951。

〔註77〕《清實錄‧世祖皇帝實錄》卷一百四十，（北京：中華書局，1985年），頁1079-2。

〔註78〕《清實錄‧世祖皇帝實錄》卷二，（北京：中華書局，1985年），頁58-1。

〔註79〕趙爾巽：《清史稿‧列傳》三百四十，屬國二，越南，（北京：中華書局，1985年），頁14627。

> 正為安南國王。冊文曰：遹安遠至、敷天懷嚮化之心。道一風同、
> 率土凜衆庭之義。惟尊親之戴、世篤忠貞。斯帶礪之盟、慶延苗裔。
> 爾安南國王嗣黎維正、地宅南交。心懸北闕。千秋茅土、常遵聲教
> 之頌。萬里車書、時奉享王之會。茲當嗣爵、請命於朝。既舊服之
> 克光、益弘令德。宜新恩之加賁、用沛褒綸。特遣使封爾為安南國
> 王。爾其恪守藩封。長為屏翰。虔共匪懈、庶無斁乎前修。忠孝相
> 承、尚永綿夫世澤。欽哉。〔註80〕

從朝貢的角度來看，後黎朝與清朝兩國之間的關係相當穩定，在《清實錄·聖
祖仁皇帝實錄》有一記載：

> 安南國王黎維禧，疏請六年兩貢並進。禮部議仍照會典定例，三年
> 朝貢。得旨：覽王奏稱該國僻居禹服之外、道路悠遠、山川阻深、
> 貢役勞苦、三年六年，先後雖異、禮意恭敬則一等語。該國遵奉教
> 化。抒誠可嘉。此進貢、著照該王所奏行。〔註81〕

康熙七年將後黎朝的歲貢從三年放寬至六年，筆者以《清史稿》、《清實錄》、
《大越史記全書》、《越南漢文燕行文獻集成》等歷史資料，將清代以來後黎朝
朝貢時間做成表格，並註記中越兩國年號、西元年、正使、副使、來貢目的等
資訊。康熙朝至乾隆朝後期後黎朝滅亡，後黎朝的朝貢時間都相當穩定，足以
證實兩國宗藩關係穩定的狀況。

（三）乾隆晚期對後黎朝態度的轉變

後黎朝與清朝的宗藩關係一直持續到後乾隆五十四年（1789），後黎朝末
年已是民亂四起，到愍帝黎維祁已無力挽回局面。乾隆五十一年（1786），西
山朝阮惠進攻順化與昇龍，〔註82〕同年掌握了後黎朝的實權，〔註83〕黎顯宗

〔註80〕《清實錄·聖祖仁皇帝實錄》卷一百七十，（北京：中華書局，1985年），頁
88-1。

〔註81〕《清實錄·世宗憲皇帝實錄》卷二十六，（北京：中華書局，1985年），頁361-
1。

〔註82〕詳見陳荊和編校：《校合本大越南史記全書》：「西山賊阮文岳遣其弟阮惠攻順
化。」，頁1199。又「賊阮犯京師，端南王奔山西。」，頁1200。（東京：東京
大學東洋文化研究所，1986年）。

〔註83〕詳見陳荊和編校：《校合本大越南史記全書》：「阮文會請帝設大朝，自率本道
將校朝謁，獻兵民簿籍。帝命冊惠為元帥國公，惠不喜，阮有整勸帝以公主歸
于惠。」，頁1201。（東京：東京大學東洋文化研究所，1986年）。

駕崩後，愍帝黎維祁繼位，年號昭統。〔註84〕愍帝在位僅三年，因西山朝進攻出奔清朝二次，最後客死北京，〔註85〕阮朝世祖阮福映推翻西山朝後，於嘉慶九年（1804）上表請求將黎維祁骸骨迎回越南，得到嘉慶皇帝的同意。〔註86〕

　　黎維祁繼位後便開始了顛沛的帝王生活，從史料的記載可見清廷對當時後黎朝的情況仍不慎了解，據《清實錄》載：「諭軍機大臣等、孫士毅等奏，接安南國嗣孫黎維祁，咨覆失去國印一事。……鄭氏弄權，脅印私藏，旋因西山侵擾，兵火之中，不知印信失落何處。……夫告哀請封，乃爾國大事，失印補鑄在其次也。……自必恭遣陪臣齎本奏懇，若於遣官請給國印之後，又復具本請封，未免往來跋涉，非天朝體恤遠藩之意。」〔註87〕此時的後黎朝以風雨飄搖，在文書來往的同時，阮惠揮軍北上，愍帝與愍太后分別出逃至至靈與真定，昇龍城淪陷。〔註88〕乾隆五十三年（1788）愍太后遣黎偣、黃益曉等六人向當時的兩廣總督孫士毅請援。〔註89〕孫士毅上表乾隆，《清實錄》載：「今阮姓復攻破黎城，是不過恢復舊業，尚易於辦理。……則黎氏傳國日久，且臣服天朝，最為恭順。……其夷官帶同該嗣孫眷屬，前來籲救，若竟置之不理，殊非字小存亡之道。……雖黎維祁懦弱無能，其支姓尚可徐圖恢復。若阮姓攻破黎城後，竟將安南地方，全行占踞，或黎姓子孫，俱被其戕害。……且有黎維祁母妻眷屬在內，俱應妥為安插，並優給廩膳，勿使失所。」〔註90〕直到現在

〔註84〕詳見陳荊和編校：《校合本大越南史記全書》：「翌日，帝疾大漸、崩於萬壽殿，壽七十。皇嗣孫思謙即皇帝位，改明年為昭統元年。」，（東京：東京大學東洋文化研究所，1986年），頁1201。

〔註85〕陳荊和編校：《校合本大越南史記全書》：「愍帝，諱思（示兼），又諱維祁，……。在位三年豬奔如清，崩於燕。」，（東京：東京大學東洋文化研究所，1986年），頁1201。

〔註86〕托津等：《大清會典事例（嘉慶朝）‧禮部》卷三百九十八：「前據阮福映具表叩關。籲請錫封。業經加恩封為越南國王。撫有交南。備位藩服。因思從前隨同黎維祁內投。編置佐領之安南人等。雖經給有廩糈。團聚安居。但遠離鄉土。已閱多年。情殊可憫。著加恩准令回國。以遂其懷歸之志。並可將黎維祁骸骨。還葬故墟。俾正邱首。」，（上海，上海古籍出版社，1995年），頁9-2。

〔註87〕《清實錄‧高宗純皇帝實錄》卷一千二百八十九，（北京：中華書局，1985年），頁282-1～282-2。

〔註88〕詳見陳荊和編校：《校合本大越南史記全書》，（東京：東京大學東洋文化研究所，1986年），頁1205～1207。

〔註89〕詳見陳荊和編校：《校合本大越南史記全書》，（東京：東京大學東洋文化研究所，1986年），頁1208。

〔註90〕《清實錄‧高宗純皇帝實錄》卷一千三百七，（北京：中華書局，1985年），頁593-2。

乾隆才真正清楚後黎朝正面對危急存亡之秋，作為宗主國，清廷始行其義務，對後黎朝進行興滅繼絕的行動，派孫士毅南下攻打阮惠，同年收復黎城。〔註91〕在清軍協助下不僅收復國都，也得到冊封和重獲王印：

> 將來孫士毅帶兵出關，直抵黎城，與其俟該嗣孫籲請封號，莫若於攻克黎城後，即將黎維祁傳旨敕封國王，俾得及早復國。……並令禮部鑄印，續行發往外，著孫士毅於抵黎城後，傳旨諭知該嗣孫、以天朝統領大兵，為該國力圖恢復。……。若循例具奏請封，正須遣使納貢，該國瘡痍甫復，實難備辦，若即於此時冊封復國，既可省齎表納貢之勞。〔註92〕

可知清廷對後黎朝的態度，這莫過利基於中越的宗藩關係，作為宗主國的清廷，維護藩屬國之義務，在收復昇龍後，《清實錄》載：「一經大兵聲討，望風奔竄，該國當殘破之餘，得天朝為之興復，俾黎氏國祚重延，並不利其寸土，於字小存亡之道、仁至義盡，實史冊所僅見。」〔註93〕正式宗主國對於藩屬國興滅繼絕的完全展現，但這次的冊封已是清朝對後黎朝的最後一次冊封了，冊文如下：

> 朕維撫馭中外，綏靖遐邇，義莫大於治亂持危，道莫隆於興滅繼絕，其有夙共朝命，久列世封，邁家國之多艱，屬臣民之不靖，則必去其蟊賊，拯厥顛隮，俾還鐘虡之觀，以肅屏藩之制，爾安南國嗣孫黎維祁、化沐炎陬，序承蒙嗣，當爾祖奄逝之日，正阮逆搆亂之時，肇釁蕭牆、失守符印，子身播越，閫室遷移，棄彼故都，依於上國。溯百五十年之職貢，能不念其祖宗，披一十六道之輿圖，原非利其土地，且柔遠人所以大無外，討亂賊所以儆不虔，是用輯爾室家，克完居處，勵爾臣庶，共復仇讎，特敕大吏以濯征。爰董王師而迅勤，先聲所暨，巨憨奚逃，內難斯寧，群情更附，釋其瑣尾流離之困，加以生死肉骨之恩，舊服式循，新綸允貴，茲封爾為安南國王，錫之新印。王其慎修綱紀。祇奉威靈，戢和民人、保守疆土，勿急

〔註91〕《清實錄·高宗純皇帝實錄》卷一千三百十四，（北京：中華書局，1985年），頁 758-1。

〔註92〕《清實錄·高宗純皇帝實錄》卷一千三百十四，（北京：中華書局，1985年），頁 758-1。

〔註93〕《清實錄·高宗純皇帝實錄》卷一千三百十四，（北京：中華書局，1985年），頁 281-1。

荒而廢事，勿懷安以敗名，庶荷天朝再造之仁，益迓國祚重延之福。

欽哉。〔註94〕

復國後，黎維祁重用清朝人士，卻輕視本國的官員，這也造成了清人在朝廷坐大，兩者的矛盾加大，憨太后回昇龍後見此狀，悲泣不肯入宮。清朝主將孫士毅在大勝西山軍後開始輕敵，沒有繼續追討留下後患，且持續駐紮在昇龍城內。乾隆五十四年（1789），阮惠捲土重來，孫士毅大敗逃回中國，憨帝、憨太后再次出逃如清。〔註95〕

此次的出逃徹底瓦解清廷與後黎朝的宗藩關係，據《清實錄·高宗純皇帝實錄》載：「今天厭黎氏，而朕欲扶之，非所以仰體天心撫馭屬國之道，朕不為也。」〔註96〕乾隆認為他已為黎室光復朝廷且加以冊封，已盡宗主國之責，故安撫人臣之心、重振朝綱已屬黎室之責，不料短短數月黎室再為西山朝所覆，乾隆以「黎維祁不能振作自強，安知三五年後，不又有如阮惠其人者復出。豈有屢煩天朝兵力，為之戡定之理。」〔註97〕為由斬斷了清廷與黎室之間的宗藩關係。但清廷棄黎的原因可歸納為：其一未遵旨俘阮、黎維祁懦弱棄城；其二孫士毅驕兵輕敵、丟失黎城；其三後防不足，補給不易；其四黎維祁以失人心；其五阮惠伏罪起降、懲凶正法與釋俘。〔註98〕乾隆以天厭黎氏為藉口，一方面不用再次出兵攻打西山朝，一方面西山朝勢強不易顛覆，且阮惠已上表乞降，綜合各種有利的因素，棄黎興阮，是乾隆帝唯一可行的方案了。

第三節　清乾隆至嘉慶

（一）西山朝的興起

西山朝的興起與農民起義有很大的關係，乾隆三十六年（1771）春，在阮

〔註94〕《清實錄·高宗純皇帝實錄》卷一千三百十五，（北京：中華書局，1985年），頁778-2。

〔註95〕詳見陳荊和編校：《校合本大越南史記全書》，（東京：東京大學東洋文化研究所，1986年），頁1210～1211。

〔註96〕《清實錄·高宗純皇帝實錄》卷一千三百十九，（北京：中華書局，1985年），頁844-1。

〔註97〕《清實錄·高宗純皇帝實錄》卷一千三百十九，（北京：中華書局，1985年），頁844-1。

〔註98〕詳見陳中雨：《清代中葉中國對越南宗藩關係的重建——以「中華世界秩序原理」的角度分析》，（文化大學，博士論文，2016年6月），頁190～198。

王所轄之歸仁府西山邑爆發了由阮岳、阮惠、阮侶三兄弟發動和領導的農民起義。〔註99〕這場起義也是階級矛盾爆發的開端，革命之火燎遍歸仁省，其官僚地主、地方豪強皆被清算，就此，歸仁省成為西山阮氏的根據地。〔註100〕

　　北方後黎朝聞訊，出兵討伐，據《大越南史記全書》載：「乾隆三十九年（1774）夏，四月。以黃五福為平南大將軍、統帥諸道兵、經略南河。……適南河廣南西山賊起，……王令黃五福行邊機招討。」〔註101〕同年十月進入順化，西山阮氏腹背受敵，主力退回歸仁上表黎室，後授阮岳為西山校長、壯烈將軍。〔註102〕乾隆四十一年（1777）年正月，阮岳又受封廣南鎮守宣慰大使，由於後黎朝的退縮，不再腹背受敵的阮岳再取富安、平順等地，同年三月進兵嘉定、柴棍；七月阮惠親征巴越，廣南阮氏新王遇害，廣南阮氏滅亡。〔註103〕

　　後黎朝晚期政治混亂，朝政由鄭氏所把持，這給予了西山朝可乘之機。〔註104〕乾隆五十一年，阮文岳以其弟阮惠為龍驤將軍，以鄭氏專國、人心不附口伐鄭扶黎之藉，《大越史記全書》載：「夏，五月。西山賊阮文岳遣其弟阮惠攻順化，……分道直驅富春城。」〔註105〕西山軍勢如破竹，阮惠屬下阮有整獻計：「公一戰克捷，威震天下。……今北河兵驕將惰，朝廷無復綱紀，公挾此威聲，乘其已弊，誠以扶黎滅鄭為名，天下莫不響應。〔註106〕」阮惠遂矯阮文岳之詔，持續往北進逼昇龍城。同年七月，阮惠進入昇龍城，黎顯宗冊封阮惠為元帥國公，又將公主嫁予阮惠。同年七月黎顯宗駕崩，黎愍帝黎維祈繼位。〔註107〕阮岳知阮惠北取昇龍後大驚，親率軍馬北上，監視阮惠的行動，兩人埋下心結。〔註108〕《大越史記全書》載：「乾隆五十二年，西山阮文岳僭稱皇帝，居歸仁城。岳於戊戌年僭稱天子，改元泰德，至是稱帝。其弟阮惠北

〔註99〕郭振鐸編：《越南通史》，（北京：中國人民大學出版社，2001年），頁513。
〔註100〕郭振鐸編：《越南通史》，（北京：中國人民大學出版社，2001年），頁513。
〔註101〕陳荊和編校：《校合本大越南史記全書》，（東京：東京大學東洋文化研究所，1986年），頁1179。
〔註102〕郭振鐸編：《越南通史》，（北京：中國人民大學出版社，2001年），頁514。
〔註103〕莊吉發：《清高宗十全武功研究》，（北京：中華書局，1987年9月），頁334。
〔註104〕莊吉發：《清高宗十全武功研究》，（北京：中華書局，1987年9月），頁336。
〔註105〕陳荊和編校：《校合本大越南史記全書》，（東京：東京大學東洋文化研究所，1986年），頁1200。
〔註106〕潘清簡：《欽定越史通鑑綱目》，卷四十六，頁16。
〔註107〕陳荊和編校：《校合本大越南史記全書》，（東京：東京大學東洋文化研究所，1986年），頁1201。
〔註108〕郭振鐸編：《越南通史》，（北京：中國人民大學出版社，2001年），頁340。

寇還，擁兵攻岳，遂割據廣南、升奠以北，居富春城，稱北平王。」〔註109〕
西山朝歸仁政權正式建立。

乾隆五十二年（1787）阮惠再陷昇龍，愍帝、愍太后出逃，愍太后遣使
如清求援，清軍於乾隆五十三年（1788）收復昇龍，阮惠退回富春，清將孫
士毅未遵乾隆之命續討阮惠，埋下黎朝覆亡之因。同年十一月，阮惠於富春
稱帝。《大越史記全書》載：「阮惠即皇帝位于富春城，改元光中。時，清兵
來，惠諸將勸惠早正位號，以繫北河人心。惠乃築壇於御屏山，即位而後出
師。〔註110〕」乾隆五十四年（1789）元旦，阮惠捲土重來，大破已鬆懈的清
軍，《欽定越史通鑑綱目》載：「忽聞賊兵逼近昇龍，不知所為，遂拔壘渡河而
走。」〔註111〕孫士毅倉皇出逃返回廣西境內，隨後愍帝、愍太后及其親眷再
次出逃如清，清廷以天厭黎氏、丟失國印之由，不再出兵，後黎朝滅亡。

（二）乾隆朝棄黎就西山的轉變

此時的西山朝分為南北兩部，南方的歸仁朝廷由阮岳所控制，北方富春
朝廷由阮惠所把持。阮惠在亡後黎同年，遣使如清歸降請封，易名阮光平。
〔註112〕《清實錄》載：「阮惠親姪阮光顯，敬齎表貢進關乞降，並籲懇進京入
覲等語。此次阮惠遣伊親姪求降進表，其情詞迫切，實屬出於至誠，已另降敕
諭，令福康安宣示，看來此事即可完結。」〔註113〕清廷對阮惠的請降表示肯
定，棄黎就阮的情勢已經相當明朗。但對於請封，清廷提出要求：

> 原令調集各路大兵整軍問罪，但念爾屢次遣人叩關請罪，是爾尚知
> 畏懼天朝，朕憐汝誠心悔罪，已往之事，不復深究矣。但非親身詣
> 關，請罪乞恩。僅遣爾姪阮光顯隨表入覲，遽思仰邀封號，天朝無
> 此體制。爾既未列藩服，所有貢物，亦未便收納，著仍發交領回，
> 如爾必欲輸誠納款，乾隆五十五年八月，屆朕八旬萬壽，維時距今
> 又越年餘，爾國內亦當安集，爾即可稟知督臣，親自赴京籲懇，以

〔註109〕陳荊和編校：《校合本大越南史記全書》，（東京：東京大學東洋文化研究所，
　　　　1986年），頁1205。
〔註110〕陳荊和編校：《校合本大越南史記全書》，（東京：東京大學東洋文化研究所，
　　　　1986年），頁1209。
〔註111〕潘清簡：《欽定越史通鑑綱目》，卷四十六。頁41。
〔註112〕莊吉發：《清高宗十全武功研究》，（北京：中華書局，1987年9月），頁389。
〔註113〕《清實錄・高宗純皇帝實錄》卷一千三百二八，（北京：中華書局，1985年），
　　　　頁978-2。

> 遂瞻雲就日之私。〔註114〕

可見當時的清廷尚未承認西山的正統性與合法性，可確定的是，越南政局發展至此，後黎再無復興之望。面對清廷的條件，阮惠以國家百廢待興之由，先遣阮光顯如清，待萬壽節之時阮惠本人再親自拜見乾隆。《清實錄》載：「第念現在阮光顯前赴熱河瞻觀，阮惠又懇於明年親自來京祝嘏。」〔註115〕同年七月阮光顯抵北京：「安南國正使阮光顯、副使阮有晭、武輝瑨並行人等入觀。……阮光平因感激朕恩，懇請於明年親自詣闕，叩祝萬壽，並以鎮撫國人，必藉天朝封號，進表納貢。」〔註116〕乾隆五十四年（1789）八月二十二日於太和殿冊封阮惠為安南國王，冊文節錄如下：

> 朕惟王化遐覃，伐罪因而舍服，侯封恪守，事大所以畏天。……。
> 遂式微而控懇，方謂興師復國，字小堪與圖存，何期棄印委城。……
> 殆天心厭其薄德，致世祚詫於終淪，爾阮光平起自西山，界斯南服，
> 向匪君臣之分，……。今封爾為安南國王，錫之新印。……益敬奉
> 夫明威，庶永承乎渥典，欽哉。毋替朕命。〔註117〕

至此，西山朝取代後黎朝，成為越南的統治者。但據《清史稿》記載，乾隆萬壽節出席的並非阮惠本人：「五十五年，阮光平來朝祝釐，途次封其長子阮光纘為世子。七月，入觀熱河山莊，班次親王下、郡王上，賜御製詩章，受冠帶歸。其實光平使其弟冒名來，光平未敢親到也，其譎詐如此。」〔註118〕又《大南實錄》載：「西山賊阮惠使人朝於清。初，惠既敗清兵，又稱阮光平，求封於清，清帝許之，復要以入觀，惠以其甥范公治貌類己，使之代。」〔註119〕依照莊吉發先生對此事的解釋，他認為國初立，百廢待興，來往京師路途遙遠，不利於國政。〔註120〕若從朝貢制度來看，後黎朝自康熙七年將三年一貢改為

〔註114〕《清實錄・高宗純皇帝實錄》卷一千三百二八，（北京：中華書局，1985年），頁979-2～980-1。

〔註115〕《清實錄・高宗純皇帝實錄》卷一千三百三十四，（北京：中華書局，1985年），頁1080-1。

〔註116〕《清實錄・高宗純皇帝實錄》卷一千三百三十五，（北京：中華書局，1985年），頁1094-1。

〔註117〕《清實錄・高宗純皇帝實錄》卷一千三百三十三，（北京：中華書局，1985年），頁1050-1。

〔註118〕趙爾巽：《清史稿》卷五百二十七，（北京：中華書局，1985年），頁14640。

〔註119〕許文堂編：《大南實錄清越關係史料彙編》，（臺北市：中央研究院東南亞區域研究計畫，2000年11月），頁32。

〔註120〕莊吉發《清高宗十全武功研究》，（北京：中華書局，1987年9月），頁403。

三年一貢，六年遣使來朝一次，合兩貢並進。〔註121〕到了西山朝改為兩年一貢，六年遣使一朝，〔註122〕貢期縮短，顯示清廷欲拉攏西山政權。

從後黎朝與西山朝的政權轉移，可以看見清廷對於藩屬國的態度。莊吉發先生認為，清廷建立起的宗藩關係僅只於維持其體制，對於其內政不加干預，國情亦不過問，雖後黎朝立國時間長，且長期與清廷維持良好的宗藩關係，但後期權臣干政，王權下移，以致後來失昇龍城與王印。清廷行宗主國之義務收復昇龍城、光復後黎朝，但最後因孫士毅的輕敵與愍帝的昏懦等人禍，昇龍再次淪陷。隨後阮光平又上表乞降請封，實給自己得到正名之利，又給清廷臺階下，既不用再損兵折將，又能重修中越宗藩關係，棄黎就阮實為清廷最好的選擇。〔註123〕

（三）嘉慶朝棄西山就阮的轉變

乾隆五十四年（1789），阮惠受清廷冊封為安南國王，於此同時，西山朝仍是分裂的國家型態，北方的富春朝廷由阮惠所轄，南方的歸仁朝廷由其兄阮岳把持。乾隆五十七年（1792），阮惠病逝，《清實錄》載：

> 安南國王阮光平，於上年九月內在義安身故。世子阮光纘，年已十五，現在暫權國事，定於五十八年正月內，專遣陪臣恭齎表貢，赴京告報等語。……阮光平之子阮光纘，前已封為世子，自應襲爵藩封，著成林傳旨，即封阮光纘為安南國王。〔註124〕

阮惠病逝後，其兄阮岳率眾前往祭弔，卻被阮惠之子阮光纘拒於門外，同時又出兵攻打歸仁，阮岳急回歸仁，自降為西王，領地僅歸仁城。〔註125〕兄弟鬩牆的紀錄於《清實錄》亦有載：「至阮光平仰仗天朝威命，撫有安南，究係新造之邦，人心未能十分鎮定，況與弟兄不睦，阮岳尚在廣南，未免心懷窺伺。」〔註126〕乾隆五十八年（1793），阮岳謝世，阮光纘封阮岳之子阮文寶為孝公，

〔註121〕《清實錄・聖祖仁皇帝實錄》：「安南國王黎維禧，疏請六年兩貢並進。著照該王所奏行。」

〔註122〕趙爾巽：《清史稿・本紀》卷十五，（北京：中華書局，1985 年），頁 553。

〔註123〕莊吉發：《清高宗十全武功研究》，（北京：中華書局，1987 年 9 月），頁 403～404。

〔註124〕《清實錄・高宗純皇帝實錄》卷一千四百二十一，（北京：中華書局，1985 年），頁 17-2。

〔註125〕郭振鐸編：《越南通史》，（北京：中國人民大學出版社，2001 年），頁 529。

〔註126〕《清實錄・高宗純皇帝實錄》卷一千四百二十一，（北京：中華書局，1985 年），頁 17-2。

至此歸仁朝廷名存實亡，也讓西山朝的內鬨達到頂點。嘉慶三年（1798），阮文寶欲降阮福映，阮光纘殺之。〔註127〕廣南阮氏後裔阮福映見西山朝內鬥嚴重，於嘉慶四年（1799），遣使赴暹羅借兵進攻歸仁城，且西山朝將領黎質等來降，同年六月攻克歸仁。嘉慶五年（1800）以紅毛人（英國人）、真臘之兵克義安。嘉慶六年（1801）五月佔領富春，阮光纘北逃；七年（1802）五月，阮福映稱帝，年號嘉隆，遣使如清、七月克昇龍城，殺阮光纘，西山朝就此滅亡。〔註128〕

相較於乾隆對西山朝的積極態度，嘉慶對於越南政局改變明顯消極。《清實錄》載：「順德縣民人趙大任，被風漂至農耐，經該國長阮福映差人喚至富春，代為修船。……但農耐與安南、現在爭奪未定之時，吉慶等所稱不可稍存偏向。」〔註129〕阮福映以解救清人為由，向清廷要求出兵相助，可知清廷當時已知安南內亂，但卻按兵不動，又：「或乞兵相助，則當明示駿飭，諭以兩無偏向。」〔註130〕與對後黎朝興滅繼絕的態度不同，阮光纘於嘉慶六年曾遣使如清乞師，清廷卻以阮福映營救清人有功而不出兵，《清實錄》載：「安南與農耐彼此搆釁交兵，原與內地無涉，吉慶等當持以鎮靜，不必過問。至將來如果安南為農耐所併，全境俱失，該國王阮光纘敏關請命，彼時吉慶等自當奏明請旨，抑或農耐將安南併吞之後，具稟到粵，亦即奏聞。候旨辦理。」〔註131〕至此，嘉慶態度已相當明顯，不干涉越南國事，隔岸觀虎鬥，其原因與後黎朝二度失國或許有所關連。又嘉慶六年七月：「安南阮藩被農耐侵逼，欲叩關投納。……如阮光纘率屬內投。即應照從前黎維祁之例妥為安置。」〔註132〕這份詔書以明清廷棄西山朝的態度，最後阮福映亡西山，清廷的態度卻是：「接據太平府知府王撫棠等稟報、農耐阮種攻打昇隆城、阮光纘敗走被獲、阮種入城自立等語。邊關緊要。……督率文武各員，小心防守，至外夷自相吞噬，與

〔註127〕郭振鐸編：《越南通史》，（北京：中國人民大學出版社，2001年），頁535。

〔註128〕許雲樵譯：《安南通史》，（香港：新華印刷，1957年11月），頁185～188。

〔註129〕《清實錄·仁宗睿皇帝實錄》卷八十八，（北京：中華書局，1985年），頁168-1。

〔註130〕《清實錄·仁宗睿皇帝實錄》卷八十八，（北京：中華書局，1985年），頁168-1。

〔註131〕《清實錄·仁宗睿皇帝實錄》卷八十八，（北京：中華書局，1985年），頁168-2。

〔註132〕《清實錄·仁宗睿皇帝實錄》卷一百一，（北京：中華書局，1985年），頁349-1。

內地無涉，不必過問。」〔註133〕西山朝從阮惠自乾隆五十四年受封，至嘉慶七年亡，不過短短十三年的宗藩關係，期間遣使八次，頻率相當密集。筆者認為，清廷或許知覺越南政局始終不定，若如後黎朝兩次失國，實有損天朝顏面，故按兵不動、隔岸觀火；七年（1802），阮福映遣使請封，中越宗藩關係又續延八十三年，直至光緒十一年（1885）年簽訂《中法新約》止。〔註134〕

第四節　越南朝貢概況

　　越南制度化的朝貢始於元朝，歷經明清二代漸趨完整，以清朝為例，清代於中國是一個特殊的朝代，其一它非由漢族人所建立，作為外族該如何統轄這一大帝國與周圍國家的關係，是清廷要克服的問題。其二清中葉後，面對西洋的船堅炮利，朝貢制度逐漸崩潰，藩屬國逐一淪陷，又是清廷的大問題。筆者所處理的西山朝，處於乾隆晚期至嘉慶初期，處理的部分以其一為核心。

　　根據《清實錄》、《清史稿》、《大清會典事例》記載，越南的貢期與次數有諸多變化。康熙七年將三年一貢改為三年一貢，六年遣使來朝一次，合兩貢並進；〔註135〕乾隆五十七年改為兩年一貢：「五月辛丑，定安南國兩年一貢，六年遣使一朝。」〔註136〕嘉慶八年：「越南國貢期，仍如安南舊例二年一貢，四年遣使來朝一次。」〔註137〕道光十九年：「越南國向例每屆四年，兩貢並進。今既改為四年一貢，所進貢物自應減去一次，其舊例兩貢並進之處，著即停止。」〔註138〕清廷對於各國貢期都有規定，若藩屬國有不貢之實，清廷會通過邊境督撫向該國發咨文催貢，但若清廷發生內亂，亦有改貢道或拒絕入貢的情況。〔註139〕

〔註133〕《清實錄・仁宗睿皇帝實錄》卷一百一，（北京：中華書局，1985年），頁356-1。

〔註134〕王志強：《李鴻章與越南問題（1881～1886）》，（廣州：暨南大學出版社，2013年3月），頁27。

〔註135〕《清實錄・聖祖仁皇帝實錄》卷二十六：「安南國王黎維禧，疏請六年兩貢並進。著照該王所奏行。」頁361-1。

〔註136〕趙爾巽：《清史稿・本紀》卷十五，（北京：中華書局，1985年），頁553。

〔註137〕崑岡：《大清會典事例（光緒朝）》卷五百二，（上海：上海古籍出版社，1995年），頁815-2。

〔註138〕崑岡：《大清會典事例（光緒朝）》卷五百四，（上海：上海古籍出版社，1995年），頁843-1。

〔註139〕何新華：《最後的天朝：清代朝貢制度研究》，（北京：人民大學出版社，2010年），頁76。

（一）使臣的揀擇與任務

朝貢除了是一種宗藩關係的象徵，更是一種外交手段的展現，因此使臣的揀擇至關重要。後黎朝黎貴惇在《北使通錄》對使臣的揀擇有詳細的紀載，他在乾隆二十五至二十七年（1760～1762）奉命出使清朝。《大越史記全書》記載：「十二月、廷試、賜黎貴惇進士及第一甲第二名。……自鄉舉至廷試，皆第一。」〔註140〕乾隆二十五年以副使如清回國後，陞翰林承旨，轉海陽道督同。〔註141〕據筆者所整理之後黎朝至西山朝如清的使臣，絕大部分都是進士出身。

《北使通錄》分四卷，卷一記出發之前的準備，包括進貢物品、選派使臣、加官封賞、注意事項、准許通行等各種文書公告。〔註142〕卷一開頭記：「戊寅天朝乾隆二十三年，本朝景興十九年。冬十月，……。一於來歲貢例，差陪臣正史一員、副使二員，應付朝堂保舉。」〔註143〕說明開始準備的時間與出使目的、正副使人數。在此次的遴選中，正使人選有二、副使人選有四，在揀擇名單中的人選都是進士出身，〔註144〕年齡約四十五至五十五歲不等，僅黎貴惇特別年輕，揀擇結果正使由陳輝淧擔任，副使由黎貴惇、鄭春澍中選。除了正副使，又有行人玖名、隨人拾參名，分別各有例給。〔註145〕按《大清會典》紀錄：「越南貢使，或二員、或三員，止稱姓名，不署官爵。其次為行人，以中官充，或四五員、或八九員。其下為從人，凡十餘名。」〔註146〕與規定的人數相當。

〔註140〕荊和編校：《校合本大越南史記全書》，（東京：東京大學東洋文化研究所，1986年），頁1135。

〔註141〕葛兆光、鄭克孟主編：《越南漢文燕行文獻集成集成》第三冊，（上海：復旦大學出版社，2010年5月），頁3。

〔註142〕葛兆光、鄭克孟主編：《越南漢文燕行文獻集成集成》第三冊，（上海：復旦大學出版社，2010年5月），頁3。

〔註143〕葛兆光、鄭克孟主編：《越南漢文燕行文獻集成集成》第三冊，（上海：復旦大學出版社，2010年5月），頁15。

〔註144〕詳見：黎貴惇：《北使通錄》：正使人選有陳名寀，辛亥科中，54歲、陳輝淧，丙辰科中，49歲；副使人選阮輝瑩，丙辰科中，45歲、陳仲棟，丙辰科中，50歲、黎貴惇，壬申科中，33歲，鄭春澍，戊辰科中，五十五歲。（收入《越南漢文燕行文獻集成集成》第四冊），頁17。

〔註145〕黎貴惇：《北使通錄》，（收入《越南漢文燕行文獻集成集成》第四冊。上海：復旦大學出版社，2010年5月），頁101。

〔註146〕崑岡：《大清會典（光緒朝）·禮部》卷三十九，（上海：上海古籍出版社，1995年），頁3-2。

　　越南對於使臣的挑選十分嚴謹，從年齡上來看，揀擇人選多為四十至五十多歲間，且官職皆為文官，如陳名案任義安督視、禮部右侍郎；陳輝淡為禮部右侍郎。副使人選的阮輝㑢為內閣大學士、陳仲棟為行僉都御史、黎貴惇和鄭春澍皆為翰林院官員，〔註147〕綜合年齡與學識，被挑選的使臣具有一定學識涵養，留下的燕行資料多為漢文所書，可知漢文對越南知識分子的影響，且雙方往來的公文亦是以漢文做交流。多年的為官經驗與良好的漢文學識，正是越南使臣應具備的核心條件。筆者所挑選之西山朝燕行文獻的三位作者，皆有和中土人士、朝鮮使臣交流詩文，皆足可證明使臣對於漢文的造詣。

　　除了科舉的出身，籍貫也是也是重要的因素。劉曉聰《清代越南使臣「燕行」及其「詩文外交」研究——以越南燕行文獻為中心》將後黎朝十二位留下燕行文獻的使臣做考察，其中的九位都來自於越南北部的河內、北寧、太平、海陽地區，〔註148〕這些地區除了靠近首都，也是文化與政治、經濟的中心，在地緣上更是接近中國，在北屬時代，也是郡縣之所在，受中國文化薰陶的程度自然深厚。〔註149〕基於這層關係，地緣籍貫成為僅次於科舉出身的條件。

　　到了西山朝，阮惠於乾隆五十三年（1788）於富春稱帝，〔註150〕五十四年（1789）遣吳任潛如清請降謝罪，〔註151〕據《清實錄》記載，在阮惠請降後，乾隆皇帝於同年六月冊封其為安南國王，〔註152〕西山朝正式取代後黎朝，成為越南的主人。據統計，西山朝自阮惠遣使請降至末帝阮光纘（1792～1802

〔註147〕黎貴惇：《北使通錄》，（收入《越南漢文燕行文獻集成集成》第四冊，上海：復旦大學出版社，2010年5月），頁17。

〔註148〕陶公正、阮公基、丁儒完、軟公沆、阮翹、阮宗窒、黎貴惇、武輝珽、黎伺等九位。詳見：葛兆光、鄭克孟主編：《越南漢文燕行文獻集成集成》第一至六冊，（上海：復旦大學出版社，2010年5月）。

〔註149〕劉曉聰：《清代越南使臣「燕行」及其「詩文外交」研究——以越南燕行文獻為中心》，（廣西民族大學，碩士論文，2013年），頁30。

〔註150〕陳荊和編校：《校合本大越南史記全書》：「十一月，阮惠即皇帝位于富春城，改元光中。時，清兵來，惠諸將勸惠早正位號，以繫北河人心。惠乃築壇於御屏山，即位而後出師。」，（東京：東京大學東洋文化研究所，1986年），頁1209。

〔註151〕許雲樵譯：《安南通史》，（新加坡，星洲世界書局，1957年），頁163。

〔註152〕《清實錄·高宗純皇帝實錄》卷一千三百三十三：「朕覽阮惠呈進表文，極為恭謹。自係出於感激至誠，而於瞻覲祝釐之處，尤屬肫懇殷切。該國鎮撫民人，全仗天朝封爵，況造邦伊始，諸事未定，尤賴正名定分、明示寵榮，以為綏輯久遠之計，已明降諭旨，將阮惠封為安南國王。」，（北京：中華書局，1985年），頁1048。

在位）共如清十二次，十四年的時間就出使十二次，可見西山朝對清朝之間關係之重視。此十二次如清的使臣有一特點，就是以前朝遺臣為多，筆者所要論述的潘輝益、武輝瑨、阮偍三位，都是後黎朝的遺臣。這其中的原因有西山朝欲得正統的想法，也有收攬越南人心的企圖，在挑選使臣如清的過程，亦考慮到了上述的使臣揀擇條件。

使臣揀擇的目的是為出使，每次的出使都有其目的與任務，其中歲貢、謝恩是最常見的出使任務。劉曉聰《清代越南使臣「燕行」及其「詩文外交」研究──以越南燕行文獻為中心》將越南王朝出使的目的分為賀、謝、歲、請、奏、告、獻、其他八大類。賀為賀壽或賀登基，謝為謝恩，歲為歲貢，請為請封或求封，奏為奏事或奏表，告為告哀，獻為進獻方物，其他如求援或遣送人犯〔註153〕。以西山朝為例，阮惠於乾隆五十四年遣使如清請降求封，即是請。乾隆五十五年派遣潘輝益等人如清的目的，即是參加乾隆的萬壽節，為賀。乾隆六十年的出使也為賀，賀嘉慶登基。其他類如乾隆五十三年，後黎朝愍帝第一次出逃清朝，愍太后遣黎侗等人如清求援。

（二）貢期與貢道

《周禮·夏官》：「九服之邦國，方千里曰王畿，其外方五百里曰侯服，……又其外方五百里曰藩服。」〔註154〕以王邑為中心，將天下劃為九個區域，依據遠近貢期也不相同，《文獻通考·郊社考》：「侯服歲一見，甸服二歲一見，男服三歲一見，采服四歲一見，衛服五歲一見，要服六歲一見，九州之外謂之蕃國，世一見。」〔註155〕訂定了各區域的朝貢時間，之後隨著朝代的更替有所改變。確定貢期的目的有二，其一為加強與友好國家的密切交往，其二為限制與敵國的交流，〔註156〕成為一種屏障的手段。

清朝武功強大，藩屬國相當多，與其最為有好的有兩個國家，其一為朝鮮，其二為琉球國。〔註157〕據《大清會典（嘉慶朝）》載：「凡入貢各定其期，朝

〔註153〕劉曉聰：《清代越南使臣「燕行」及其「詩文外交」研究──以越南燕行文獻為中心》，（廣西民族大學，碩士論文，2013年），頁22。
〔註154〕《周禮·夏官》，（臺北市：臺灣商務，1964年）。
〔註155〕馬瑞臨《文獻通考》卷七十三，（杭州：浙江古籍出版社，1988），頁665-3。
〔註156〕何新華：《最後的天朝：清代朝貢制度研究》，（北京：人民大學出版社，2010年），頁76。
〔註157〕何新華：《最後的天朝：清代朝貢制度研究》，（北京：人民大學出版社，2010年），頁76。

鮮每年四貢，於歲杪合進。琉球間歲一貢。越南二年一貢，四年遣使來朝一次，合兩貢並進。南掌十年一貢。暹羅三年一貢。蘇祿五年外一貢。荷蘭貢無定期，舊例五年一貢。緬甸十年一貢。西洋諸國貢無定期與其道。」〔註158〕可知朝鮮與清朝關係最為密切，其次是琉球，第三是越南。清政府不僅利用周邊屬國從空間上建立起防衛中國的藩籬，也利用朝貢制度從時間上豎起無形的防火牆。〔註159〕筆者於此節開頭已說明越南與清廷的貢期變化，由康熙朝至嘉慶朝的變化，足見越南與清廷的關係越發緊密。

　　除了貢期的規定，貢道的安排尤為重要。據《大清會典（嘉慶朝）》載：「朝鮮貢道，由鳳凰城至盛京入山海關。琉球，由福建閩安鎮。越南，由廣西憑祥州入鎮南關。南掌，由雲南普洱府。暹羅、荷蘭由廣東虎門。蘇祿，由福建廈門。緬甸，由雲南騰越州。西洋諸國由廣東澳門。」〔註160〕依據各國的位置，清廷規定了不同的貢道路線，此路線不可隨意更改。確定目的有四：其一，貢道沿途配有驛站，以保障貢使的需求與補給；其二，進京的貢道須符合國家門面，故經繁榮富饒之地，以顯中原之地大物博、地靈人傑；其三，出於國防安全，使節只能在中國政府指定的區域活動，以外之區域皆無權進入；其四，貢道網路的確立，清廷得以建立四夷賓服、萬國來潮的天朝格局，加強與周邊國家的交流〔註161〕。

　　康熙四年有規定：「康熙四年原定由廣西太平府，雍正二年議准。由廣西水路，均由鎮南關入。」〔註162〕依《越南漢文燕行文獻》所收之使臣紀錄之路線，都是由廣西進入中國，再經由大運河抵達北京。以潘輝益為例，其《星槎紀行》紀錄的路線如下：

　　　　去程：潘輝益使部一行，四月十五日出發，過鎮南關（出關）→寧
　　　　明→梧州→廣州→清遠→英德縣→韶州→南雄（度嶺）→南安府（從

〔註158〕托津主編：《大清會典（嘉慶朝）·禮部》卷三十一，（新北市：文海出版，1991年），頁4-1。
〔註159〕何新華：《最後的天朝：清代朝貢制度研究》，（北京：人民大學出版社，2010年）。頁76。
〔註160〕托津主編：《大清會典（嘉慶朝）·禮部》卷三十一，（新北市：文海出版，1991年），頁4-1～4-2。
〔註161〕何新華：《最後的天朝：清代朝貢制度研究》，（北京：人民大學出版社，2010年）。頁83～85。
〔註162〕崑岡主編：《大清會典（光緒朝）·禮部》卷五百二，（上海：上海古籍出版社，1995年），頁817-2。

水道）→吉水縣→南昌→黃岡縣→武昌府→信陽（換轎登車）→郾
城→湯陰→彰德→良鄉→過燕京→塞北口→熱河行宮〔註163〕。

回程：八月二十二日奉旨自西苑公館登程歸國，從彰儀門→涿州城
（保定市）→許州→武勝關（豫鄂交界）→武昌→岳州→湘陰→長
沙→全州（廣西）→桂林（經灕江）→潯州→南寧→崇善→寧明→
鎮南關〔註164〕。

　　又阮偍分別於乾隆五十四年及乾隆六十年出使中國，其路線與之前大致
相同，經廣西、湖南、湖北、河南、直隸五省北上。但於乾隆六十年出使，
行至廣西時，接到乾隆的諭旨，改走廣東，經由江西、江蘇、山東進入直隸。
〔註165〕其原因據《清實錄·高宗純皇帝》載：「安南貢使進京謝恩，現在湖南
雖有剿捕苗匪之事。……令該貢使由廣西水路順流經廣東之肇慶南韶等
府。……改道由廣東江西進京，不得再有歧誤，致干咎戾。將此由六百里加緊
諭令知之。」〔註166〕阮偍在《華程消遣集》亦有提到貢道更改之事，〈聞命
喜賦〉：「舟次長灘接到廣西巡撫城札示奉，庭寄上諭此次安南貢使，使當由
廣東、江西進程。」〔註167〕從詩小題的內容可以看出阮偍對於叛變之事一概
不知：「遙奉恩綸復改程，蹋頭轉向粵東行。既添一路江山好，重得兼旬水月
清。閒泛頓增高賞興，遍見深慰遠遊情。韶南聞到多名勝，到處煩吾□品評。」
〔註168〕從詩名的喜聞便可窺知一二，清廷封鎖叛亂消息，使臣只因單純收到
皇帝聖旨而開心，詩中充滿了對旅途的嚮往，但實際上卻是兼程趕路，一直到
回程才將改道的見聞寫上。

　　西山朝朝貢表：

〔註163〕詳見潘輝益《星槎紀行》，收入《越南漢文燕行文獻集成》第六冊，（上海：
　　　　復旦大學出版社，2010年5月）。

〔註164〕潘輝益《星槎紀行》，收入《越南漢文燕行文獻集成》第六冊，（上海：復旦
　　　　大學出版社，2010年5月）。

〔註165〕詳見阮偍《華程消遣集》，收入《越南漢文燕行文獻集成》第八冊，（上海：
　　　　復旦大學出版社，2010年5月）。

〔註166〕《清實錄·高宗純皇帝實錄》卷一千四百八十七，（北京：中華書局，1985年），
　　　　頁895-1～895-2。

〔註167〕阮偍《華程消遣集》，收入《越南漢文燕行文獻集成》第八冊，（上海：復旦
　　　　大學出版社，2010年5月），頁200。

〔註168〕阮偍《華程消遣集》，收入《越南漢文燕行文獻集成》第八冊，（上海：復旦
　　　　大學出版社，2010年5月），頁200。

次數	越南年號	中國年號	西元	正　　使	副　　使	目的	出　　處	備　　註
1	光中2年	乾隆54年正月	1789			求和	《清實錄·高宗純皇帝實錄》卷一千三百二十二，頁882-2	遣通事齎送表文前來，據稱阮惠情願投誠納貢。
2	光中2年	乾隆54年二月	1789	阮有晭、武輝璞		求和	《清實錄·高宗純皇帝實錄》卷一千三百二十二，頁915-1	阮惠又遣夷目阮有晭、武輝璞二員，齎表呈進。
3	光中2年	乾隆54年	1789			求和	《清實錄·高宗純皇帝實錄》卷一千三百二十七，頁967-1	阮惠已震懾聲威，匝月之間，三次乞降。
4	光中2年	乾隆54年五月	1789	阮光顯	阮有晭武輝瑨	請降求封	《清實錄·高宗純皇帝實錄》卷一千三百三十一，頁1016-1	阮光顯等進關，跪閱敕書，叩頭不止。稱小邦番目親屬，今日捧誦綸音，敬感聖德天威。
5	光中2年	乾隆54年十一月	1789	阮文名	阮偍吳文楚	謝恩	《清實錄·高宗純皇帝實錄》卷一千三百四十二，頁1197-1	安南國王阮光平，恭遣陪臣等，齎進隨表謝恩及年例貢品，既於十月十七日進關。
6	光中3年	乾隆55年三月	1790		武輝瑨潘輝益	乾隆萬壽	《清實錄·高宗純皇帝實錄》卷一千三百四十九，頁52-1	阮光平定於三月內進關，由粵進京。福康安沿途照料，與該國王一同行走。

7	光中4年	乾隆56年六月	1791			進貢	《清實錄・高宗純皇帝實錄》卷一千三百七十四，頁444-1	安南國王阮光平。遣使恭進表函方物。
8	光中4年	乾隆56年六月	1791	阮文琠	阮璡	進貢	《清實錄・高宗純皇帝實錄》卷一千三百八十一，頁530-1	安南國王阮光平、遣使續進貢表。現在據報進關。
9	光中5年	乾隆57年三月	1792			進貢	《清實錄・高宗純皇帝實錄》卷一千四百十，頁963-2	彼時安南國王阮光平、亦有使臣前來具表納貢。與各國陪臣、同時並霑恩宴。
10	景盛元年	乾隆58年正月	1793	吳時任		告哀求封	《清實錄・高宗純皇帝實錄》卷一千四百二十一，頁17-1	安南國王阮光平，於上年九月內在義安身故。世子阮光纘，年已十五，現在暫權國事，定於五十八年正月內專遣陪臣恭齎表貢，赴京告報等語。
11	景盛四年	乾隆60年九月	1795	阮光裕	杜文功 阮偍	嘉慶登基	《清實錄・高宗純皇帝實錄》卷一千四百八十七，頁895-2	安南貢使進京謝恩，現在湖南雖有剿捕苗匪之事，但經過水路，與該處相隔甚遠，應令仍由廣西全州乘船。
12	景盛七年	嘉慶4年七月	1799			乾隆駕崩	《清實錄・仁宗睿皇帝實錄》卷四十九，頁615-1	安南國王阮光纘，遣使敏關虔修箋表。

（三）貢物與賞賜

貢物是朝貢的重點，《周禮》：「九州之外謂之蕃國，世一見，各以其所貴寶為贄。」〔註169〕朝貢制度發展到清朝，對於各屬國的供品要求亦有所不同。何新華先生進貢依性質分為兩種，〔註170〕其一為正貢，正貢即是例貢，如：「越南二年一貢，四年遣使來朝一次，合兩貢並進。」〔註171〕頻率多寡取決於兩國的親疏程度。其二為加貢，正貢之外的進貢皆是加貢，如表賀、謝恩、陳奏等。正貢與加貢的貢品亦有不同的規定。以越南為例：

> 越南正貢，象牙二對；犀角四座；土綢、土紈、土絹、土布各二百
> 疋；沈香六百兩；速香一千二百兩；砂仁、檳榔各九十斤。每屆慶
> 典表賀，恭進象牙二對；犀角四座；土綢、土紈、土絹、土布各一
> 百疋。其陳謝表奏，毋庸備物，如該國王抒誠備進，應否賞收，或
> 抵下次正貢，均屆期請旨。〔註172〕

這裡除了可以看到貢品的差異，亦可見到國號的改稱，西山朝滅亡，阮朝上臺之後，阮福映於嘉慶八年遣使進貢，繳回西山朝舊印，改國號為越南。〔註173〕若從黎貴惇那次初始的貢品來看，卻與之有很大的差異，《北使通錄》載：「金香爐花瓶四副、銀盆一十二口、沉香筵百陸拾兩、速香貳千三百陸拾捌兩。」〔註174〕與清朝要求之貢物相差甚遠。又此次進貢與告哀並進，告哀物品如下：「沉香三十斤、速香七十斤。」〔註175〕雖然清廷沒有規定告哀的貢物，但正貢的差異頗大。據何新華先生的論述，清廷對於各藩屬貢物的規定並非一塵不變，調整的原則一般是減少種類與數量，其目的有三，其一是懷柔政策，減少屬國負擔；其二是包裝勤儉杜奢的形象；其三是考慮到實用

〔註169〕《周禮》卷三十七，（臺北市：臺灣商務，1964年）。

〔註170〕何新華：《最後的天朝：清代朝貢制度研究》，（北京：人民大學出版社，2010年），頁100。

〔註171〕托津主編：《大清會典（嘉慶朝）·禮部》卷三十一，（新北市：文海出版，1991年），頁4-1。

〔註172〕托津主編：《大清會典（嘉慶朝）》禮部卷三十一，（新北市：文海出版，1991年），頁7-1。

〔註173〕詳見《清實錄·仁宗睿皇帝實錄》卷一百一十一，（北京：中華書局，1985年），頁481-1。

〔註174〕黎貴惇《北使通路》，收入《越南漢文燕行文獻集成》第四冊，（上海：復旦大學出版社，2010年5月），頁25。

〔註175〕黎貴惇《北使通路》，收入《越南漢文燕行文獻集成》第四冊，（上海：復旦大學出版社，2010年5月），頁57。

性。〔註176〕黎貴惇於乾隆二十五年出使，引文資料為嘉慶時期，可見清廷免去金銀之器，以其他越南方物代之。

　　面對各藩屬國的進貢，清廷亦有所回贈，李云全《明清朝貢制度研究》可分為三類，其一為冊封朝貢國的國王、其二為對朝貢國之貢物回禮、其三為朝貢貿易。〔註177〕關於冊封，《清實錄》載：「凡勒封國王，朝貢諸國遇有嗣位者，先遣使請命於朝廷。朝鮮、安南、琉球，欽命正副使奉勒往封。其他諸國，以勒授來使賚回，乃遣使納貢謝恩。」〔註178〕以越南為例，何新華先生將過程大致分成六個步驟，首先越南遣使如清請封，其二清廷遣使至越南賚告、敕、國印、賞賜國王彩緞、器皿等物前往宣封，其三是宣封，即國王的冊封大典，越南歷朝的冊封在昇龍城舉行。其四為送別清廷冊封使。其五越南遣謝恩使如清謝恩。最後諭祭先王，若為開國君主，如阮朝阮福映為開國之君，則無此儀式。〔註179〕

　　對朝貢國之貢物回禮，其對象包含國王、王妃、貢使、隨員。〔註180〕以越南為例，《大清會典》：「頒賞越南常貢，國王、貢使與琉球同，行人與琉球使者都通事同，伴送官通事官均與琉球伴送官同。其慶賀及陳奏謝恩等事遣使至者，賞賜亦如常貢。」〔註181〕可見越南與琉球地位相當，而琉球的賞賜如下：

> 國王，錦八疋、織金緞八疋、織金紗八疋、織金羅八疋、紗十二疋、緞十八疋、羅十八疋。貢使，各織金羅三疋、緞八疋、羅五疋、絹五疋、裏綢二疋、布一疋。使者都通事，各緞五疋、羅五疋、絹三疋。從人各絹三疋、布八疋。伴送官彭緞袍一件。〔註182〕

〔註176〕何新華：《最後的天朝：清代朝貢制度研究》，（北京：人民大學出版社，2010年），頁102。

〔註177〕李云全：《明清朝貢制度研究》，（暨南大學，博士論文，2003年），頁90。

〔註178〕允祹主編：《大清會典（乾隆朝）·禮部》卷五十六，（新北市：文海出版，1991年），頁1-2～1-3。

〔註179〕何新華：《最後的天朝：清代朝貢制度研究》，（北京：人民大學出版社，2010年），頁192～195。

〔註180〕何新華：《最後的天朝：清代朝貢制度研究》，（北京：人民大學出版社，2010年），頁108。

〔註181〕托津主編：《大清會典（嘉慶朝）》禮部卷三十一，（新北市：文海出版，1991年），頁10-1～10-2。

〔註182〕托津主編：《大清會典（嘉慶朝）》禮部卷三十一，（新北市：文海出版，1991年），頁10-1。

除了上述的賞賜，清廷對關係最密切的朝鮮、琉球、越南三國還有其他形式的賞賜，李云全先生將其類型分成兩種，其一為加賜，即除例行性的賞賜又有另外的添賞，這種其況在康熙中期開始出現，《清實錄》：「觀所賜琉球等外國恩賚之物甚菲，於厚往薄來之道，尚未允協。著內閣會同禮部，察頒錫外國之例，酌量增益所賞儀物，確議具奏。」〔註183〕以越南為例，最後增加緞二十疋，〔註184〕開了此先例之後，對於朝貢國的賞賜也越來越多，可至貢品的四分之一至三分之一。〔註185〕其二為特賜，如康熙四十九年：「帝南巡，安南陪臣黃仲政、黎有容、阮堂等迎覲南城外，賜幣帛有差，特賜國王『南交屏翰』扁額。」〔註186〕又雍正三年：「安南國遣陪臣進貢方物，奉旨召見於乾清宮，特賜國王『御書日南世祚』匾額、《古文淵鑑》、《佩文韻府》、《淵鑑類函》各一部；內造緞二十；松花石硯、玉器、瓷器、法瑯器等物。」〔註187〕到了乾隆三年：「安南國入貢，特賜國王御書『日南世祚』四字；《古文淵鑑》、《佩文韻府》、《淵鑑類函》各一部內庫段二十；松花石硯、玉器、瓷器、法瑯器等物。」〔註188〕其後的特賜也越來越多，筆者不另外補充。

　　朝貢貿易方面，主要有兩種形式，一是貢使攜帶貨物到北京，在離京前幾日到會同館貿易；二是在入境處貿易，須在當地督府委派的官員監視下進行。〔註189〕清初的朝貢貿易規定如下：「順治初年定：凡外國貢使來京頒賞後，在會同館開市，或三日或五日，惟朝鮮、琉球不拘期限。……出示差官監視令公平交易。又定外國船非正貢之故，無故私來貿易者該督撫即行阻逐。又定正貢船未到，護貢、探貢等船不許交易。」〔註190〕李云全認為這是「以貢帶市」

〔註183〕《清實錄‧聖祖仁皇帝實錄》卷一百二十三，（北京：中華書局，1985年），頁304-1。

〔註184〕《清實錄‧聖祖仁皇帝實錄》卷一百二十三，（北京：中華書局，1985年），頁308-1。

〔註185〕李云全：《明清朝貢制度研究》，（暨南大學，博士論文，2003年），頁82～84。

〔註186〕趙爾巽：《清史稿‧列傳》三百四十，屬國二，越南，（北京：中華書局，1985年），頁14634。

〔註187〕尹泰主編：《大清會典（雍正朝）》卷一百六。頁13-1～13-2。

〔註188〕允祹主編：《大清會典（乾隆朝）》卷一百六。頁50-1～50-2。

〔註189〕何新華：《最後的天朝：清代朝貢制度研究》，（北京：人民大學出版社，2010年），頁112～113。

〔註190〕允祹主編：《大清會典（乾隆朝）》，卷九十四。頁7-2～8-1。

的貿易方式，這種方式一直持續到康熙二十三年海禁政策的頒布，被「貢市並舉」所取代。康熙二十四年改規定：「外國貢船所帶貨物，停其收稅。其餘私來貿易者，准其貿易。聽所差部臣照例收稅，凡貿易番船回國。除一應禁物外，……貿易畢，回國時，該督撫遴委賢能官員嚴查，禁止夾帶。」〔註 191〕種種的禁令與優惠，都是清廷恩威並重的外交手段。〔註 192〕

　　朝貢制度不僅維持了中國王霸天下的天朝觀念，也透過此種外交手段與周邊國家有所交流，除了強調自己入主中原的合法性，也經由對藩屬國的冊封宣揚國威，藩屬國也透過其冊封來取得統治的正統性。在進貢與回賜的過程中，更逐漸展現泱泱大國的氣度，如減少貢物或合併貢期等方案，其中最為實際的，莫過於促進宗藩之間的貿易與文化交流。貢市的交流除了讓民間可見異國的珍奇玩物，中國本土的物品也可流向他國，這也間接地影響了雙方的社會和經濟結構。此外，在外交的場合上，各國交流的情況更代表國家的臉面，故於使臣的揀擇無不嚴謹，在筆者所關注的燕行文獻中，正充分展現了使者們以異域之眼，來看中國的地大物博。

第五節　小結

　　中、越雙方從領土、羈縻的關係逐漸進入到朝貢體系，自丁部領建立丁朝後，政治上雖擺脫中國的掌握，但丁朝的政府結構、文化教育上仍無法擺脫中國文化的影響。至陳朝雖有喃字出現，但仍難與樹大根深的漢字做抗衡。宋亡元興，中越的朝貢關係正式確立，雖僅維持約三十年，卻可視為兩國朝貢制度化開始。明代建立，陳朝與其建立朝貢關係，約定三年一貢。陳朝為胡朝（1400～1407）所篡，胡朝僅歷經二帝，仍與明朝保持朝貢關係，隨後明成祖佔領越南，進行長達二十（1407～1427）的統治。西元 1427 年，黎利稱帝建立後黎朝，驅逐明朝勢力，明朝與後黎朝依然維持緊密的朝貢關係，雖《明史》沒有記錄確切的制度，但無論是一般的納貢、請封、告訃等，皆有遣使告知明朝。至清代，康熙、乾隆、嘉慶皆有相關規定，朝貢制度明確。

　　中、越朝貢制度化進程：

〔註 191〕尹泰主編：《大清會典（雍正朝）》卷一百五。頁 17-2～18-1。
〔註 192〕李云全：《明清朝貢制度研究》，（暨南大學，博士論文，2003 年），頁 84。

越南時期	中國時期	西元年	規　定	出　處
陳聖宗	元世祖	1263	卿既委質為臣，其自中統四年為始，每三年一貢，可選儒士、醫人及通陰陽卜筮、諸色人匠，各三人，及蘇合油、光香、金、銀、朱砂、沉香、檀香、犀角、玳瑁、珍珠、象牙、綿、白磁盞等物同至。	宋濂：《元史·列傳·外夷二·安南》卷二百九十，（臺北市：臺灣商務，1988年），頁4635。
陳藝宗	明洪武	1374	七年，叔明遣使謝恩，自稱年老，乞命弟煓攝政，從之。煓遣使謝恩，請貢期。詔三年一貢，新王世見。尋復遣使貢，帝令所司諭卻，且定使者毋過三四人，貢物無厚。	張廷玉：《明史·列傳·外國二·安南》卷三百二十一，（臺北市：臺灣商務，1988年），頁8311。
後黎朝玄宗	清康熙	1668	初，安南定為三年一貢。七年，維禧疏請六年兩貢並進，帝如所請。	趙爾巽：《清史稿·列傳》三百四十，屬國二，越南，（北京：中華書局，1985年），頁14628。
西山朝阮惠	清乾隆	1792	五十七年，議定安南貢期，舊例三年一貢者，定為兩年，六年遣使來朝一次者，定為四年。	趙爾巽：《清史稿·列傳》三百四十，屬國二，越南，（北京：中華書局，1985年），頁14640。
阮朝阮福映	清嘉慶	1814	十九年，帝諭向來越南國二年一貢，四年遣使來朝一次，合兩貢並進，嗣後改為四年遣使來貢一次，其貢物照兩貢並進之數減其半。	趙爾巽：《清史稿·列傳》三百四十，屬國二，越南，（北京：中華書局，1985年），頁14644。

第三章　越南漢文學傳統的建立

　　筆者選定之漢文燕行文獻，內容載體以詩為大宗，其它文體亦有，但數量遠不及詩作。在爬梳文獻時，詩之內容賞析已有相當成果，故筆者欲探其源頭，從越南之科舉制度、中越書籍交流狀況、越南文學傳統三方面著手，釐清漢文化、文學在越南發展的情況，以及對燕行使者的影響。

　　中越之間的交流，自周朝即有紀錄：「至周成王時，越裳氏始獻白雉。」〔註1〕到了秦朝，中國勢力正式深入越南，《大越史記全書》載：「秦發諸道逋亡人、贅壻、賈人為兵，使校尉屠睢將樓船之士，使吏祿鑿渠運糧，深入嶺南，略取陸梁地、置桂林、今廣西明貴縣是也。海南，即今廣東。象郡，即安南。」〔註2〕于在照先生認為，漢字與漢文化傳入越南的時間點已不可考，但中國勢力直接有效的掌控越南始於秦。他將中國文化南傳原因歸納為三點，其一是地緣優勢，中越山水相連，交通便捷；其二為中國文化相對強勢；其三為漢字生命力、傳播力相當強大。〔註3〕

　　秦末天下大亂，趙陀帥師兼併林邑與象郡，《大越史記全書》載：「趙氏因秦衰亂，殺秦長吏，據有嶺南之地。稱帝，與漢抗衡，享國傳祚，百年後而亡，亦英雄之主也。姓趙，諱陀，漢真定人也。建都番禺，今在廣東是也。」〔註4〕

〔註1〕佚名：《越史略》，（北京：中華書局，1985年），頁1。
〔註2〕陳荊和校編：《校合本大越南史記全書》，（東京：東京大學東洋文化研究所，1986年），頁102。
〔註3〕于在照：《越南文學史》，（廣州：世界圖書出版，2014年11月），頁4。
〔註4〕陳荊和校編：《校合本大越南史記全書》，（東京：東京大學東洋文化研究所，1986年），頁107。

漢朝建立後，趙陀遣使入漢，《安南通史》載：「漢高祖定中國，即皇帝位，遣陸賈拜趙陀為越南王，授璽綏。」〔註5〕又《漢書》載：「陸賈至，南粵王恐，乃頓首謝，願奉明詔，長為藩臣，奉貢職。」〔註6〕後因趙陀稱帝攻長沙，漢軍來剿，至文帝遣使責其妄稱，遂奉詔稱藩，僅於國內用帝號。〔註7〕

在趙陀興起的過程中，也帶來了大量的中國人民進入嶺南地區，《史記》載：「秦時已并天下，略定楊越，置桂林、南海、象郡，以謫徙民，與越雜處十三歲。」〔註8〕中國文化於此開始直接且深刻的影響越南的文化。到了漢武帝時期，嶺南地區已被中原文化完全洗禮，《水經注》：「自林邑王范胡達始，秦餘徙民，染同夷化，日南舊風，變易俱盡。」〔註9〕越南趙陀的評價很高，如阮Q勝認為：「我國民眾學習漢字始於趙陀時代。」〔註10〕又陶維英：「我們的祖先從北屬初期——大概從趙陀時代——就開始學習漢字了。」〔註11〕至此，直至十九世紀末法國殖民越南止，漢文化一直深刻影響著越南。

第一節　漢文教育與科舉制度

越南出現學校教育活動大致在西漢晚期到東漢初期之間，〔註12〕自先秦中越即有交流，至秦始皇正式納入中國版圖，若趙陀是越南漢化的開端，褚柏思先生認為，越南真正的漢化，始於西元三年～王莽輔政的年代，王莽篡漢後，中原人士或貴族大量向南遷移，〔註13〕漢人的增加，加深了民族融合。

（一）漢文教育的萌芽

秦至西漢末期漢文化於越南尚未有顯著的發展，到了東漢，錫光與任延任

〔註5〕許雲樵譯：《安南通史》，（星洲世界書局，1957年），頁299。
〔註6〕班固：《漢書·列傳·南粵》，（臺北市：樂天出版社，1988年），頁3851。
〔註7〕詳見陳荊和校編：《校合本大越南史記全書》，（東京：東京大學東洋文化研究所，1986年），頁110。
〔註8〕司馬遷：《史記·列傳·南越列傳》卷一百一十三，（臺北市：臺灣商務，1988年），頁2967。
〔註9〕酈道元：《水經注·溫水》，（臺北市：臺灣古籍，2002年），頁19-1。
〔註10〕阮Q勝：《越南科舉與教育》，（胡志明：胡志明市綜合出版社，2005年），頁59。
〔註11〕陶維英：《越南文化史綱》，（河內：文化信息出版社，2002年），頁13。
〔註12〕陳文、劉華：〈越南古代教育論述〉，（收入《紅河學院學報》，第1期，第6卷，2008年2月），頁21。
〔註13〕褚柏思：〈越南的儒學、佛學與文學〉，（收入陶鎔編《中越文化論集》，1968年7月），頁78。

交趾與九真的太守，漢文化於越南開始有了轉變。《後漢書》載：「光武中興，錫光為交阯，任延守九真，於是教其耕稼，制為冠履，初設媒娉，始知姻娶，建立學校，導之禮義。」〔註14〕其中任延太守更是滿腹經綸，《後漢書》載：「任延字長孫，南陽宛人也。年十二，為諸生，學於長安，明《詩》、《易》、《春秋》，顯名太學，學中號為任聖童。」〔註15〕可知太守之學識，與前期相比，兩位太守帶來的中原的禮教制度，讓原本已於獵維生的越南百姓，轉為農耕肯闢安定生活，才有之後的禮樂教化，知仁知義，〔註16〕甚至建立學校，導之經義。〔註17〕《大越史記全書》載：「錫光漢中人，在交阯教民以禮義。複以任延為九真太守，延宛人。……視事四年召還，九真為之立祠，其生子置名皆曰任焉。嶺南文風始二守焉。」〔註18〕西漢設立五經博士、獨尊儒術，兩位太守將儒家思想帶入越南，為之後越南自主時期的儒教奠定基礎。

　　秦至兩漢的基礎奠定，到了魏晉南北朝，越南的漢文教育持續發展。其中東吳的士燮貢獻最大，《三國志》載：「士燮，字威彥。察孝廉，補尚書郎，公事免官。父賜喪闋後，舉茂才，除巫令，遷交阯太守。」〔註19〕在任太守期間頗有作為：「達於從政，處大亂之中，保全一郡，二十餘年疆場無事，民不失業，羈旅之徒，皆蒙其慶。」〔註20〕在亂世之中，確保了越南境內的穩定，百姓各安其所，《大越史記全書》載：「我國通詩書、習禮樂，為文獻之邦，自士王始。其功德豈特施於當時，而有以遠及於後代，豈不盛矣哉。」〔註21〕可知士燮對越南文化影響之深遠。三國時期除了士燮，另有陶璜、〔註22〕杜

〔註14〕范曄：《後漢書・列傳・南蠻西南夷列傳》卷七十六，（臺北：鼎文書局，1985年），頁2836。

〔註15〕范曄：《後漢書・列傳・南蠻西南夷列傳》卷六十六，（臺北：鼎文書局，1985年），頁2460。

〔註16〕黎崱：《安南志略》，（北京：中華書局，2000年6月），頁160。

〔註17〕陳壽：《三國志・吳書・張嚴程闞薛傳》卷五十三，（臺北市：臺灣商務，1988年），頁1251。

〔註18〕陳荊和校編：《校合本大越南史記全書》，（東京：東京大學東洋文化研究所，1986年），頁125。

〔註19〕陳壽：《三國志・吳書・劉繇太史慈士燮傳》卷四十九，（臺北市：臺灣商務，1988年），頁1191。

〔註20〕陳壽：《三國志・吳書・劉繇太史慈士燮傳》卷四十九，（臺北市：臺灣商務，1988年），頁1191。

〔註21〕陳荊和校編：《大越南史記全書》，（東京：東京大學東洋文化研究所，1986年），頁133。

〔註22〕房玄齡：《晉書》載：「陶璜，字世英，丹楊秣陵人也。父基，吳交州刺史。璜

慧度〔註23〕等人，這些於中國南遷的太守，學識淵博、勤於政務、興辦學校、以詩書薰陶交州百姓、以儒家思想淳化交州風俗，讓漢文化於越南有更深入的傳播與發展。〔註24〕

隋唐盛世，是越南漢文教育繁榮與發展的時期，對安南地區亦進行更有效的管理，《舊唐書》載：「安南都督府，隋交趾郡。武德五年，改為交州總管府，管交、峯、愛、仙、鳶、宋、慈、險、道、龍十州。……調露元年八月，改交州都督府為安南都護府。」〔註25〕唐代共計有六個都護府，安南的各級官員由中央直接任命或罷免，加強對安南地區的控制。〔註26〕在文教發方面，隋文帝開皇十七年有令孤熙維總管，《資治通鑑》載：「上以嶺南夷、越數反，刺史令狐熙為桂州總管，……為建城邑，開設學校，華、夷感化焉。」〔註27〕又有於唐憲宗時期任安南都護的馬揔，《太平御覽》載：「馬揔為安南都護，揔敦儒學、長於政術，在南海累年清廉，夷獠便之。」〔註28〕隋唐時期的積極建設，讓漢文化於越南的發展更加蓬勃。

（二）科舉制度的發展與成熟

劉海峰先生認為，中國科舉制度的完整建立始於隋代，廣義的科舉起始於漢代，科舉的淵源更能溯至先秦的鄉舉里選。〔註29〕在越南的郡縣時期，選士的程序乃依照中國中央的指示。兩漢時期，與中原人一般參加察舉和征辟，中孝廉、茂才者可至中原任官。〔註30〕

　　　仕吳歷顯位。……在南三十年，感恩著于殊俗。」頁1558～1561。又陳荊和校編：《大越南史記全書》：「吳主以璜為刺史，持節都督交州諸軍事、前將軍州牧。……璜在州三十年，威惠素著，為殊俗所慕。及卒，舉州啼哭，如喪慈親。」（臺北市：世界書局，1988年），頁141。

〔註23〕 房玄齡：《晉書》載：「慧度，瑗第五子也。初為州主簿，流民督護，遷九真太守。……禁斷淫祀，崇修學校，歲荒民饑，則以私祿賑給。為政纖密，有如治家，由是威惠沾洽，姦盜不起，乃至城門不夜閉，道不拾遺。」卷九十二，（臺北市：世界書局，1988年），頁2264～2265。

〔註24〕 陳文：《科舉在越南的移植與本土化──越南後黎朝科舉制度研究》，（廣州市：暨南大學，博士論文，2006年10月），頁24。

〔註25〕 劉昫：《舊唐書》，（臺北市：臺灣商務，1981年），頁1749。

〔註26〕 陳文：《科舉在越南的移植與本土化──越南後黎朝科舉制度研究》，（廣州市：暨南大學，博士論文，2006年10月），頁26。

〔註27〕 司馬光：《資治通鑑》，（上海：上海古籍出版社，1987年），頁5552～5553。

〔註28〕 李昉：《太平御覽》，（臺北：國泰文化，1980年），頁1315-1。

〔註29〕 劉海峰：《中國科舉史》，（上海：東方出版中心，2006年6月），頁1。

〔註30〕 陳文：《科舉在越南的移植與本土化──越南後黎朝科舉制度研究》，（廣州市：

　　越南於秦始皇執政時期納入中國版圖，成為郡縣。據《安南志略》載：「呂嘉，越人也。為趙陀相，輔政三世。」〔註31〕是筆者所尋資料中，越南受中國封爵的第一人。漢代創立了察舉制度，所謂察舉，及考察人才之後予以薦舉任官的意思，因此又稱薦舉，是科舉制度的初始型態〔註32〕。漢高祖劉邦十一年二月有詔：

> 蓋聞王者莫高於周文，伯者莫高於齊桓，皆待賢人而成名。今天下賢者智能豈特古之人乎？患在人主不交故也，士奚由進！今吾以天之靈，賢士大夫定有天下，以為一家，欲其長久，世世奉宗廟亡絕也。賢人已與我共平之矣，而不與吾共安利之，可乎？賢士大夫有肯從我游者，吾能尊顯之。布告天下，使明知朕意。御史大夫昌下相國，相國酇侯下諸侯王，御史中執法下郡守，其有意稱明德者，必身勸，為之駕，遣詣相國府，署行、義、年。有而弗言，覺，免。年老癃病，勿遣。〔註33〕

薦舉的核心條件在於德行，這是中國歷史上第一次公開下詔察舉人才。〔註34〕薦舉的形式尚無明確的規範，亦無確切的舉行時間，文帝前元二年十一月，有詔：「舉賢良方正能直言極諫者，以匡朕之不逮。因各敕以職任，務省繇費以便民。」〔註35〕又十五年：「詔諸侯王公卿郡守舉賢良能直言極諫者，上親策之，傅納以言。」〔註36〕劉海峰先生認為，這兩次的察舉具有考試性質存在，十五年那次的薦舉更是中國歷史上最早的一次策試，受試者陳其策供皇帝參考納用。〔註37〕武帝時期董仲舒提出「罷黜百家，獨尊儒術」的建議被採用，至此，儒學在取士和整個中國思想文化中都佔據著正統獨尊的地位，〔註38〕《漢書》載：「及仲舒對冊，推明孔氏，抑黜百家。立學校之官，州郡舉茂材孝廉，皆自仲舒發之。」〔註39〕賢良方正科的詔舉對策在武帝走向制度化，但

　　　　暨南大學，博士論文，2006年10月），頁25。

〔註31〕黎崱：《安南志略》，（北京：中華書局，2000年），頁341。

〔註32〕劉海峰：《中國科舉史》，（上海：東方出版中心，2006年6月），頁9。

〔註33〕班固：《漢書・本紀・高帝・劉邦》卷一，（臺北市：臺灣商務，1988年），頁71。

〔註34〕劉海峰：《中國科舉史》，（上海：東方出版中心，2006年6月），頁10。

〔註35〕班固：《漢書・本紀・文帝・劉恆》卷四，（臺北市：臺灣商務，1988年），頁116。

〔註36〕班固：《漢書・本紀・文帝・劉恆》卷四，（臺北市：臺灣商務，1988年），頁127。

〔註37〕劉海峰：《中國科舉史》，（上海：東方出版中心，2006年6月），頁10。

〔註38〕劉海峰：《中國科舉史》，（上海：東方出版中心，2006年6月），頁12。

〔註39〕班固：《漢書・列傳・董仲舒傳》卷五十六，（臺北市：臺灣商務，1988年），頁2525。

舉行時間仍無定期，通常都是在發生日蝕、大旱、蝗災、星隕等特殊自然現象時舉行。〔註40〕

孝廉制度源於漢高祖劉邦，《漢書》載：「舉民年五十以上，有脩行，能帥眾為善，置以為三老，鄉一人。」〔註41〕制度的確立始於漢武帝時期：「元光元年冬十一月，初令郡國舉孝廉各一人。」〔註42〕但各郡縣因轄區大小、人口多寡等因素，存在察舉名額不均的問題，到了東漢和帝做了調整，《後漢書》載：「緣邊郡口十萬以上歲舉孝廉一人，不滿十萬二歲舉一人，五萬以下三歲舉一人。」〔註43〕按戶口多寡比例的制度，有利於各地區均衡的參政機會，促進邊陲地區人文水平的提升、對維護王朝的統一，起了積極的作用。〔註44〕據《安南志略》的記載，漢獻帝時期，有了第一位交州人通過舉孝廉的途徑為官：「李琴，交州人。漢獻帝初平中，宿衛在臺，遂與鄉人卜龍等，以本郡所舉孝廉數寡，正詣天下。」〔註45〕東西漢歷史橫跨四百餘年，通過薦舉或孝廉的越南人應不只李琴一人。據呂士朋先生的考證，東漢末年越南人口約十八萬餘戶，〔註46〕已遠遠超過十萬戶的門檻，但礙於歷史資料的不全，無法再行佐證，需待日後有更深入的察找。

魏晉南北朝時期，晉代的察舉中有一個重要的演進，即秀才試策、孝廉試經制度的形成。〔註47〕《安南志略》載：「張重，日南人，舉入洛。」〔註48〕是晉明帝時期通過持舉為官的越南人，官制太守。張重亦是此時期被記錄於史冊中，通過察舉為官的越南人。到了隋代，隋文帝「國子寺罷隸太常，又改寺為學」〔註49〕使教育系統脫離宗教。至於進士科的設立，劉海峰先生認為是始於大業二年，但缺乏直接史料之佐證，仍有商榷空間，〔註50〕引用《大唐新

〔註40〕劉海峰：《中國科舉史》，（上海：東方出版中心，2006年6月），頁13。
〔註41〕班固：《漢書·本紀·高帝·劉邦》卷一，（臺北市：臺灣商務，1988年），頁33。
〔註42〕班固：《漢書·本紀·武帝·劉徹》卷六，（臺北市：臺灣商務，1988年），頁160。
〔註43〕范曄：《後漢書·本紀·孝和孝殤帝紀》卷四，（臺北：鼎文書局，1985年），頁189。
〔註44〕劉海峰：《中國科舉史》，（上海：東方出版中心，2006年6月），頁45。
〔註45〕黎崱：《安南志略》，（北京：中華書局，2000年），頁344。
〔註46〕呂士朋：《北屬時期的越南》，（香港：香港中文大學新亞研究所，1964年），頁97。
〔註47〕劉海峰：《中國科舉史》，（上海：東方出版中心，2006年6月），頁24～25。
〔註48〕黎崱：《安南志略》，（北京：中華書局，2000年），頁344。
〔註49〕魏徵：《隋書·志·百官下》卷二十八，（臺北市：臺灣商務，1988年），頁793。
〔註50〕劉海峰：《中國科舉史》，（上海：東方出版中心，2006年6月），頁66～67。

語》:「隋煬帝改置明、進二科。」〔註51〕肯定隋煬帝有意擺脫察舉帶來的弊病，以及願意開創取士新局面的時代意義。〔註52〕唐代科舉常舉有秀才、明經、進士、明法、明書、明算六科，〔註53〕其中明法、明書、明算不受重視，秀才要求過高，以致明經與進士成為唐代常科的重要科目。〔註54〕明經科主考《論語》、《孝經》、《周禮》、《左傳》、《禮記》，注重解經與經世致用之術；進士科則著重於文章詞藻，這是兩者最大的不同。〔註55〕

當時的越南與中國一樣，都可以參加科舉考試入朝為官，《唐會要》載：

> 天寶十三載七月勅，如聞嶺南州縣，近來頗習文儒。自今已後，其嶺南五府管內白身，有詞藻可稱者，每至選補時，任令應諸色鄉貢。仍委選補使准其考試，有堪及第者，具狀聞奏。如有情願赴京者，亦聽。其前資官并常選人等，有詞理兼通、才堪理務者，亦任北選，及授北官。〔註56〕

由此可知當時越南文風已開始興盛。《新唐書》載：「姜公輔，愛州日南人。第進士，補校書郎，以制策異等授右拾遺，為翰林學士。……。公輔有高材，每進見，敷奏詳亮，德宗器之。」〔註57〕又有：「廖有方，交州人。元和十一年進士，改名游卿，官校書郎。」〔註58〕可證明當時已有越南人通過科舉入朝為官，且兩位皆是進士出身，漢文程度與文學造詣具有一定程度，也足以證明自秦末到唐代中原文化影響越南之深刻。

唐末天下大亂，藩鎮割據嚴重。西元968年，丁部領平息十二使君之亂，即帝位，國號大瞿越，被視為越南自立的開端。〔註59〕西元980年，黎桓篡丁朝建立前黎朝，直至1009年又被李公蘊篡位止。〔註60〕兩個短暫的王朝揭開

〔註51〕劉肅：《大唐新語》卷十，（新北市：藝文出版社，1965年），頁153。
〔註52〕劉海峰：《中國科舉史》，（上海：東方出版中心，2006年6月），頁69。
〔註53〕劉海峰：《中國科舉史》，（上海：東方出版中心，2006年6月），頁74。
〔註54〕陳文：《科舉在越南的移植與本土化——越南後黎朝科舉制度研究》，（廣州市：暨南大學，博士論文，2006年10月），頁27。
〔註55〕劉海峰：《中國科舉史》，（上海：東方出版中心，2006年6月），頁77～78。
〔註56〕王溥：《唐會要》卷七十五，（北京：中華書局，1990年），頁1369。
〔註57〕歐陽修：《新唐書·列傳》，（臺北市：臺灣商務，1988年），頁4831。
〔註58〕董誥：《全唐文》，（上海：上海古籍出版社，1993年），頁7323-2。
〔註59〕陳荊和校編：《校合本大越南史記全書》，（東京：東京大學東洋文化研究所，1986年），頁180。
〔註60〕陳荊和校編：《校合本大越南史記全書》，（東京：東京大學東洋文化研究所，1986年），頁204。

越南自主時期的序幕。但即使自立為帝，丁朝與黎朝仍與中國宋朝維持相當緊密的關係，《大越史記全書》載：「宋開寶三年，春、正月。遣使如宋結好。」〔註61〕至丁朝滅亡止，又出使了五次，〔註62〕平均兩年一次。前黎朝立國二十九年間共出使次八次，〔註63〕平均約四年一次。

李朝建立後，持續與宋朝保持良好的關係。《大越史記全書》載：「明昶自宋還，得《大藏經》文。〔註64〕」又「遣員外郎阮道清、范鶴如宋乞《三藏經》。」〔註65〕可知兩國的文化交流依然深刻，以及李朝佛教對李朝的重要性。雖佛風盛行，但儒學之重要性依然在統治階層生根，《大越史記全書》載李太祖〈遷都詔〉：

> 昔商家至盤庚五遷，周室迨成王三徙……。為萬憶世子孫之計。上謹天命，下因民志，苟有便輒改，故國祚延長，風俗富阜。而丁、黎二家，乃徇己私，忽天命，罔蹈商周之跡，常安厥邑於茲，致世代弗長，算數短促，百姓耗損，萬物失宜。況高王故都大羅城，宅天地區域之中，得龍蟠虎踞之勢……。民居蔑昏墊之困，萬物極蕃阜之豐，遍覽越邦，斯為勝地，誠四方輻輳之要會，為萬世京師之上都。朕欲因此地利，以定厥居，卿等如何？〔註66〕

〔註61〕陳荊和校編：《校合本大越南史記全書》，（東京：東京大學東洋文化研究所，1986年），頁180。

〔註62〕「宋開寶六年，遣南越王璉聘與宋。」、「開寶八年，遣鄭琇遺金帛、犀象于宋。」、「開寶八年，……是後遣使如宋，以璉為主」、「開寶九年，遣陳元泰如宋報聘」、「宋太平興國二年，遣使如宋，賀太宗即位。」詳見陳荊和校編：《校合本大越南史記全書·本紀·丁紀》，（東京：東京大學東洋文化研究所，1986年）。

〔註63〕「宋太平興國八年，春，遣使通好于宋。」、「宋雍熙二年，宋遣使來聘，帝遣使如宋，求領結鎮」、「宋雍熙三年，遣吳國恩如送報聘。」、「宋淳化二年，春，二月。遣陶勤如送報聘。」、「宋淳化五年，遣牙校費崇德如送報聘」、「宋至道元年，遣杜亨如送報聘。」、「宋至道三年，宋封帝為南平王，帝遣使如宋報聘。」、「宋景德四年，春。遣弟明昶，掌書記黃成雅獻白晢于宋，乞大藏經文。」詳見陳荊和校編：《校合本大越南史記全書·本紀·黎紀》，（東京：東京大學東洋文化研究所，1986年）。

〔註64〕陳荊和校編：《校合本大越南史記全書》，（東京：東京大學東洋文化研究所，1986年），頁200。

〔註65〕陳荊和校編：《校合本大越南史記全書》，（東京：東京大學東洋文化研究所，1986年），頁213。

〔註66〕陳荊和校編：《校合本大越南史記全書》，（東京：東京大學東洋文化研究所，1986年），頁207～208。

李太祖將遷都視為民意之所向，與儒家以民為本的觀念相契合。又《越史略》載：「明道二年，夏，四月。王幸武寧州松山寺，見其頹墊中有石柱敧壓，上慨然有重修之意，石柱忽然復正，因命儒臣做賦以紀其異。」〔註67〕以儒臣賦佛寺，可見儒家思想已開始受到統治階層重視。李聖宗時期，更開始了一連串的尊儒行動，《大越史記全書》載：「修文廟、塑孔子、周公及四配像，畫七十二賢士，四時享祀，皇太子臨學焉。」〔註68〕李聖宗的這項政策確立了儒學在越南的地位。西元 1075 年，越南舉行了獨立後的第一場科舉，《大越史記全書》載：「詔選明經博學及試儒學三場，黎文盛中選，進待帝學。」〔註69〕又西元 1076 年，李仁宗建立國子監，〔註70〕1085 年，翰林院系統建立。〔註71〕至 1195 年，李朝科舉三教並行。〔註72〕李朝雖然崇佛，但在經歷先前丁、前黎兩個短暫王朝後，需要建構一個能長治久安的國家體系，但這於佛教世界中是遍尋不著的，此時儒學強調禮法的論述，開始被統治階層接受。〔註73〕

　　李亡陳興，李朝雖然大幅提升儒家的地位，但對於佛教思想並未行打壓。陳朝初年，仍受李朝餘風影響，《大越史記全書》載：「試三教子，謂儒、道、釋各承其業者。」〔註74〕三教的勢力大致維持平衡。陳朝中後期，統治階層更確認了儒學思想的中央集權、尊卑等級的觀念，才是維繫國家長治久安的基礎，因此開始出現打擊佛道、崇尚儒學的政策。〔註75〕耿慧玲老師在〈佛耶？儒耶？儒學家在越南陳朝的困境〉中提到，陳朝大儒張漢超於〈開嚴碑

〔註67〕《越史略》，（北京：中華書局出版，1985 年），頁 31。
〔註68〕陳荊和校編：《校合本大越南史記全書》，（東京：東京大學東洋文化研究所，1986 年），頁 245。
〔註69〕陳荊和校編：《校合本大越南史記全書》，（東京：東京大學東洋文化研究所，1986 年），頁 248。
〔註70〕《校合本大越南史記全書》載：「選文職官員識字者入國子監。」，（東京：東京大學東洋文化研究所，1986 年），頁 249。
〔註71〕《校合本大越南史記全書》載：「試天下有文學者，充翰林院官，莫顯績中選，除翰林學士。」，（東京：東京大學東洋文化研究所，1986 年），頁 251。
〔註72〕《校合本大越南史記全書》載：「試三教，賜出身。」，（東京：東京大學東洋文化研究所，1986 年），頁 306。
〔註73〕塔娜：〈越南科舉制的產生和發展〉，（收入《印支研究》，第 4 期，1983 年），頁 6。
〔註74〕《校合本大越南史記全書》載：「試三教，賜出身。」，（東京：東京大學東洋文化研究所，1986 年），頁 323。
〔註75〕陳文：《科舉在越南的移植與本土化──越南後黎朝科舉制度研究》，（廣州市：暨南大學，博士論文，2006 年 10 月），頁 35。

記〉對佛教的批判，認為主政者無法掌握風教，人民心嚮佛教，以致寺院林立、民人離家、棄田里的現象。〔註76〕陳朝在建立之初更加完備了李朝的儒家教育制度，陳太宗時期：「詔求賢良明經者為國子監司業，能講論四書五經之義，入侍經幄。」〔註77〕又陳聖宗時期：「選天下有儒學德行者，入侍東宮。」〔註78〕儒學已進入統治階層之核心，至陳明宗時期成立太學，〔註79〕成為陳朝取士的基礎。陳朝末期佛教逐漸式微，至陳順宗規定，年齡不足五十歲者須還俗。〔註80〕

自李朝以來的試三教一直持續到陳朝末期，期間逐漸被試太學生和進士科所取代。〔註81〕陳朝科舉於李朝有更系統性，陳太宗天應政平十五年（1246）確立進士科考試時間；〔註82〕陳英宗興隆十二年（1304）有進士科考試科目；〔註83〕陳憲宗五年（1345），有試太學生考試內容；〔註84〕陳睿宗隆慶二年（1374），規定應試者的資格，〔註85〕可見到越南科舉於陳朝的穩健發展與制度化。陳文於《科舉在越南的移植與本土化——越南後黎朝科舉制度研究》中提到，陳朝進士科之考科內容仍未超出唐朝之試法，只是加以排列歸納與細化，在取士方面，依照宋朝的三魁制與三甲取士制，但仍有自己的特色，如取

〔註76〕耿慧玲：〈佛耶？儒耶？儒學家在越南陳朝的困境〉，（收入，鍾彩鈞主編《東亞視域中的越南》，臺北：中央研究院中國文哲研究所，2015年11月），頁45。
〔註77〕陳荊和校編：《校合本大越南史記全書》，（東京：東京大學東洋文化研究所，1986年），頁348。
〔註78〕陳荊和校編：《校合本大越南史記全書》，（東京：東京大學東洋文化研究所，1986年），頁349。
〔註79〕陳荊和校編：《校合本大越南史記全書》，（東京：東京大學東洋文化研究所，1986年），頁403。
〔註80〕《大越史記全書》：「詔沙汰僧道，年未及五十以上者，勒還本俗。」，（東京：東京大學東洋文化研究所，1986年），頁470。
〔註81〕陳文：《科舉在越南的移植與本土化——越南後黎朝科舉制度研究》，（廣州市：暨南大學，博士論文，2006年10月），頁42。
〔註82〕《校合本大越南史記全書》載：「定大比進士，以七年為准。」頁333。
〔註83〕《校合本大越南史記全書》載：「其試法，先以《醫國篇》、《穆天子傳》暗寫汰冗，次則經疑、經義並詩題，即古詩五言長篇。用王度寬猛詩律、用才難射雉賦題，用帝德好生洽于民心八韻體。三場制詔表。四場對策。」，（東京：東京大學東洋文化研究所，1986年），頁386。
〔註84〕《校合本大越南史記全書》載：「試法用暗寫古文、經義、詩賦。」，（東京：東京大學東洋文化研究所，1986年），頁422。
〔註85〕《校合本大越南史記全書》載：「三館屬官，太學生、侍臣學生、相府學生及有爵者皆得入試。」頁445。

黃甲和太學生，即相於中國的進士。陳朝末年的進士分科、及第後的禮遇活動也與中國大致相同。陳朝科舉的制度化，持續影響了後黎朝，佛教、道教逐漸退出科舉的舞臺，儒學逐漸取得主導地位。〔註86〕

　　陳朝於西元 1400 年滅亡後，接續的胡朝僅維持七年（1400～1407），隨後明永樂五年（1407）越南再入中國版圖，進入為期二十年的屬明時期，亦是越南歷史上最後一次被納入中國版圖。明宣德三年（1428），黎太祖黎利將明朝勢力逐出越南境內，建立後黎朝，後黎朝又分黎初（1428～1257）及黎中興（1531～1789）兩個時期。〔註87〕後黎朝立國之初，對於儒學的推崇相當積極，《大越史記全書》載：「勤於讀書講學，與大臣討論儒學，每朝暇，親詣經筵講學，日西乃輟。」〔註88〕此為太祖黎利對儒學重視之記載，又黎仁宗：「尊禮大臣，崇尚儒術，察邇言、納忠諫、勤政事、謹賞罰、重農務本、視民如傷。」〔註89〕尊儒的政策，已與先前的李陳佛教猶勝於儒家思想的狀態不同。〔註90〕

　　後黎朝的試法幾乎完全接收明朝的科舉制度，分為鄉試、會試、殿試三級考試，特別是黎聖宗時期執行一項行動，彰顯其對科舉與儒學的推崇，洪德十五年，黎聖宗勒刻自大寶三年（1442）至洪德十二年（1481），共十通的進士題名碑，其在位的三十八年間，共開科十二次，取士 511 人，僅黎聖宗一朝開科之次數，便已超過李、陳二朝之總數。〔註91〕足見科舉發展至後黎朝，已有長足的進步與規範，成為取士的重要途徑。

　　後黎朝橫跨約三百五十年之歷史，中國政權先後歷經明、清兩代，與中國的關係亦有不同。耿慧玲老師於〈從不規範到規範——越南黎朝科舉制度之特色〉文中，提到後黎朝科舉制度與使臣出使中國的關聯性。據耿老師統計，自1434 年至 1784 間，共有七十九次的出使中國紀錄，其中的 66 次有進士出使，

〔註86〕陳文：《科舉在越南的移植與本土化——越南後黎朝科舉制度研究》，（廣州市：暨南大學，博士論文，2006 年 10 月），頁 35。

〔註87〕耿慧玲、潘青皇：〈從不規範到規範——越南黎朝科舉制度之特色〉，（收入《廈門大學學報》，總第 236 期，2016 年），頁 18。

〔註88〕陳荊和校編：《校合本大越南史記全書》，（東京：東京大學東洋文化研究所，1986 年），頁 635。

〔註89〕陳荊和校編：《校合本大越南史記全書》，（東京：東京大學東洋文化研究所，1986 年），頁 636。

〔註90〕耿慧玲、潘青皇：〈從不規範到規範——越南黎朝科舉制度之特色〉，（收入《廈門大學學報》，總第 236 期，2016 年），頁 19。

〔註91〕耿慧玲、潘青皇：〈從不規範到規範——越南黎朝科舉制度之特色〉，（收入《廈門大學學報》，總第 236 期，2016 年），頁 19。

比例達 83.5%。〔註92〕復旦大學所與漢喃研究院編《越南漢文燕行文獻集成》，收入了自越南陳朝至阮朝末年之燕行詩文，筆者所關注的西山朝，其出使之使臣的身分也多與後黎朝科舉有所關聯，為進士或熟捻漢文者，在國際的外交場合上，扮演重大的角色。

（三）詩賦於科考中的地位

西元 1075 年，李朝舉行越南第一次的科舉考試，開啟了越南取士的途徑，歷經陳朝、後黎朝的制度化，越南的科舉一直持續到西元 1919 年。越南雖自主獨立，但中國文化已深深在越南的土地上紮根。復旦大學與漢喃研究院所編《越南漢文燕行文獻集成》，從文獻切入，映證中越的歷史淵源。

李仁宗太寧四年正式揭開越南科舉的序幕，《大越南史記全書》載：「詔選明經博學及試儒學三場。〔註93〕」詩賦還不在應試的範疇中，到了李仁宗廣祐二年（1086）：「試天下有文學者，充翰林院官。」〔註94〕文學科被納入科目，但具體考試內容仍有待考證，李神宗時期又設有宏詞科，〔註95〕其內容亦不可考。

陳朝陳英宗興隆十二年（1304）：「其試法，先以《醫國篇》、《穆天子傳》暗寫汰冗，次則經疑、經義並詩題，即古詩五言長篇，用王度寬猛詩律。」〔註96〕又《歷朝憲章類志・科目志》載：「英宗興隆……詩用古詩，五言長篇，以才難射雉為律。賦用八韻體。」〔註97〕至此，越南詩賦正式入科。在陳朝，太學或進士登者，除了任官，又多了出使中國的任務。《大越南史記全書》載：「試天下士人。賜狀元莫挺之太學生火勇首，充內書家。……黃甲，阮忠彥太學生凡四十四名引三魁出龍門鳳城。……忠彥年十六，時號神童。」〔註98〕阮忠彥於陳明宗大慶元年出使中國，復旦大學與漢喃研究院所編之《越南漢文燕

〔註92〕詳見耿慧玲、潘青皇：〈從不規範到規範——越南黎朝科舉制度之特色〉，（收入《廈門大學學報》，總第 236 期，2016 年），頁 22～24。

〔註93〕陳荊和校編：《校合本大越南史記全書》，（東京：東京大學東洋文化研究所，1986 年），頁 248。

〔註94〕陳荊和校編：《校合本大越南史記全書》，（東京：東京大學東洋文化研究所，1986 年），頁 251。

〔註95〕陳荊和校編：《校合本大越南史記全書》，（東京：東京大學東洋文化研究所，1986 年），頁 88。

〔註96〕陳荊和校編：《校合本大越南史記全書》，（東京：東京大學東洋文化研究所，1986 年），頁 386。

〔註97〕潘輝注：《歷朝憲章類志・科目志》，（漢喃研究院藏，編號 A.1358-7）。

〔註98〕陳荊和校編：《校合本大越南史記全書》，（東京：東京大學東洋文化研究所，1986 年），頁 386。

行文獻集成》首冊首篇即是阮忠彥的《介軒詩集》，《介軒詩集》共收入八十一首詩，記錄其從越南出使的過程，亦記錄了當時北使的貢道資訊，具有時代性的意義。〔註99〕

　　除阮忠彥，又有陳廷琛：「陳睿宗甲寅二年，廷試進士，賜狀元陶師錫、榜眼黎獻甫、探花陳廷琛黃甲及第，同及第羅修等並賜宴袞衣出身有差。」〔註100〕又：「遣陳廷琛訃于明，稱睿宗巡邊溺死，且告以帝為嗣。」〔註101〕可惜的是目前陳廷琛所存之詩只有一首〈題秋江送別圖〉，見載於《全越詩錄》卷三。〔註102〕其後又有胡宗鷟、胡彥臣充任使節出使中國。〔註103〕

　　至後黎朝，科舉制度已相對完備，後黎朝太宗紹平五年：「第一場經義一道，……第三場詩賦。」〔註104〕又聖宗光順三年：「第三場，詩用唐律，賦用古體。」〔註105〕、聖宗洪德三年：「詩賦各二題，賦用李白體。」〔註106〕、聖宗洪德六年：「第二場詩賦各一，詩用唐律，賦用李白。」〔註107〕可知後黎朝對詩歌之重視。後黎朝又有宏詞科：「其試題，或詩賦，或料事，或策論。」〔註108〕宏詞科取士甚少，應考多為在仕官員，中第者被視為國家棟樑，且往往仕至高位，是出使中國使節的選拔對象。〔註109〕

　　陳文〈安南後黎朝北使使臣的人員構成與社會地位〉表示，後黎朝初期（1428～1452），黎朝共計出使明朝——三十二次，其中只有九次有進士出身或科舉中格者，比例16.7%。仁宗（1453～1459）至聖宗（1460～1497）期間，相繼開設宏詞科、明經科，且進士科已正規化，在1453～1527年間，有姓名

〔註99〕　詳見《越南漢文燕行文獻集程成》第一冊，（上海：復旦大學出版社，2009年）。
〔註100〕陳荊和校編：《校合本大越南史記全書》，（東京：東京大學東洋文化研究所，1986年），頁445。
〔註101〕陳荊和校編：《校合本大越南史記全書》，（東京：東京大學東洋文化研究所，1986年），頁449。
〔註102〕張嬌：《《全越詩錄》紀事與詩人生平考》，（四川，西南交通大學碩士論文，2011年），頁59。
〔註103〕陳文：《科舉在越南的移植與本土化——越南後黎朝科舉制度研究》，（廣州市：暨南大學，博士論文，2006年10月），頁47。
〔註104〕潘輝注：《歷朝憲章類志·科目志》，（漢喃研究院藏，編號A.1358-7）。
〔註105〕潘輝注：《歷朝憲章類志·科目志》，（漢喃研究院藏，編號A.1358-7）。
〔註106〕潘輝注：《歷朝憲章類志·科目志》，（漢喃研究院藏，編號A.1358-7）。
〔註107〕潘輝注：《歷朝憲章類志·科目志》，（漢喃研究院藏，編號A.1358-7）。
〔註108〕潘輝注：《歷朝憲章類志·科目志》，（漢喃研究院藏，編號A.1358-7）。
〔註109〕陳文：《科舉在越南的移植與本土化——越南後黎朝科舉制度研究》，（廣州市：暨南大學，博士論文，2006年10月），頁106。

記載如明之使臣共計 186 名，進士出身者有 99 名，比例 53.2%。〔註 110〕黎中興時期更規定：「使臣系邦交之任，必以進士當選。」〔註 111〕黎中興（1597～1788），有姓名記載如明、清之使臣計 143 名，進士出身 115 位，比例 80.4%。〔註 112〕在《越南漢文燕行文獻集成》中所收之詩文，有不少是越南使臣與中國，甚至是朝鮮、琉球等國使臣之酬唱詩、贈答詩等作品，故會寫漢文詩、理解漢文、中國典故等因素，已成為使臣的必備條件，從後黎朝科舉詩賦考科更可以看出彼此的連結。

筆者所關注之西山朝，因國祚短無科舉取士之紀錄，但為維護與中國的宗藩關係，統治者收攬前朝的官員出使，一方面拉攏人心，一方面宣示其正統之地位。在《越南漢文燕行文獻集成》紀錄之西山朝使臣為進士有吳時任、潘清簡；中會元者有潘輝益；中舉人者有阮偍，筆者研究之潘輝益、吳時任、阮偍皆是後黎朝科舉中第者，黎亡後為西山朝所羅致。他們的燕行詩文記錄了從越南出使至北京的路途，也記錄清廷對西山朝的禮遇、乾隆的萬壽節與千叟宴、與中國和朝鮮使臣的酬唱答贈之作，在西山朝短暫的統治時期，使者記錄下的不只是豐富的經歷，更寫下當時中越關係的變化。

第二節　漢文經籍與詩歌傳統

中越山水相連，早至周朝就有交流的紀錄，至秦代成為中國郡縣。在史籍的紀錄中，越南漢化的過程相當漫長，彼此文化上的交流僅數語帶過，要重現歷史的樣貌實屬不易。但若要探究燕行詩文的肇始，書籍的交流筆者認為是重中之重，有經典的確立，才有後續文學傳統的創建，因此重構中越書籍交流的歷史，更可以明瞭燕行詩文是如何被形塑。

（一）漢文書籍的流入與存佚

秦末天下大亂，趙陀趁亂吞併桂林、象郡稱王，《安南志略》載：「趙陀王南越，稍以《詩》、《禮》化其民。」〔註 113〕又《大越史記全書》載：「趙武帝

〔註 110〕 陳文：〈安南後黎朝北使使臣的人員構成與社會地位〉，（收入《中國邊疆史地研究》，第 22 卷 2012 年 6 月），頁 117。

〔註 111〕 潘輝注：《歷朝憲章類志・官職志》，（漢喃研究院藏，編號 A.1358-7）。

〔註 112〕 陳文：〈安南後黎朝北使使臣的人員構成與社會地位〉，（收入《中國邊疆史地研究》，第 22 卷 2012 年 6 月），頁 118。

〔註 113〕 黎崱：《安南志略》卷十四，（北京：中華書局，2000 年），頁 324。

承秦之亂，……文教振乎象郡，以《詩》、《書》而化訓國俗，以仁義而固結人心。」〔註114〕依以上兩筆記載，《詩》、《書》、《禮》可能於秦末就傳入越南了，從書的性質來看，三者皆被視為儒家的經典，越南儒學的教育亦可能始於此時。秦亡漢興，又有錫光、任延兩位太守建立學校，導之經義，〔註115〕學校的建立與經義的傳授必須以書籍為文化活動的基礎，當時必有相當數量的儒學典籍在越南流播。〔註116〕此時相較於趙陀時代，越南百姓已知耕犁、冠履、設媒官、知聘娶〔註117〕等更高層次的文化活動。三國時代又有太守士燮，《三國志》載：「燮體氣寬厚，謙虛下士，……耽玩《春秋》，為之註解。……又《尚書》兼通古今，……今欲條《春秋》、《尚書》長義之上。」〔註118〕雖未直言士燮是否有用兩本經典教育越南百姓，但其為太守任內，保障了越南境內不受外部戰火的威脅，更直接了確保了如思想在越南的深化，吳士連高度讚賞這位太守的貢獻。〔註119〕

中國戰火頻頻，越南相較之下社會穩定，因此大量的中國百姓進入越南，其中有包含了文人墨客，《三國志》載：「許慈字仁篤，南陽人也。……治《易》、《尚書》、《三禮》、《毛詩》、《論語》。建安中，與許靖等俱自交州入蜀。〔註120〕」又有：「程秉字德樞，汝南南頓人也。逮事鄭玄，後避亂交州，與劉熙考論大義，遂博通五經。士燮命為長史。」〔註121〕越南相對安定的社會中國的知識分子避難於此，不但解經著述，更為官為吏，漢籍於越南的傳播於此可以獲得佐證。

除了因戰南遷的知識份子，更有因罪被流放的文官，《三國志》載：「虞翻

〔註114〕陳荊和校編：《校合本大越南史記全書》，（東京：東京大學東洋文化研究所，1986 年），頁 84。

〔註115〕陳壽：《三國志・吳書・張嚴程闞薛傳》卷 53，頁 1251。

〔註116〕劉玉珺：《越南漢喃古籍的文獻學研究》，（北京：中華書局，2007 年 7 月），頁 22。

〔註117〕陳壽：《三國志・吳書・張嚴程闞薛傳》卷 53，頁 1251。

〔註118〕陳壽：《三國志・吳書・劉繇太史慈士燮傳》卷 49，頁 1191～1192。

〔註119〕《大越史記全書》：「我國通詩書、習禮樂，為文獻之邦，自士王始。其功德豈特施於當時，而有以遠及於後代，豈不盛矣哉。」，（東京：東京大學東洋文化研究所，1986 年），頁 133。

〔註120〕陳壽：《三國志・蜀書・許慈傳》卷四十二，（臺北市：臺灣商務，1988 年），頁 1022～1023。

〔註121〕陳壽：《三國志・吳書・程秉傳》卷五十三，（臺北市：臺灣商務，1988 年），頁 1248。

字仲翔，會稽餘姚人也。……權積怒非一，遂徙翻交州。雖處罪放，而講學不倦，門徒常數百人。又為老子、論語、國語訓注，皆傳於世。」〔註122〕嶺南是唐代流放罪人最為集中的地區，〔註123〕據統計，兩《唐書》所載有名有姓且具有流放地者共211人，其中嶺南到就有138人，約占總流人數的65%，又其中安南都護府所轄之驩、愛、峰三州有24人，占嶺南流人數的17%，占唐代總流人數的11%。〔註124〕其中著名的文臣包含了杜審言、沈佺期、李巢等二十位。〔註125〕這些文官士人至越南後仍持續論著與創作，沈佺期的〈初達驩州〉、〈驩州風土不作寒食〉、〈遙同杜員外審言過嶺〉等詩文即是最好的佐證。

在唐亡之後，丁部領建立丁朝，越南進入自主時代，與中國的關係由郡縣轉為宗藩，書籍的交流開始出現隔閡。宋朝戰爭不斷，朝廷為了防止軍機洩漏，多次下令對於書籍的買賣與刊刻進行監管，頒布刻書管理規則，〔註126〕如北宋初期：「除九經外，餘書不得出界。」〔註127〕北宋時期《詩》、《書》、三禮、春秋三傳為九經。又：

> 元佑五年七月二十五日，禮部言：「凡議時政得失、邊事軍機文字，不得寫錄傳布，本朝會要、實錄不得雕印，違者徒二年，告者賞緡錢十萬。內國史、實錄仍不得傳寫。即其他書籍欲雕印者，選官詳定，有益於學者方許鏤板，候印訖送祕書省，如詳定不當，取勘施行。諸戲褻之文，不得雕印，違者杖一百。委州縣、監司、國子監覺察。」從之。〔註128〕

時值北宋中期，法律清楚規定不得外傳之書籍種類，比北宋初期更為嚴格，到了南宋：

〔註122〕陳壽：《三國志·吳書·虞陸張駱陸吾朱傳》卷五十七，（臺北市：臺灣商務，1988年），頁1317～1322。

〔註123〕劉玉珺：《越南漢喃古籍的文獻學研究》，（北京：中華書局，2007年7月），頁23。

〔註124〕王雪玲：〈兩《唐書》所見流人的地域分佈及其特徵〉，（收入《中國歷史地理論叢》，第17卷，第4期2012年12月），頁80～81。

〔註125〕詳見，高明士：《東亞教育圈形成史論》，（上海：上海古籍出版社，2003年），頁287。

〔註126〕劉玉珺：《越南漢喃古籍的文獻學研究》，（北京：中華書局，2007年7月），頁25。

〔註127〕脫脫：《宋史·本紀》卷十五，（臺北市：臺灣商務，1988年），頁295。

〔註128〕徐松：《宋會要輯稿·刑法·刑法二·禁約一·哲宗》（臺北市：新文豐，1976年）。

> 紹熙四年六月十九日，臣僚言：「朝廷大臣之奏議、臺諫之章疏、內
> 外之封事、士子之程文，機謀密畫，不可漏洩。今乃傳播街市，書
> 坊刊行，流布四遠，事屬未便，乞嚴切禁止。〔註129〕

獨立的越南只能透過出使中國之機來獲得書籍，《宋史》載：「大觀初，貢使至
京乞市書籍，有司言法不許，詔嘉其慕義，除禁書、卜筮、陰陽、曆算、術數、
兵書、敕令、時務、邊機、地理外，餘書許買。」〔註130〕除了使臣自行購買，
宋朝亦有賜書的紀錄，據吳秋燕《明代中國所見越南漢籍研究》，宋代共賜書
八次，包含《大藏經》、九經、太宗御書等。〔註131〕

　　明代所賜之書以儒書為主，〔註132〕《大越史記全書》載：「黎太祖己亥，
明遣監生唐義頒賜五經四書、《性理大全》、《為善音隲》、《孝順事實》等書於
府州縣儒學。俾僧學傳佛經於僧道司。〔註133〕」至清代，賜書均為御定小學
類書籍。如黎中興時期曾奏請頒發《康熙字典》，〔註134〕又雍正三年：「安南
國遣陪臣進貢方物，奉旨召見於乾清宮，特賜國王『御書日南世祚』匾額、《古
文淵鑑》、《佩文韻府》、《淵鑑類函》各一部。」〔註135〕劉玉珺老師認為，越
南在北屬時期，漢籍傳播的種類較為單一，大多配合地方統治者以儒術教民及
士人治學之用的儒家經典。自主時期，使臣通過外交機會，根據自己的興趣、
中國文壇影響，可以各自選擇書籍購買，因此儒學之外的書籍也隨之傳入越
南。〔註136〕

　　復旦大學所編《越南漢文燕行文獻集成》，收錄了元代至清代的燕行詩文，
除了記錄中國的山水名勝，更紀錄了中國社會的變遷，包含西風東漸、中國地

〔註129〕 徐松：《宋會要輯稿・刑法・刑法二・禁約三・光宗》，（臺北市：新文豐，1976
　　　　 年）。

〔註130〕 脫脫：《宋史》卷四八八，（臺北市：臺灣商務，1988年），頁295。

〔註131〕 吳秋燕：《明代中國所見越南漢籍研究》，（臺南：成功大學，碩士論文，2009
　　　　 年），頁28～30。

〔註132〕 劉玉珺：《越南漢喃古籍的文獻學研究》，（北京：中華書局，2007年7月），
　　　　 頁31。

〔註133〕 陳荊和校編：《校合本大越南史記全書》，（東京：東京大學東洋文化研究所，
　　　　 1986年），頁517。

〔註134〕 趙爾巽：《清史稿》卷五百七十二載：「黎維祉子孫逃居老撾深山中，……又
　　　　 自鄙其國文教之陋，奏請頒發康熙字典。其取士則用元制，以經義、詩賦考
　　　　 試。」，（北京：中華書局，1985年），頁14644。

〔註135〕 尹泰主編：《大清會典（雍正朝）》卷一百六。頁13-1～13-2。

〔註136〕 劉玉珺：《越南漢喃古籍的文獻學研究》，（北京：中華書局，2007年7月），
　　　　 頁32。

方風俗等。在外交的場合上，更代表國家門面，因此使臣無不精挑細選，在與各國的交流中亦留下詩文。在歷史的角度，紀錄國際情勢與外交場合、各時期貢道的變化。在文化的場域中，更是千年來越南受中國文化影響的結晶。

越南陳朝以前漢文典籍的紀錄，《欽定越史通鑑綱目》載：

> 書志：潘輝注《歷朝憲章文籍志》：「從陳以前，代有典籍。李太宗《刑書》三卷。陳太宗《國朝通禮》十卷、《刑律》一卷、《建中常禮》十卷、《課虛集》一卷、《御詩》一卷。聖宗《貽後錄》二卷、《箕裘錄》一卷、《詩集》一卷。裕宗《陳朝大典》二卷。仁宗《中興實錄》二卷、《詩集》一卷。明宗《詩集》一卷。英宗《水雲隨筆》二卷。藝宗《葆和殿餘筆》八卷、《詩集》一卷。陳興道大王國峻《兵家要略》一部、《萬劫秘傳》一部。朱文貞《四書說約》一部《樵隱詩》一集。威文王陳國遂《岑樓集》一卷。昭明王陳光啟《樂道集》一卷。司徒陳元旦《冰壺玉壑集》一卷。阮忠彥《介軒詩集》一卷。范師孟《峽石集》一卷。陳元璹《菊堂遺草》二卷。胡尊鷟《討閒效顰》一卷、《越南世志》一部、《越史綱目》一部。黎文修《大越史記》十卷。阮飛卿《薰西詩集》一卷。韓詮《披砂集》一卷。李濟川《越甸幽靈集》一卷，明所收書目今失詳。」〔註137〕

從上述資料可知大部分漢文書籍創作時間都集中於陳朝，陳以前僅一部，其中透露的訊息還有漢文教育至陳朝發展至一個高峰，詩集、典律、隨筆等各類文體兼備。陳朝皇帝尚文，上行下效的結果，造就陳朝文風之盛況，且以漢文作詩，更直接顯現了中國文化對越南的影響。

自丁朝建立，越南就與中國保持密切的宗藩關係，在目前所存，最早的北使詩文專集以陳朝阮忠彥（1289～1370）出使元朝所作的《介軒詩稿》最早，〔註138〕但因年代久遠而散見於《越音百選》、《精選諸家詩律》、《摘艷集》等詩集中，直到阮朝潘輝注（1782～1840）將其整理，收錄81首詩，編成《介軒詩集》，但確切的創作時間、地點都已不可考。〔註139〕阮忠彥，元諱鵑，改

〔註137〕 潘清簡：《欽定越史通鑑綱目》卷三十，頁4。

〔註138〕 劉玉珺：《越南漢喃古籍的文獻學研究》，（北京：中華書局，2007年7月），頁294。

〔註139〕 「邇來著意探順於《越音百選》、《精選諸家詩律》，及《摘艷》等集，得公大小諸作，僅八十一首，姑總彙成帙，楬之案頭，以便批覽，仍以彙集介軒詩稿全帙顏之，是帙也，集之於全稿脫逸之後，而捃拾其所散見於諸書者，以

忠彥。邦直其字也，號介軒先生，天施黃土人。〔註140〕《介軒詩稿》除了是
目前所見最早成專集的北使詩集，更是最早紀錄北使路線的燕行文獻，〔註141〕
其詩文已滿溢中國典故，請看〈丘溫驛〉：

> 挽盡天河洗甲兵，廟堂無意事邊征。江山有限分南北，胡越同風各
> 弟兄。月滿蠻村閒夜析，雨餘野燒樂春耕。君恩未效涓塵報，一個
> 寧辭萬里行。〔註142〕

首句即引用自杜甫詩〈洗兵馬〉，在阮忠彥出使時，中國正被元朝統治，作為
一個使者，安邦定國永遠是出使的第一要務。阮忠彥行經此地，所見正是杜甫
所期望的平和風貌。「廟堂無意事邊征」更顛覆了邊塞詩時常書寫戰爭的廝殺
場景與壯志豪情的傳統，以及邊疆無戰事國家安定之局面。再看〈黃鶴樓〉：

> 旅懷何處可消憂，黃鶴磯南一倚樓。夏日遠帆來別浦，漢陽晴樹隔
> 滄洲。樓前歌管回翁罪，攬外煙波太白愁。猛拍欄杆還自傲，江山
> 奇絕我茲遊。〔註143〕

中國歷朝描寫黃鶴樓不勝枚舉，阮忠彥此首〈黃鶴樓〉不僅有崔顥的痕跡，更
有李白對黃鶴樓的情感。自陳朝起，詩賦已納入科舉的範疇，進士出身的阮忠
彥對於作漢詩自然游刃有餘。崔顥〈黃鶴樓〉韻腳所押之韻部為下平聲十一尤、
李白〈送孟浩然之廣陵〉韻腳亦押下平聲十一尤，阮忠彥此首〈黃鶴樓〉同樣
押十一尤，韻部相同、景物相同，阮忠彥行經黃鶴樓，自然有感而發，這是一
場跨時空的酬唱，亦證明盛唐文風隊越南的影響，雖然上述沒有談到中國文人
詩集傳入的途徑，但從阮忠彥的詩作來看，當時越南境內應有中國文人的詩集
流傳。

　　越南漢籍文獻的保存，吳秋燕於《明代中國所見越南漢籍研究》提到，古
代越南漢籍多不傳，其整理的原因有四，其一為法國學者馬伯祿（H.Maspero）

　　　　成編。魚魯陶陰，多不可辨，其作之次第，亦無從玆質，間有錯謬，識者幸
　　　　正云。」鄭克孟、葛兆光：《越南漢文燕行文獻集成》第一冊，（上海：復旦
　　　　大學書版社，2010 年），頁 5。

〔註140〕詳見阮忠彥：《介軒詩集》，（收入鄭克孟、葛兆光：《越南漢文燕行文獻集成》
　　　　第一冊，（上海，復旦大學書版社，2010 年），頁 9。

〔註141〕詳見：耿慧玲、潘青皇：〈越南北使路線初考〉，（收入《燕行使者進紫禁城》
　　　　學術研討會。北京，故宮博物院故宮學研究所），頁 422～443。

〔註142〕詳見阮忠彥：《介軒詩集》，（收入鄭克孟、葛兆光：《越南漢文燕行文獻集成》
　　　　第一冊，（上海，復旦大學書版社，2010 年），頁 22。

〔註143〕詳見阮忠彥：《介軒詩集》，（收入鄭克孟、葛兆光：《越南漢文燕行文獻集成》
　　　　第一冊，（上海，復旦大學書版社，2010 年），頁 29。

等以為越南地區熱帶，兼多蟲蟻之害，故不易保存。其二、其三為臺灣學者昌彼得則提出，一為五代以前，越南隸屬中國州郡，卻乏文獻記載、二是越南習得雕版技術時間晚。其四為戰火造成的文化浩劫，以上四點為越南漢籍不易保存之因。〔註144〕以致每在改朝換代之後，越南需遣使至中國索取書籍。

明代嚴從簡《殊域周咨錄》記載了中國典籍在越南流傳的情況：

> 如儒書則有少微史、《資治通鑑》史、《東萊》史、五經、四書、胡氏、《左傳》、《性理》、《氏族》、《韻府》、《玉篇》、《翰墨》、《類聚》、韓柳集、《詩學大成》、《唐書》、《漢書》、古文四場、四道、《源流》、《鼓吹》、《增韻》、《廣韻》、《洪武正韻》、《三國志》、《武經》、《黃石公》、《素書》、《武侯將苑百傳》、《文選》、《文萃》、《文獻》、二史綱目、《貞觀正要》、《畢用清錢》、《中舟萬選》、《太公家教》、《明心寶鑑》、《剪燈新余話》等書。若其天文、地理、曆法、相書、算命、尅擇、卜筮、算法、篆隸、家醫藥諸書，並禪林、道錄、金剛、玉樞諸佛經雜傳並有之。如其字樣書寫，則前惟有《韻府》、《玉篇》、《洪武正韻》等書字體，後始有《增韻》、《廣韻》之書字體。然本國遭亂，未得申明訂正，新體多用，亦有混同舊體也。且有刑律、法度、禮樂、朝儀、比諸夷國，甲乙可分。雖少窺上國之圖書，豈能似中華之教化！〔註145〕

劉玉珺老師認為，嚴從簡所提之書籍是中國書籍在越南的重抄重印本。書籍的重抄重印取決於它的需求量，意味著這些書籍是越南流傳較廣的書籍。〔註146〕如科舉必考之四書、五經與詩賦科的韻書等，對於取士、維持國家機器的運作相當重要，在需求上自然較其他書籍高。劉玉珺老師於《越南漢喃古籍的文獻學研究》附上了514種安南本中國典籍，其中經部含39種、史部18種、子部406種、集部501種。〔註147〕子部中佛教、道教信仰的書籍占了大多數，其次是數術、醫家、集部的總集，這些比重都可以看見越南對佛、道的尊崇，具實用性的數術和醫家於生活中亦有舉足輕重的地位。

〔註144〕 吳秋燕：《明代中國所見越南漢籍研究》，（臺南：成功大學，碩士論文，2009年），頁17。

〔註145〕 嚴從簡：《殊域周咨錄》卷六，（上海：上海古籍出版社，1995年）。

〔註146〕 劉玉珺：《越南漢喃古籍的文獻學研究》，（北京：中華書局，2007年7月），頁34。

〔註147〕 詳見劉玉珺：《越南漢喃古籍的文獻學研究》，（北京：中華書局，2007年7月），頁34～40。

　　漢籍傳至越南，在當地被接受後，於越南再生。再生典籍包含中國古籍的註解本、選本、各種續書以及大批越南人在中國典籍影響下創作的本土漢喃典籍。〔註148〕據《越南漢喃文獻目錄提要》的統計，目前共有5023種漢喃典籍，其中包含漢文書3729部、喃文書794部、中國重抄重印本500部。〔註149〕筆者所關注的北使詩文方面，漢文書有75部，喃文書有5部，合計80部。上海復旦大學《越南漢文燕行文獻集成》共收錄54位作者（含三位佚名），79部成集的作品，為研究越南燕行文獻提供重大資訊。

（二）佛儒經典的影響

　　影響越南的除了傳統的儒家教育，更有佛、道的思想。儒家思想從趙陀稱王後，就以《詩》、《禮》化其民；西漢末，錫光、任延兩位太守建立學校、遵人依義；唐時，嘗貢進士明經者，李琴、張重、姜公輔是也，〔註150〕可知越南儒家思想的傳入不但早，且相當連貫。除儒家之學外，道家思想傳入越南的時間約於東漢末年，《後漢書》載：「昔南陽張津為交州刺史，舍前聖典訓，廢漢家法律，常著絳帕頭，鼓琴焚香，讀邪俗道書，云以助化。」〔註151〕又《南史》載：「度布衣蔬食，儉約質素。能彈琴，頗好《莊》、《老》。」〔註152〕時值玄學盛行之際，兩方的交流幾乎同步。佛教傳入越南的時間尚無確切定論，可以確定的是，佛教於越南有相當重要之地位，《大越史記全書》載：「宋景德四年，春。遣弟明昶，掌書記黃成雅獻白晢于宋，乞大藏經文。」〔註153〕前黎朝出使中國之目的為乞求經文，可知越南國內佛教之興盛。此外，佛教的影響力甚至擴及取士制度，《大越史記全書》載：「宋寧宗擴慶元年，試三教，賜出身。」〔註154〕三教即是儒、釋、道，三教並試成為越南科舉的一大特色。

〔註148〕劉玉珺：《越南漢喃古籍的文獻學研究》，（北京：中華書局，2007年7月），頁41。

〔註149〕詳見：劉春銀、王小盾：《越南漢喃文獻目錄提要》，（臺北：中研院文哲所，2002年），頁xlvii-l。

〔註150〕詳見黎崱：《安南志略》，（北京：中華書局，2000年），頁324。

〔註151〕范曄：《後漢書·列傳》卷三十，（臺北：鼎文書局，1985年），頁1084。

〔註152〕李延壽：《南史》卷三十，（臺北市：臺灣商務，1988年），頁1084。

〔註153〕陳荊和校編：《校合本大越南史記全書》，（東京：東京大學東洋文化研究所，1986年），頁180。

〔註154〕陳荊和校編：《校合本大越南史記全書》，（東京：東京大學東洋文化研究所，1986年），頁306。

單純的詩文互通或興辦學校，尚無法完全佐證安南文風興盛之因，反而是佛教的介入，讓越南文學有了開展的契機。于在照《越南文學史》提到，越南漢文學發端於公元十世紀中葉，此時期的詩人、文人多為佛教禪師，他們不僅精通佛學，還諳通漢學，在「出世」的同時，採取「入世」的態度，積極參與越南當時的國家政治、外交和文化教育事業。〔註155〕此外，僧人亦與中國文人交流，如越南僧人無礙、奉定、維監等，曾遊學長安，與當時的詩人，如王維、賈島、張籍等相與唱酬，〔註156〕賈島詩〈供奉定法師歸安南〉即是佐證。此時期的文學作品幾乎為越南學佛人士所作，代表性的詩人有杜法順、萬行、滿覺和楊空路禪師等，越南現存最早的漢詩是杜法順禪師的〈國祚〉。〔註157〕僧人於越南的地位相當高，唐亡後，丁部領建立丁朝也崇佛，其後的前黎朝、李朝、陳朝都尊崇佛教，在取士制度上更將佛教納入試科，筆者認為，若漢字與儒家思想是越南文學的基礎，那佛學應是將越南文學帶上高峰的翅膀。

（三）中國詩歌的流傳

詩於越南的流傳相當早，有歷史文獻記載的起於趙陀時代，《安南志略》載：「趙陀王南越，稍以《詩》、《禮》化其民。」〔註158〕《詩經》於《論語》中備受孔子推崇，〈陽貨篇〉：「小子！何莫學夫《詩》？《詩》，可以興，可以觀，可以群，可以怨。邇之事父，遠之事君。多識於鳥獸草木之名。」可見《詩經》教化能力之高。在越南詩集《皇越詩選》序：「詩豈易言哉？自非知夫三百篇之教而又精於其學者。〔註159〕」雖然僅短短數語，但仍可看出《詩經》對於越南文壇是有影響的。又黎貴惇《全越詩錄》：「嗣後如漢祖〈大風歌〉，武帝〈秋風辭〉，唐宗〈帝京篇〉，宋祖〈新月詩〉，雄才傑思，振動古今。」〔註160〕大致可見中國詩歌持續影響越南的詩壇，但確切的作品無可考。

據于在照考證，目前現存最早的漢詩為前黎朝時期僧人杜法順的〈國祚〉：

〔註155〕 于在照：《越南文學史》，（廣州：世界圖書出版廣東有限公司，2011年11月），頁35。

〔註156〕 褚柏思：〈越南的儒學、佛學與文學〉，（收入陶鎔編《中越文化論集》，1968年7月），頁82。

〔註157〕 于在照：《越南文學史》，（廣州：世界圖書出版廣東有限公司，2011年11月），頁35。

〔註158〕 黎崱：《安南志略》卷十四，（北京：中華書局，2000年），頁324。

〔註159〕 裴輝璧：《皇越詩選》，（河內：文學出版社，2007年）。

〔註160〕 黎貴惇：《全越詩錄》，（越南：漢喃研究院所藏 A.1262/1-4 號抄本）。

「國祚如藤絡，南天理太平。無為居殿閣，處處惜刀兵。」是西元 981 年禪師為黎朝皇帝黎大行諮詢國政所作。〔註 161〕但毛漢認為，目前所見最早的越南詩為廖有方〈題旅櫬〉：「嗟君沒世委空囊，幾度勞心翰墨場。半面為君申一慟，不知何處是家鄉。」兩者創作時間相差了百餘年，廖有方為交州人，元和十一年進士第，柳宗元〈送詩人廖有方序〉，可見當時兩人互有往來。

黎貴惇《全越詩錄》載：「李家聖、仁二宗，皆能書工詩，今無可考。太宗二首，仁宗二首，僅見《禪苑集英》。陳朝諸帝，最愛題詩，各有詩集，散落失傳，見於《越音》僅數十首，大抵托興夷曠，寄情高雅，風味益然猶存。唯禪語為文，亦見當時政化清音之梗概。」〔註 162〕唐朝是中國詩歌發展的高峰，著名詩人不勝枚舉，詩的風格與主題之多元令人驚艷，但以越南來說，最先興盛於文壇的卻是禪詩。以《皇越詩選》為例，李朝共收詩七首，此七首皆為禪詩。〔註 163〕于在照先生認為，十至十二世紀為越南佛教最為興盛的時期，〔註 164〕直至陳朝，詩壇開始有了轉變。陳朝歷史對應至中國為南宋末年至元朝，此時雖然佛風仍盛，但詩歌的風格已趨多樣化。以阮忠彥《介軒詩集》為例，主題雖為北使詩，但內容卻含括了詠物、詠史、寫景、抒情、懷鄉等不同的主題。

陳朝文風鼎盛，歷代皇帝都留有作品，目前散見於《全越詩錄》、《越音詩集》等詩集中，陳朝亦培養大量了文學人才，如黎文休、張漢超、阮飛卿、阮忠彥、莫挺之等文學家。陳朝文壇除了佛教詩，又有寫景詩、詠物詩、田園詩、諷刺詩、邊塞詩等風格；在賦的方面，有張漢超〈白藤江賦〉，莫挺之〈玉井蓮賦〉；散文有李濟川《粵甸幽靈集》，敘述越南本土寺廟供俸的歷代君主、人臣、鬼怪故事，共 28 個篇目；碑記有阮飛卿〈清虛洞記〉、張漢超〈開嚴寺碑記〉；歷史散文有黎崱《安南志略》、胡宗駦《越史綱目》。〔註 165〕

至後黎朝，潘輝益言：「暨夫皇黎中興以後，名家之詩雜見於使華諸作，具

〔註 161〕于在照：《越南文學史》，（廣州：世界圖書出版廣東有限公司，2011 年 11 月），頁 35。

〔註 162〕黎貴惇：《全越詩錄》，（越南：漢喃研究院所藏 A.1262/1-4 號抄本）。

〔註 163〕詳見《皇越詩選》，（河內：文學出版社，2007 年）。

〔註 164〕于在照：《越南文學史》，（廣州：世界圖書出版廣東有限公司，2011 年 11 月），頁 42。

〔註 165〕于在照：《越南文學史》，（廣州：世界圖書出版廣東有限公司，2011 年 11 月），頁 45～84。

或尋幽訪古、觸景生情、去國懷鄉、因事述意、殘膏賸馥，真可黏益後人。」〔註166〕後黎朝時，儒家已取代佛教成為政壇的領導力量，在科舉的制度中，詩賦仍占有重要角色，出使中國的使臣，精通漢文已是必要之條件。越南漢文詩發展至後黎朝，可說是體裁兼備、風格多元。

越南接受漢文化的時間相當早，但北屬時期留存的文學作品卻相當有限，直至唐朝姜公輔進士及第，《全唐文》收入其〈白雲照春海賦〉、〈對直言極諫策〉，成為安南首位作品被載入中國文籍者。〔註167〕依筆者所查找之資料，越南文學活躍於歷史的舞臺上，大致起於唐代，呂世朋認為唐代多貶官寓居安南者，如杜審言、沈佺期等人，他們於當地施教興文風、創作作品，對安南文風影響甚鉅。〔註168〕張秀民〈唐代安南文學史資料輯佚〉提到，唐安南三賢者：愛州姜公輔、公復兄弟及交州廖有方也。引用柳宗元〈送詩人廖有方序〉、〈答貢士廖有方論文書〉，〔註169〕可見唐代中越雙方文人已有詩文互通。

第三節　小結

越南深受中國文化影響，北屬時期漢字傳入越南，之後政治、科舉制度亦隨中國王朝更替而改變，基本上都是同步的；在文化的面向上，北屬時期漢籍開始傳入越南，為文學埋下種子，經歷代太守、官員的提倡與教育下，中國的各類文體於越南亦開始萌芽發展，至唐代有來自越南的官員之作品被收入《全唐詩》。

獨立後，越南政治制度依然遵循中國的制度，科舉取士亦同中國，原因不外乎越南已深受中國文化影響長達千餘年。歷來使臣，對於漢文的造詣都相當高，是越南高級智識分子與政治菁英，可知漢字在越南舉足輕重的地位，故中國的文學體裁、藝術形式、表現手法都能在越南的文學中發現。使臣在描寫中國景物、緬懷古人歷史時所發出的感嘆，都與中國的文學傳統相關，可知兩國在文化上的緊密關聯。

〔註166〕潘輝益：《星槎紀行》，（收入《越南漢文燕行文獻》第六冊。上海：復旦大學出版社，2009年），頁186～187。

〔註167〕詳見：鄭永常：《漢文文學在安南的興替》，（臺北：臺灣商務印書館，1987年），頁45～49。

〔註168〕詳見：呂世朋：《北屬時期的越南》，（香港：香港中文大學新亞研究所，1964年），頁135。

〔註169〕詳見：張秀民：〈唐代安南文學史資料輯佚〉，（收入《中越關係史論文集》，臺北：文史哲出版社，1992年3月），頁35～43。

第四章　西山朝四次北使之使臣及其燕行集

　　西山朝（1778～1802）共歷時 24 年，阮岳於 1778 年於歸仁稱帝，阮惠則於 1788 年於富春稱帝。相較於阮惠，阮岳並無向清廷派出貢使，阮惠則於乾隆五十四年（1789）派出使者向清廷求和請封，《清實錄》載：「今阮惠自知罪大，差人敂關悔罪乞降，並不將未出官兵，先行送出，且傷我官兵，罪已難恕。」〔註1〕阮光平於乾隆五十四年（1789）正月擊退孫士毅後，隨即叩關求和，但乾隆當時仍不領情，將書表退回，隔月再派阮有晭、武輝璞送齎表，後直至三月情況開始出現改變，《清實錄》載：「阮惠雖得罪天朝，旋即屢次乞降，頗知畏懼，情詞恭順，亦無干犯怙惡之事。」〔註2〕阮光平在釋放戰俘後，四月《清實錄》載：「阮惠實已誠心畏罪，安南地方險遠，又多瘴癘，不值大辦。……不加進討，或可格外施恩。」〔註3〕乾隆提出明年阮惠需親自至京參與萬壽節的條件，五月派出阮光顯進京求和請封，同年六月乾隆封阮光平為安南國王，兩國朝貢關係建立。

　　乾隆五十五年（1790）阮光平親自入京覲見，是由當時的兩廣總督福安康一路護送進京，過程的安排於《清實錄》皆有紀錄，內容之詳盡更是少見，可

〔註1〕《清實錄·高宗純皇帝實錄》卷一千三百二十二，（北京：中華書局，1985 年），頁 833-1。

〔註2〕《清實錄·高宗純皇帝實錄》卷一千三百二十四，（北京：中華書局，1985 年），頁 933-2。

〔註3〕《清實錄·高宗純皇帝實錄》卷一千三百二十六，（北京：中華書局，1985 年），頁 957-2。

見乾隆對此行之關注。又提出至熱河後著滿清衣冠覲見，乾隆喜出望外，《清實錄》載：

> 阮光平寄來蟒袍式樣，係漢制圓領一摺。……自係該國王心慕華風，有到熱河後隨眾更換中國衣冠，並表其恭敬之意。……試思漢制衣冠，並非本朝制度，袛可稱為圓領，何得謂之蟒袍？……福康安又不諳文義，未加檢點，遽行入告，遂爾錯誤至此。〔註4〕

可見乾隆對衣著的要求，向來安南來朝皆著明代官服，阮光平為求和平，自請著清代衣冠，最後乾隆於熱河頒賜三品冠服於阮光平及隨行使者，據《大清會典事例》載：

> 安南國王，率世子陪臣親詣闕廷。慶祝萬壽。……又於熱河加賜國王九次。……三次，紅寶石頂、三眼花翎、涼帽一、黃馬褂衣袍一副、金黃帶荷包全副、四團龍補服金黃蟒袍一副、緯帽一、珊瑚朝珠一盤。世子金帽一。陪臣六員，賞凡六次。……二次，一員，紅頂緯帽一、錦雞補服、蟒袍一副、朝珠一盤、帶、荷包全副，五員，藍頂緯帽各一、獬豸補服、蟒袍各一副、朝珠各一盤、帶、荷包各全副。〔註5〕

當時更引起朝鮮使臣的側目，從武輝瑨、潘輝益與朝鮮使臣的和詩即可看出端睨。但面對清朝泱泱大國，西山朝為求穩定，只能如此釋出善意求和，這點從武輝瑨的和詩中更能感受到這僅是權宜之計，相較於潘輝益的刻意迴避，以及朝鮮使臣的窮追猛打，更呈現當時越南於外交上的困境。

第一節　武輝瑨與《華原隨步集》、《華程後集》

　　武輝瑨（1749～？），其生平資料復旦大學已有整理，其字自昭，唐安幕澤人。光中二年（1789）受召出仕西山朝，任工部侍郎，著尚書銜，封灝澤侯，同年出使中國請降求封，《華原隨步集》即記錄此次的出使。次年（1790）與阮光平、潘輝益等人再次出使中國，有《華程後集》紀錄此次出使。

（一）《華原隨步集》提要

　　《華原隨步集》紀錄武輝瑨於乾隆五十四年（1789）第一次出使中國的見

〔註4〕《清實錄·高宗純皇帝實錄》卷一千三百五十一，（北京：中華書局，1985年），頁93-1～93-2。

〔註5〕托津主編：《大清會典（嘉慶朝）·禮部》卷三十一，（新北市：文海出版，1991年），頁1-2～3-1。

聞，是阮惠第四次遣使叩關，是第一次清朝允許進關的兩國關係轉捩點，此次覲見確立了兩國的朝貢關係，在意義上自然有不凡的地位。《華原隨步集》收詩文共八十一首，體式大致為七言詩，其中二十二首有詩序。若以類別做區分，大部分為抒情詩，包含懷古、思鄉、感懷等抒發之作，純粹寫景的詩文相當少數，僅有六首。筆者認為，這種寫作模式是武輝瑨的一大特色，他擅長將景物融入自身情感，使其具有意義。另一大類則為酬唱，包含家書、贈詩、和詩等主題，武輝瑨有許多與其父親詩歌的唱和，其中〈三吾三詠和家尊詩稿原韻〉和其父武輝珽《華程詩》中的〈三浯六詠〉，走過父親曾走過之路，心中有感而和之。第三類為應制詩，即於北京時和乾隆御詩所做，內容多為歌功頌德，武輝瑨無功名，卻能擔綱應制乾隆乾隆御詩的工作，足可見其外交手腕及他在西山朝的地位，武輝瑨為政治世家，其父曾任職於後黎朝，亦有出使的經驗，西山朝起步不久，急需前朝政治勢力的支持，以順人心正其名。

在《華原隨步集》後半有六首致謝中國官員的文章，從內容看，應為伴送官或地方官員。另外還有〈奉撰尊祭北來陣亡諸將文〉較為特別，是紀錄後黎朝末帝黎維祁之皇后阮氏之事跡，阮皇后又稱烈妃，曾因西山朝佔領昇龍而出逃。乾隆五十四年，西山軍再陷昇龍城，黎維祁、愍太后出逃至中國並被清廷安置，後黎朝滅亡。乾隆五十八年（1793）黎維祁去世，嘉慶四年（1804）愍太后去世，西山朝被阮朝滅亡後，阮福映呈表嘉慶，迎回愍太后及黎維祁之遺骨，葬於黎顯宗陵墓之側。阮皇后聽聞此事後服藥自盡，這段與北使見聞毫無關聯，卻放在詩集之中，可能表達武輝瑨對政治現實的無奈，黎室覆滅，西山正盛，為保全家族的生存，只能被迫出仕。

在編排上《華原隨步集》雖大致以行程排列，但局部仍有較為凌亂的情況，就如同他於序中有說，詩集是回國後才完成，見聞多以筆記記之，在後續的回憶與修飾中，可能有所落差。但可以肯定的是，《華原隨步集》是部富有個人情感色彩，可見詩人浪漫一面的紀行作品。我們亦可從他留下的作品發現，詩集中前十四首做於越南境內，直至第十五首〈南關午進〉，南關指位於廣西的鎮南關，是兩國交通的重要通道，詩序云：「內地宣報此回使臣起陸，要初秋到京，拜和聖節。」〔註6〕交代出使的目的及預定抵達的時間，雖使臣僅言拜賀聖節，但事實是西山朝遣使是為請降求封，得到清朝的承認是此次出使的終

〔註6〕武輝瑨：《華原隨步集》，（收入鄭克孟、葛兆光：《越南漢文燕行文獻集成》第六冊。上海，復旦大學書版社，2010年），頁303。

極目標。在去程的詩作中，作品集中於廣西至湖北一段共二十首，其中記廣西十二首為最多。至北京後詩作多為應制、侍宴之屬。在回程途中，詩作集中描寫河北及廣西，河北作詩六首、廣西四首。在詩集最後，收錄了十一首與中國官紳或越南友人的賀詩或謝詩，若詩明以「謝」為開頭者，對象即是中國官員或伴送官。

書目詳細資訊〔註7〕	
書名	華原隨步集（Hoa Nguyên Tùy Bộ Tập）
版本	今存抄本一種
頁數及版式	52 頁，高 31 公分，寬 22 公分
提要	唐安縣慕澤社人武輝珽的北使詩集；書中收錄己酉年（1789）武輝珽隨西山使團出使中國時所作的八十首詠景、述懷、餞贈詩；附有作者祭清朝陣亡將士文，向福安康、海提督、良大人等人的謝恩表及若干對聯。附載乾隆御製詩及中國秀才平氏的詩篇。原目編為 1397 號
版本分類	漢文書
四部分類	集部—北使詩文
館藏編號	A.375
館藏編號	MF.1440

（二）《華原隨步集》序

　　《華原隨步集》之序為武輝珽親撰，第一段講述自己被徵召的過程：「歲己酉春初，余方晦迹鄉村，忽聞有召命，避居鄉邑，使者以家親為羅，索求甚急，遂為所得。」武輝珽的父親武輝珽（1731～1789），曾於乾隆三十七年（1771）年以甲副使身分出使清朝，〔註8〕著有《華程詩》記錄此次的出使。武輝珽此次的出使相當匆促：「是月二十四日赴京晉見，適上國有柬來，被推為候命，力辭不獲，即日就到重二道諒山關上，與北塞守臣往復酬應。」〔註9〕此次出使是清廷首次對西山朝開啟外交之門，也是兩國建立朝貢關係之肇始。又對啟程前的準備與啟程後的路線稍有提及：「尋復奉委以使事，……四月

〔註7〕越南漢喃文獻目錄資料庫系統檢索：http://140.109.24.175/pasweb/Opac_book/book_detail.asp?systemno=0000004034（最後查詢日 2017 年 8 月 15 日）。

〔註8〕陳荊和編校：《校合本大越南史記全書》，（東京：東京大學東洋文化研究所，1986 年），頁 1175。

〔註9〕武輝珽：《華原隨步集》，（收入鄭克孟、葛兆光：《越南漢文燕行文獻集成》第六冊。上海，復旦大學書版社，2010 年），頁 293。

到慕澤前以行告諸親，重陰後啟行。……要見聖節朝賀大禮，……次日進關由廣西、湖廣、河南、直隸一條而來。」第一段末提到《華原隨步集》之詩文是如何被創作出來的：「幸使事稍閒，點檢囊中吟稿，得若干首，付書吏錄之為集。」〔註10〕回程至桂林梧州段，日夜間程的詩人總算可以好好整理數月以來的經歷，從詩人的紀錄可知《華原隨步集》是完成出使任務後完成的，每到一地雖有紀錄，但因行程之故仍不成文章，待使事稍歇，才得空整理編纂成冊。

第二段則敘述出使的行程，以及如何記錄所見：「噫！予自春來，十餘月間，奔走不暇，所過名山大川、奇踪勝跡，僅能略略領會，兼之公事獨叢，吟懷枯澀久矣，每揮毫搜思，多不成篇。」〔註11〕可知詩人因日夜間程、公事繁忙，即使經過名川勝景仍無暇一觀，遑論能好好記錄，甚至揮灑成篇了，即使偶有興致所致，但因大而化之的性格，所集依然不多：「故是集所得最少，且無可觀者。然飛鴻一爪留志當年，又不敢陋棄之也，集成顏之曰《華原隨步集》。」〔註12〕到此，詩人已清楚交代詩集名稱的由來，「隨步」表匆匆一過、走馬看花之意。即使詩人說的從容，但可知詩人其實很重視這次特別且匆促的出使。

第三段說明自己對這次出使任務的感想：「子之所謂隨者，吾聞皇華古盛選也，蘇老常曰：『大夫生不得為將，得為使。』縱橫筆舌間足以。」〔註13〕可知將軍與使臣的地位相當，隨後又言：「子之事行，又異常使。吾聞尊友段海翁餞行者有云：『此行繫天地否泰之會，生靈休戚之辰。』」可知此次出使任務的重要性，不但安定了越南的政治局勢，也讓兩國鳴金收兵，百姓得以休生養息，雖然武輝瑨言出自他人之口，但仍可以感受到身為使臣安邦定國的驕傲感，且僅用文字翰墨，不費一兵一卒就能喚回和平，這種能耐只有使臣才有。又言：「吾之使者利用科甲名臣，益取其能以文章達，必能以專對著也。吾才用粗淺，偃蹇四旬未能一第，何使之為？」〔註14〕認為自己的出身難擔此重

〔註10〕 武輝瑨：《華原隨步集》，（收入鄭克孟、葛兆光：《越南漢文燕行文獻集成》第六冊。上海，復旦大學書版社，2010年），頁294。
〔註11〕 武輝瑨：《華原隨步集》，（收入鄭克孟、葛兆光：《越南漢文燕行文獻集成》第六冊。上海，復旦大學書版社，2010年），頁294。
〔註12〕 武輝瑨：《華原隨步集》，（收入鄭克孟、葛兆光：《越南漢文燕行文獻集成》第六冊。上海，復旦大學書版社，2010年），頁294。
〔註13〕 武輝瑨：《華原隨步集》，（收入鄭克孟、葛兆光：《越南漢文燕行文獻集成》第六冊。上海，復旦大學書版社，2010年），頁294。
〔註14〕 武輝瑨：《華原隨步集》，（收入鄭克孟、葛兆光：《越南漢文燕行文獻集成》第六冊。上海，復旦大學書版社，2010年），頁294。

任，但武輝瑨其實是書香世家，父親是進士又曾擔任使者，家學淵源深厚，又當時西山朝亟欲招攬後黎朝遺臣，武輝瑨的出仕其實帶有濃重的政治意味，西山朝亦看中其家世背景，有此指標性的人物出現，更能宣示西山朝的正統性，故武輝瑨先前一直推拖不願出仕，或許出自不侍二主的真心，但又必須顧及天下百姓得安穩，以民為重而出仕，種種內心世界的轉換更值得後人玩味。最後再提隨步之由來：「則吾之此步，隨其所遇，信步而行，故曰『隨步』，且是集為錄詩所做也。」〔註15〕再次強調自己並非刻意紀錄，好似也宣示著自己並非因名而仕，而是因天下需要才勉為出仕。

（三）《華程後集》提要

《華程後集》是武輝瑨於乾隆五十五年（1790），與潘輝益、段浚、吳時任等人陪同阮惠一同赴北京觀見乾隆的見聞，亦是武輝瑨第二次出使中國的紀錄。與《華原隨步集》不同處是，此部詩集無序亦無標明作者，但從部分酬唱詩中的人物可知作者為武輝瑨，如詩人經常與「潘兄」、「段兄」酬唱，在西山朝出使中國的使者中，有武、潘、段三姓同次出使的，僅有在乾隆五十五年（1790），阮惠親自至北京熱河觀見的那次出使。潘輝益《星槎紀行》亦有與「武工部」的酬唱詩，且《星槎紀行》亦有對同行使臣做介紹，故《華程後集》之作者為武輝瑨無誤。

《華程後集》收入復旦大學所編《越南漢文燕行文獻集成》之第六冊，因詩集為抄本，有些詩做並非北使主題無關，因此並未完整刊出詩集內容。筆者所見之詩集共收一百零九首詩，體式以七言為主，無散文。在類別方面，抒情詩依然佔大宗，純粹寫景的詩不多，風格與《華原隨步集》很相似。第二類為酬唱詩，包含贈詩、和詩、與中國官員或朝鮮使臣的交流作品。比較特別的是，一般應制詩多出現在觀見時，但有兩首在途中就揮就了，〈又應制奉題一首，限來字〉此首詩作於廣東省廣東府，是見位在清遠縣的飛來寺有感而作。另一首〈應制題滕王閣并引〉，此詩作於江西省南昌府，詩序提到：「余隨駕觀，得臨此古來星槎所未曾到之地。」〔註16〕故奉國王之命作詩一首。

〔註15〕武輝瑨：《華原隨步集》，（收入鄭克孟、葛兆光：《越南漢文燕行文獻集成》第六冊。上海，復旦大學書版社，2010年），頁294。

〔註16〕武輝瑨：《華程後集》，（收入鄭克孟、葛兆光：《越南漢文燕行文獻集成》第六冊。上海，復旦大學書版社，2010年），頁359。

在編排上，與《華原隨步集》相去不遠，在去程方面，第一首即為入鎮南關時所做，不同於《華原隨步集》有在越南途中之作品，且詩作集中於廣東省，有五首，其餘江西、湖北、河南各有三首。回程詩作少了許多，僅十二首，其中又只有六首可以確定所紀為何地。詩集後部依然收錄了許多與中國官紳的交流詩作，以及回國後與友人的唱和之作。此次出使武輝瑨留下十一首與同行使臣的交流之作，比例近十分之一。《華程後集》收錄了武輝瑨、潘輝益、段浚三人於北京時一同唱作的《燕臺秋咏》共三十首，體式皆為七絕，命題皆以秋為題，較為可惜的是，各詩並無屬名作者為誰。值得注意的是，《越南漢文燕行文獻集成》另收有一部詩集《燕臺秋詠》，此部詩集為潘輝益《星槎紀行》、武輝瑨《華程後集》、吳時任三人的作品，但並非全抄，其中內容大抵與原作相同，較可惜的是吳時任沒有留下詩文集可供參考。《華程後集》較《星槎紀行》收入更多使臣之間或與中國文人或官員的交流，提供了更多資訊給讀者。筆者認為《華程後集》最精要的部分即是在與朝鮮使臣的對答詩作，阮惠為討好乾隆，自願將朝服更易成清朝官服，這項舉動引起朝鮮使臣的側目，兩國向來皆以明朝官服為正統，如今卻易服，從雙方的對答上更可以看出當時清朝與朝鮮、越南心態上的不同。

（四）乾隆五十四年北使路線構擬

乾隆五十四年（1789）共出使至北京二次，第一次為請降求封，正使阮光顯，副使阮有晭、武輝瑨於當年五月出發。本次出使有武輝瑨留下《華程隨步集》記錄此次的出使，筆者從詩作大致拼湊出出使的路徑，去程從廣西省（鎮南關→太平府→南寧府→思恩府→桂林府）經湖南省岳州府至湖北省武昌府，再過河南省衛輝府，終抵直隸省後入北京城，再至承德府熱河觀見。從詩作的比例可以看出，出使前期紀錄頗多，但出廣西省後，確定記錄湖南僅一首、湖北、直隸一首，最後就是北京至熱河觀見的紀錄了。

在回程部分，經直隸省永平府，後進河南省（彰德府→許州直隸州），經湖北武昌府，再過湖南岳州府，最後抵廣西（桂林府→梧州府→太平府→鎮南關）。去程與回程路線大致相同，皆經廣西、湖南、湖北、河南、直隸等省，此次的出使路線與先前後黎朝的路線並無太大差異，但作為西山朝第一次出使中國的路線，卻有不一樣的意義存在，它象徵著兩國關係的轉變。

筆者從詩作中擷取北使路線如下：

華原隨步集				
編號	詩　名	清代地名	現代地名	出　處
15	南關午進	廣西省太平府鎮南關	廣西壯族自治區憑祥市友誼鎮隘口村	《清史稿》卷七十三，志四十八，地理二十，廣西，太平府，頁2316。
16	自暮府至寧明州城，途中興述	廣西省太平府寧明州	廣西壯族自治區崇左市寧明縣	《清史稿》卷七十三，志四十八，地理二十，廣西，太平府，頁2315。
22	太平府城江亭次	廣西省太平府	廣西壯族自治區崇左市	《清史稿》卷七十三，志四十八，地理二十，廣西，太平府，頁2316。
23	南寧府使程初啟陸興述	廣西省南寧府	廣西壯族自治區南寧市	《清史稿》卷七十三，志四十八，地理二十，廣西，南寧府，頁2312。
24	贈思恩府正堂汪公索詩	廣西省思恩府	廣西壯族自治區武鳴、賓陽、上林、馬山、田東、平果、都安等縣	《清史稿》卷七十三，志四十八，地理二十，廣西，思恩府，頁2301。
26	渡大溶江有感	廣西省桂林府興安縣	廣西壯族自治區桂林省興安縣	《清史稿》卷七十三，志四十八，地理二十，廣西，桂林府，頁2295。
27	題湘山寺	廣西省桂林府全州縣	廣西壯族自治區桂林市全州縣	《清史稿》卷七十三，志四十八，地理二十，廣西，桂林府，頁2295。
34	望洞庭湖偶興	湖南省岳州府	湖南省岳陽市岳陽樓區	《清史稿》卷六十八，志四十三，地理十五，湖南，長沙府，頁2190。
35	武昌江晚泛	湖北省武昌府	湖北省武漢市武昌區	《清史稿》卷六十七，志四十二，地理十四，湖北，武昌府，頁2170。
40	謝衛輝府正堂德公宴席	河南省衛輝府	河南省新鄉市衛輝市	《清史稿》卷六十二，志三十七，地理九，河南，衛輝府，頁2080。
48	熱河公館中秋漫興	直隸省承德府	河北省承德市	《清史稿》卷五十四，志二十九，地理一，直隸，承德府，頁1909。
49	回程道樂亭縣偶贈書贈求詩者	直隸省永平府樂亭縣	河北省唐山市樂亭縣	《清史稿》卷五十四，志二十九，地理一，直隸，永平府，頁1918。

51	彰德館中重陽漫興	河南省彰德府	河南省安陽市	《清史稿》卷六十二，志三十七，地理九，河南，彰德府，頁2079。
52	秋夜奉達臨潁縣尹廉公來帖索詩求和	河南省許州直隸州臨潁縣	河南省漯河市臨潁縣	《清史稿》卷六十二，志三十七，地理九，河南，許州直隸州，頁2073。
55	小河溪驛答楚澴彭秀才詩韻	湖北省武昌府江夏縣	湖北省武漢市	《清史稿》卷五百二十九，兵部一百三，郵政二　置驛二，頁17-1。
58	登岳陽樓	湖南省岳州府	湖南省岳陽市岳陽樓區	《清史稿》卷六十八，志四十三，地理十五，湖南，長沙府，頁2190。
59	越王宮沼	廣西省桂林府	廣西壯族自治區桂林市	《清史稿》卷七十三，志四十八，地理二十，廣西，桂林府，頁2294。
61	梧州	廣西省梧州府	廣西壯族自治區梧州市	《清史稿》卷七十三，志四十八，地理二十，廣西，梧州府，頁2308。
62	太平公館雪夜偶興	廣西省太平府	廣西壯族自治區崇左市	《清史稿》卷七十三，志四十八，地理二十，廣西，太平府，頁2316。
63	午晴回到南關興述	廣西省太平府鎮南關	廣西壯族自治區憑祥市友誼鎮隘口村	《清史稿》卷七十三，志四十八，地理二十，廣西，太平府，頁2316。

第二節　潘輝益與《星槎紀行》

　　潘輝益（1751～1822），其生平資料復旦大學已有整理，其字謙受，號裕庵。天祿省收穫縣人，後黎朝景興三十六年（1775）乙未科會員，任吏部右侍郎，與父親潘輝盎、兄長潘輝溫同朝為官。後黎朝滅亡後又仕西山朝，任侍中御史、禮部尚書。乾隆五十五年（1790）與武輝瑨、吳時任等人出使中國，建立清朝與西山朝的宗藩關係，確立西山朝在越南的正統地位，被盛讚為「當朝翊運功臣」，封瑞嚴臺公。西山朝覆亡後，曾被監禁並仗打於文廟前，之後回鄉教書，一生著有《裕庵吟祿》、《裕庵文集》、《邦交集》等。〔註17〕

〔註17〕《越南漢文燕行文獻集成》第六冊，（上海，復旦大學出版社，2009年），頁183。

（一）《星槎紀行》提要

《星槎紀行》收錄在《裕庵吟祿》中，是潘輝益晚年編定的個人詩文集，目次為《逸詩略纂》、《星槎紀行》、《逸詩略纂二》、《南程續集》、《逸詩略纂三》、《雲遊隨筆》。〔註18〕《星槎紀行》是潘輝益紀錄乾隆五十五年（1790）出使中國所見所聞之作。此行與國王阮惠一同前往北京，乾隆對其格外重視，除安排兩廣總督福康安一路伴送至京，更有許多清廷對越南的禮遇。

《星槎紀行》目錄載，詩集共收七律八十首、五律三首、五排律一首、五古一首，贊一首、詞調十首、詠題十七首，共計一一三首。除詠題、詞調外，其它皆有詳列詩名，排版精細。但經筆者整理發現，《星槎紀行》收詩共一一五首，其中〈芙蒢驛〉、〈丘溫驛〉、〈遇雨〉、〈重九〉可能並非出自潘輝益之手，因陳朝時期出使元朝的使臣阮忠彥有相同的內容，復旦大學出版的《越南漢文燕行文獻集成》亦有收入其《介軒詩集》，與潘輝益《星槎紀行》無論詩題與內容完全一致。此外，在目錄後還記錄了四位一同出使的使臣資訊，讓讀者在辨別身分與彼此關係時有參考資訊，四位分別是吳時任、武輝瑨、段浚、青峰侯，其中吳時任與青峰侯並未一同抵達北京，而是於武昌時兩位就先行返回越南。

《星槎紀行》依主題大致可分成四大類，第一類為寫景，單純寫景的詩不多，通常伴隨有詩人的心情感懷，且小序中對於當地的景致已有詳細的紀錄，有詩序的詩共計五十五首，詩人每經過一地一景都有詩序紀錄周遭景色或地名由來，方便讀者考察或還原路線。第二類為抒情，抒情包含了懷古、思鄉、抒懷等主題，主要抒發對旅途的感受，單純抒情的詩作並不多，大部分還是借景抒情，卻是可以窺探詩人內心世界的鑰匙，且此類詩作通常沒有詩序。第三類為酬唱，包含與同行使臣、中國官員文人、朝鮮使臣的和詩或贈詩。第四類為紀事，主要以入京後的各種宴會、行程交代為主。第五類為應制，即和乾隆之御詩。

在編排上，潘輝益從入鎮南關開始寫起，在去程方面，詩作集中於廣西、廣東、江西、湖北、河南等省，共有詩作三十二首，又以廣東、江西詩作最多，相較於其它詩集，作品分布較平均些。至北京後共收詩作二十七首，其中與朝鮮使臣交流、應制侍宴詩作數量最多，共十八首，對於瞭解當時的宴會實況以及與朝鮮交流情況有一定的參考價值，尤其面對朝鮮使臣質疑西山朝易服的情況，從潘輝益的詩中可見避重就輕之感，相較於武輝瑨直來直往有相當大的

〔註18〕《越南漢文燕行文獻集成》第六冊，（上海，復旦大學出版社，2009年），頁183。

區別。《星槎紀行》特別之處，即收錄了潘輝益所作的十首為乾隆祝壽的祝壽詞，其內容亦是對乾隆的歌功頌德，提要云：

> 欽祝大萬壽詞曲十調。春季入覲，議成，余奉擬祝嘏詞十調，先寫金箋，隨表文口口，清帝旨下，擇本國伶工十名，按拍演唱，帶隨觀祝，至是欽侍。御殿開宴，禮部引我國伶工，前入唱曲，奉　大皇帝嘉悅，厚賞銀幣，再命太常官，口梨園十人，依召我伶工入禁內，教他操南音，演曲調，數日習熟。開宴時，引南北伶工，分列兩行，對唱，體格亦相符合。〔註19〕

可知潘輝益在此次出使扮演重要的角色，要應制亦要祝壽，且在身分上，潘輝益也不是進士出身，但他與武輝瑨相同，都是出身政治世家，父兄三人皆任後黎朝官員，政治背景與實力雄厚，自然也成為了西山朝拉攏的對象。潘輝益《星槎紀行》獨特之處除了記錄了乾隆五十五年的盛大壽宴，亦側面記錄了當時中、韓、越三國的政治角力，身為宗主國的清朝，韓、越都想討好，但朝鮮向來以明朝為正朔，將清朝視為侵略者與異族，但如今越南易服，且乾隆異常重視，朝鮮的心態是眼紅抑或是輕視，讓這場宴會顯得格外有趣，雖然潘輝益從不正面回答問題，但從其詩作〈奉穿戴天朝冠服，惕然感懷〉可以感受到對於易服的無可奈何。

書目詳細資訊〔註20〕	
書名	裕庵吟錄（Dụ Am Ngâm Lục）
提要	今存抄本三種，六卷，含目錄一篇：480頁抄本，高27公分，寬16公分；438頁抄本，高22公分，寬17公分，阮文質用新式紙抄錄；一抄本存卷二，98頁，高25公分，寬15公分，鄧維穩抄於1963年，吳玉玕校正。潘輝益的詩集，共六百首詩有嘉隆十四年（1815）的序文按：各種版本皆題為《裕庵吟錄》，實為作者自序的題目。此書為編年體詩集，卷一為《逸詩略纂》，撰於1770～1790年；卷二為《星槎紀行》，收錄1790年出使清朝時的作品；卷三為《逸詩略纂》，撰於1791～1796年；卷四為《南程續集》，收錄1796至1797年春節往富春（順化）向西山進獻禮品時的作品；卷五為《逸詩略纂》，撰於1798至1803年；卷六為《雲遊隨筆》，撰於1804至1814年告官歸鄉之後，有若干喃詩。原目編為750號
版本分類	漢文書

〔註19〕潘輝益：《星槎紀行》，（收入鄭克孟、葛兆光：《越南漢文燕行文獻集成》第六冊。上海，復旦大學書版社，2010年），頁183。
〔註20〕越南漢喃文獻目錄資料庫系統檢索：http://140.109.24.175/pasweb/Opac_book/book_detail.asp?systemno=0000003625（最後查詢日2017年8月15日）。

四部分類	集部—別集
館藏編號	A.603（480頁）
館藏編號	VHv.1467（438頁）
館藏編號	VHv.2462（98頁）

（二）《星槎紀行》序

《星槎紀行》共有序文兩篇，一篇為同行使臣吳時任所撰，阮曰直、阮登俊、黎伯當、吳為貴等協閱；第二篇為陳伯覽撰，阮嘉璠潤色。吳時任所撰之序大致可分為五個部分，第一部分為他對文人及文章的看法論述，請看：

> 古今文章得稱家者，為難；得稱大家者，為尤難。大家者持世機杼之
> 謂，有錦繡之機杼、有市帛之機杼。然錦繡之流，或為史；市帛之流，
> 或為野，可謂之文章家，不可謂之大家。文章能持其世者，不一而足，
> 詩賦歌行、辯論記誌、序跋解註、駢偶散行，蘊之於心術，發之於詞
> 章，有如錦繡之悅人身、芻豢之悅人體，總謂之文章家。其中能興起
> 人、能感發人，莫妙於詩，故於詩又得專呼為家。〔註21〕

主要強調文章應有的價值，最後提到詩與文的區別，以及詩的作用。第二段即接續詩的主題，請看：

> 我越以文獻立國，詩自丁李至于陳，大發於皇黎宏德間，一部《全越
> 詩》古體讓漢晉，近體不讓唐宋元明，□玉敲金，真可謂稱詩國。就
> 中求其機杼大段，可稱詩家者，蔡呂塘、白雲庵諸公。此外□然渺矣。
> 暨夫皇黎中興以後，名家之詩，雜見於使華諸作，具或尋幽訪古、觸
> 景生情、去國懷鄉、因事述意，殘膏賸馥，真可以黏益後人。〔註22〕

第二段主旨敘述越南詩歌的發展與成就，其中特別提到北使詩的特殊性與重要性。第三部分進入作者與作品，請看：

> 至於錦繡而不足、市帛而不野，則惟《星槎紀行》臬，益巧笑美目
> 之素者歟，是集乃侍中御史潘臺公，奉使祝嘏年所作，公以會魁冠
> 翰苑，家世為名進士，文章機杼得諸先宰相致仕大人所傳，其為文
> 典雅渾厚，把實疏□骨子，稍以綺麗彌縫之，為詩亦然。涉程朱之藩

〔註21〕潘輝益：《星槎紀行》，（收入鄭克孟、葛兆光：《越南漢文燕行文獻集成》第六
　　　　冊。上海，復旦大學書出版社，2010年），頁185～186。

〔註22〕潘輝益：《星槎紀行》，（收入鄭克孟、葛兆光：《越南漢文燕行文獻集成》第六
　　　　冊。上海，復旦大學書出版社，2010年），頁186～187。

而踰屈宋之國，越韓范之室而超李杜之衢。如錦繡市帛，用無不宜，
列國文章大家，罕有而僅見焉也。〔註23〕

此段主要抬舉作者潘輝益的家學淵源與學識淵博，稱讚其詩文為大家之作。第
四段為吳時任與潘輝益彼此交往概況以及《星槎紀行》內容簡介：

拙與工友年眷，愛同遊壯同升。素服公之文章，於典雅渾厚中有綺
麗在，間或不憺，自以為過之，靜思實不及也。迨見是集，尤悅服
不已，毋論字句韻格，超□入雅，且看古來避世天子，誰如趙尉陀，
公過趙都有句云：「故知皇帝賢天子，誰禁蠻夷長老夫？」更有誰道
得，又看古來□泣大丈夫，誰如白居易，公望琵琶亭有句云：「九江
烟水多遷客，千古風流讀短亭。」……同輩推為法手，近來上達。

〔註24〕

內容大致談潘輝益於中國的見聞。第五部分為結論，主要盛讚潘輝益氣質非
凡，所作之詩得到乾隆的讚許。

第二篇序文亦是對潘輝益此次出使的讚譽與詩集的介紹，大致可分成＿
個部分，首段開頭即對潘輝益的外交貢獻給予高度讚賞：

當朝翊運功臣、御侍中御史、瑞巖臺公奉使時佳作也。公少年登會
魁，冠應制，博洽練達，標譽于朝紳，而皇華之選，數杞其行，斯
非造化毓才所用留侍者歟。□華後，公退居枏山，非復有馳驅志，書
迫之而起。適兩粵兵來，奉皇帝神威桓撥，北兵退回，天下大定。
其時以鄰交事件為大開緊，公趨侍左右，密贊宸猷，國書往復，與
希尹公更相草潤，動中□會，既而通使議和，國體增重，代干戈以口
舌，易兵車為衣裳，厥功偉蹟矣。〔註25〕

敘述潘輝益是西山朝與清廷外交關係轉變的關鍵。第二段開始說明出使的原
因是為慶祝乾隆八十壽辰，當時清廷要求阮光平必須親赴北京熱河以示誠意，
在序文卻可以感受到西山朝擊退清兵的優越感：「大清乾隆皇帝八旬慶壽，藩
邦畢會，特先馳諭我國，懇邀御臨祝嘏，多方推阻而敦勸愈諄，公與二三大臣

〔註23〕潘輝益：《星槎紀行》，（收入鄭克孟、葛兆光：《越南漢文燕行文獻集成》第六
　　　　冊。上海，復旦大學書版社，2010年），頁187。
〔註24〕潘輝益：《星槎紀行》，（收入鄭克孟、葛兆光：《越南漢文燕行文獻集成》第六
　　　　冊。上海，復旦大學書版社，2010年），頁188～189。
〔註25〕潘輝益：《星槎紀行》，（收入鄭克孟、葛兆光：《越南漢文燕行文獻集成》第六
　　　　冊。上海，復旦大學書版社，2010年），頁193～194。

奉請行權。〔註26〕」但仍必須與現實屈服，阮光平依然與潘輝益、吳時任一同前往北京。第三段為行使至熱河觀見的過程，盛讚潘輝益：「我國使華之獨步者。〔註27〕」潘輝益有應制詩、祝壽詞十首，又再如此特殊的時間點出使，清朝亦特別禮遇，此點當之無愧。第四部份，為序文作者陳伯覽對潘輝益的認識與《星槎紀行》的內容介紹，稱頌潘輝益的文學才情。

（三）乾隆五十五年北使路線構擬

　　乾隆五十五年（1790）的出使是中越關係的轉捩點，除阮光平親自至北京觀見外，乾隆對這次越南的出使格外重視，沿途的安排與伴送官的挑選都格外嚴謹，紀錄上也較為詳細。此次出使是三月出發，七月中旬抵達熱河，使者包含武輝瑨與潘輝益，兩位分別留下《華程後集》與《星槎紀行》兩部詩集記錄此行。去程從廣西省（鎮南關→太平府→梧州府），再經廣東省（廣州府→韶州府→南雄府），後進江西省（吉安府→南昌府→九江府），再入湖北省武昌府，又過河南省（許州直隸州→彰德府），終抵直隸省順天府入北京，後至承德熱河觀見。

　　回程由直隸省順天府經河南省許州直隸州，後進湖北省（德安府→武昌府→漢陽府），再入湖南省（岳州府→長沙府），終抵廣西省（桂林府→南寧府→鎮南關）。此次路線去回稍有不同，去程沿途經廣西、廣東、江西、湖北、河南、直隸等省，但回程卻沒有經過江西與廣東，而是照先前的貢道行進。筆者認為這與乾隆的特別優待有關，此次的伴送官是兩廣總督福康安，可見乾隆對此次安南出使的重視，且《清實錄》有載：「安南國王阮光平，明年三月來京瞻觀，經過沿途各省地方與督撫接見，自應以賓主之禮相待。〔註28〕」又「如遇有賞給福康安香器扇筆及奶餅等物，亦必照樣賞給阮光平一分。〔註29〕」且特別交代不必匆忙的趕行程，足可見乾隆對阮惠之優待。

　　此次的出使路線應是清史資料中記錄最為詳細的一次，除了兩國皆相當

〔註26〕潘輝益：《星槎紀行》，（收入鄭克孟、葛兆光：《越南漢文燕行文獻集成》第六冊。上海，復旦大學書版社，2010 年），頁 194。

〔註27〕潘輝益：《星槎紀行》，（收入鄭克孟、葛兆光：《越南漢文燕行文獻集成》第六冊。上海，復旦大學書版社，2010 年），頁 195。

〔註28〕《清實錄·高宗純皇帝實錄》卷一千三百四十二，（北京：中華書局，1985 年），頁 1198-2。

〔註29〕《清實錄·高宗純皇帝實錄》卷一千三百四十九，（北京：中華書局，1985 年），頁 52-1。

重視，亦可見乾隆對於西山朝的歸附感到喜悅，這象徵南方的安定，且從一路的伴送過程，乾隆亦經常下達旨意，希望給使臣團最好的待遇，甚至有屬下誤解乾隆之意，引發地方官對使臣團過度花費的誤會，但無論如何，此趟赴北京的去程與回程，乾隆都非常重視。

筆者從詩作中擷取北使路線如下：

星槎紀行				
編號	詩　名	清代地名	現代地名	出　處
1	出關	廣西省太平府鎮南關	廣西壯族自治區憑祥市友誼鎮隘口村	《清史稿》卷七十三，志四十八，地理二十，廣西，太平府，頁2316。
2	花山兵馬	廣西省太平府寧明州	廣西壯族自治區崇左市寧明縣	《清史稿》卷七十三，志四十八，地理二十，廣西，太平府，頁2315。
5	蒼梧江次	廣西省梧州府蒼梧縣	廣西壯族自治區梧州市蒼梧縣	《清史稿》卷七十三，志四十八，地理二十，廣西，梧州府，頁2308。
6	赴廣城公館	廣東省廣州府	廣東省廣州市	《清史稿》卷七十二，志四十七，地理十九，廣東，廣州府，頁2270。
7	望趙武帝祠	廣東省廣州府	廣東省廣州市	《清史稿》卷七十二，志四十七，地理十九，廣東，廣州府，頁2270。
9	遊觀音巖	廣東省韶州府英德縣	廣東省清遠市英德市	《清史稿》卷七十二，志四十七，地理十九，廣東，韶州府，頁2276。
10	題飛來寺	廣東省廣州府清遠縣	廣東省清遠市	《清史稿》卷七十二，志四十七，地理十九，廣東，廣州府，頁2270。
12	韶州江次奉餞廣東張梟臺回治	廣東省韶州府	廣東省韶關市	《清史稿》卷七十二，志四十七，地理十九，廣東，韶州府，頁2276。
13	經吉水縣挽文丞相	江西省吉安府吉水縣	江西省吉安市	《清史稿》卷六十六，志四十一，地理十三，江西，吉安府，頁2164。
14	踰	廣東省南雄府	廣東省南雄縣	《清史稿》卷七十二，志四十七，地理十九，廣東，南雄直隸州，頁2278。

16	題滕王閣	江西省南昌府	江西省南昌市	《清史稿》卷六十六，志四十一，地理十三，江西，南昌府，頁2155。
17	贈戴狀元	江西省吉安府吉水縣	江西省吉安市	《清史稿》卷六十六，志四十一，地理十三，江西，吉安府，頁2164。
19	贈九江城管主貢生呂肇祥	江西省九江府	江西省九江市	《清史稿》卷六十六，志四十一，地理十三，安徽，安慶府，頁2158。
20	渡潯陽江望琵琶亭	江西省九江府德化縣	江西省九江市九江縣	《清史稿》卷六十六，志四十一，地理十三，安徽，安慶府，頁2158。
24	夜渡赤壁江口	湖北省武昌府嘉魚縣	湖北省咸寧市嘉魚縣	《清史稿》卷六十七，志四十二，地理十四，湖北，武昌府，頁2170。
25	武昌驛次附圖書寄吳兵部	湖北省武昌府	湖北省武漢市武昌區	《清史稿》卷六十七，志四十二，地理十四，湖北，武昌府，頁2170。
29	題郾城岳王廟	河南省許州直隸州郾城縣	河南省漯河市	《清史稿》卷六十二，志三十七，地理九，河南，許州直隸州，頁2073。
31	羑里演易處	河南省彰德府湯陰縣	河南省安陽市湯陰縣	《清史稿》卷六十二，志三十七，地理九，河南，彰德府，頁2080。
32	韓魏公晝錦堂故址	河南省彰德府	河南省安陽市	《清史稿》卷六十二，志三十七，地理九，河南，彰德府，頁2079。
35	過燕京	直隸省順天府京城	北京市	《清史稿》卷五十四，志二十九，地理一，直隸，順天府，頁1894。
36	長城即事	直隸省順天府京城	北京市	《清史稿》卷五十四，志二十九，地理一，直隸，順天府，頁1894。
39	恭和　御詩	直隸省承德府	河北省承德市	《清史稿》卷五十四，志二十九，地理一，直隸，承德府，頁1909。
48	圓明園侍宴紀事	直隸省順天府京城	北京市海淀區	《清史稿》卷五十四，志二十九，地理一，直隸，順天府，頁1894。

61	別燕京依武工部韻	直隸省順天府京城	北京市海淀區	《清史稿》卷五十四，志二十九，地理一，直隸，順天府，頁1894。
63	涿州城三義廟	直隸省順天府涿州	河北省涿州市	《清史稿》卷五十四，志二十九，地理一，直隸，順天府，頁1898。
64	宿許州城追憶曹瞞故事	河南省許州直隸州郾城縣	河南省漯河市	《清史稿》卷六十二，志三十七，地理九，河南，許州直隸州，頁2073。
66	月夕過武勝關	湖北省德安府應山縣	湖北省武漢市應山縣	《清史稿》卷六十七，志四十二，地理十四，湖北，德安府，頁2176。
67	遊黃鶴樓	湖北省武昌府	湖北省武漢市武昌區	《清史稿》卷六十七，志四十二，地理十四，湖北，武昌府，頁2170。
69	黃鶴樓再寄	湖北省武昌府	湖北省武漢市武昌區	《清史稿》卷六十七，志四十二，地理十四，湖北，武昌府，頁2170。
70	漢水舟程	湖北省漢陽府	湖北省武漢市漢陽區	《清史稿》卷六十七，志四十二，地理十四，湖北，漢陽府，頁2172。
71	岳陽樓曉望	湖南省岳州府	湖南省岳陽市	《清史稿》卷六十八，志四十三，地理十五，湖南，岳州府，頁2190。
72	風帆過湖，敬用呂仙之句	湖南省岳州府	湖南省岳陽市	《清史稿》卷六十八，志四十三，地理十五，湖南，岳州府，頁2190。
73	次長沙懷賈誼	湖南省長沙府	湖南省岳陽市	《清史稿》卷六十八，志四十三，地理十五，湖南，長沙府，頁2186。
76	湘夜泊	廣西省桂林府全州縣	廣西壯族自治區桂林市全州縣	《清史稿》卷七十三，志四十八，地理二十，廣西，桂林府，頁2296。
84	贈王分府	廣西省南寧府	廣西壯族自治區南寧市	《清史稿》卷七十三，志四十八，地理二十，廣西，南寧府，頁2312。
85	回程啟關	廣西省太平府鎮南關	廣西壯族自治區憑祥市友誼鎮隘口村	《清史稿》卷七十三，志四十八，地理二十，廣西，太平府，頁2316。

第三節　阮偍與《華程消遣集》

　　阮偍（1761～1805），生平資料復旦大學已有整理，阮偍原名儞，字進甫，號省軒，別號文村居士，是越南著名詩人阮攸之兄長。後黎朝景興四十四年（1783）舉人，任翰林院供奉使、簽書樞密院事等職。後黎朝滅亡後復仕西山朝，歷官翰林院侍書、東閣大學士、樞密院行文書、兵部左奉護、中書省左同議等職。曾於乾隆五十四年（1789）、六十年（1795）擔任乙副使出使中國，著有《華程消遣集》、《桂軒甲乙集》。〔註30〕

（一）《華程消遣集》提要

　　《華程消遣集》分前後兩集，收錄 362 首詩作，前集收錄阮偍於乾隆五十四年（1789）第一次出使中國的見聞，共有詩作 115 首；後集收錄阮偍於乾隆六十年（1795）第二次出使中國的紀錄，共收詩作 247 首。

　　前集又可分甲什之一與之二，體式以七言為主，內容可分為寫景、抒情、酬唱三大類，寫景類含括題詠、即景、地方介紹，抒情包含思鄉、懷古、感懷，酬唱包含贈詩、和詩。之一為去程之作，共有 60 首詩；之二為返程之作，記錄從北京回越南路途見聞感懷，共有 55 首詩。此次出使的目的是為謝乾隆冊封阮光平為安南國王一事，在此次出使途中，不論是寄信或懷想，阮偍多次提到段海翁這號人物，關於段海翁的真面目，筆者認為可能是段俊，段俊（？～？），潘輝益《星槎紀行》有載：「段翰林，段兄俊，瓊瑰海安人，少時與余友善，庚戌夏由翰林侍制充使部員，從今官秘書屬直學士海派侯。」〔註31〕曾於乾隆五十五年（1790）與潘輝益、武輝瑨、吳時任一同出使中國，留有《海煙詩集》記錄此次的出使。在阮偍第二次出使途中有一首〈橫州江次有懷〉，小序提到：「我於庚戌回程，與侍中御史當潘臺公、刑部護武臺兄、吏部郎段臺兄相遇於此。」阮偍第一次出使的時間點為冬天，到北京時以初春，回程是春天，而段浚一行人啟程的時間點為三月底，一去一回於貢道上相遇，從故鄉、詩集名稱、姓名的相關性來看，筆者認為段海翁是段俊的可能性很大。

　　此次的出使阮偍沒有留下任何應制的詩作，紀錄北京宴會的詩也僅有三首，此次的出使阮偍應非為主要與乾隆皇帝應對者。在小序的出頻率上，去程有詩

〔註30〕《越南漢文燕行文獻集成》第八冊，（上海，復旦大學出版社，2009 年），頁103。

〔註31〕潘輝益：《星槎紀行》，（收入鄭克孟、葛兆光：《越南漢文燕行文獻集成》第六冊。上海，復旦大學書版社，2010 年），頁 204。

序的詩作有十首，回程有十九首，對路線的確定提供較多資訊。贈詩對象多以
伴送官為主，不見與中國官紳的和詩或其他交流。在寫景詩上，多以題詠、即
景的方式呈現，但亦有單純描寫地方景色者。抒情詩以懷鄉之作為多，行經名
勝亦有懷古之作，大多以寫景寄情的方式呈現，帶有個人之興懷，使地方更添
浪漫色彩，亦有對行使途中感到疲困艱難之感述，在風格的變化上相當多樣。

　　《華程消遣集》後集，是乾隆六十年（1795）阮偍第二次出使中國，目的
為賀嘉慶登基，作者以季節作分段，分成四個部分，第一部分為「秋什四之一」
是阮偍從越南啟程至廣西梧州的經歷，第二部分為「冬什四之二」為廣西平樂
府至北京路途見聞，第三部分為「春什四之三」記錄從北京返程至江西南昌之
作，第四部份為「夏什四之四」，從江西一路返回越南之作。

　　後集第一部分有詩作八十八首，主題以寫景、抒情、酬唱類為主，與第一
次出使不同，此次的出使阮偍於多首詩作上都有小序，詳細記錄地方風情與歷
史典故，如進入廣西南寧時有〈南寧江〉，小序紀錄：「江號潯江，商客大聚，
有崑崙山馬，口泉此為秋青破智高處，城中有陽明書院，是文成公講口處，城
東又有逍遙山，偌口山上聞鼓樂聲，即其年豐。」〔註32〕對於當時的商業交
流、文化風情、地理特色皆有描述，此次出使詩作最大的特色即是大量詩序的
撰寫，讓讀者可以拼湊歷史，遙想使者路程上的見聞。抒情方面的詩作以懷古、
思鄉、感述為主題，詩名大多有感述、有懷、有感、遣興等字眼，比較特別有
〈橫州江次有懷〉，詩序：「我於庚戌回程與侍中御史當潘臺公，刑部護武臺兄，
吏部郎段臺兄相遇於此，口賦詩各相敘別口，重臨此地江山依舊。」〔註33〕此
次已是阮偍第三次經過此地，第二次經過此地是乾隆物五十五年（1890）回程
時，於此和潘輝益、武輝瑨、段俊相遇，如今故地重遊，景色依舊，回想當年
的情景與情誼有感。大量酬唱詩作的出現亦是此次出使的特色，酬唱詩包含了
贈詩、和詩，贈詩多是贈與伴送官或地方官，如〈贈諒山協鎮左在侍郎青峯侯〉，
詩序：「伊兄為我至交，相隔許久契譜十人，今僅存吳兄、潘兄、黎兄、武弟
與我五人而已。」〔註34〕流露時光匆匆不復返的感觸，又此次亦有贈詩予潘輝

〔註32〕阮偍：《華程消遣集》，（收入鄭克孟、葛兆光：《越南漢文燕行文獻集成》第八
　　　　冊。上海，復旦大學書版社，2010年），頁187。

〔註33〕阮偍：《華程消遣集》，（收入鄭克孟、葛兆光：《越南漢文燕行文獻集成》第八
　　　　冊。上海，復旦大學書版社，2010年），頁191。

〔註34〕阮偍：《華程消遣集》，（收入鄭克孟、葛兆光：《越南漢文燕行文獻集成》第八
　　　　冊。上海，復旦大學書版社，2010年），頁181。

益，〈呈謝侍中御史潘臺公〉詩序：「公與我同□年前，曾□我頗有□□。」〔註35〕筆者認為，阮偍應是個重感情的人，從前集開始就陸續寄信給段俊，如今二次出使又進詩潘輝益，又有回想當年同為使者的時光。

第二部分「冬什四之二」，收詩五十八首，依主題可分為寫景、抒情二大類，值得一題的是〈聞命喜賦〉，這首詩作於廣西，詩序：「舟次長灘，接到廣西從撫城札示，奉庭寄上諭，此次安南貢使當由廣東江西進程。由此底江西舟程又添數十日，路經韶南口府名勝甚多。」〔註36〕接到臨時更改貢道的通知，使臣對於更改原因毫不知情，但其實是因為有叛亂發生，乾隆下令臨時更改貢道，是旅程的一大插曲，但也因此耽誤了時程，必須接連趕路，但詩人依舊在廣東、江西二省留下許多詩作，如〈德江夜泛〉、〈肇慶夜泊〉、〈清遠晚泊〉、〈南雄起早〉都對廣東自然地理、人文風情稍有介紹，江西部分有〈贛州冬望〉、〈萬安曉泊〉、〈吉安晚望〉、〈題滕王閣〉等詩作，不乏有抒發旅思，冬季嚴寒舟車勞頓之苦，表露行使路途的種種滋味。比較特別的是，此段路程未見任何一首酬唱詩，完全不見任何與中國官紳的交流的詩作，可能因為路程匆忙，無暇顧及。第二部分末阮偍已達北京，之後進入第三部分，也是此次出使的高潮。

第三部分「春什四之三」，收詩五十六首，依主題可分寫景、抒情、酬唱、紀事四大類。其中紀事類即是於北京侍宴、應制之作品，相較於第一次出使僅留下三首，此次留下多達七首對於禪讓儀式、千叟宴、紫光閣侍宴的作品，其中〈太上皇帝紀元週甲授受禮成恭紀二首〉，是乾隆禪讓嘉慶所作的應制詩，詩序：「進詩奉賞錦緞十端，大荷包一對，小荷包二對。」〔註37〕又〈應制侍千叟宴〉，詩序：「進詩奉賞壽杖一根，玉如意一把、錦緞六端及石硯、口墨水筆，緔箋、鼻咽等物，並御制詩一幅。」〔註38〕又〈應制侍元宵于圓明園之山高水長閣〉，詩序：「詩進奉賞大緞一端及文房四寶物。」〔註39〕應制詩的

〔註35〕阮偍：《華程消遣集》，（收入鄭克孟、葛兆光：《越南漢文燕行文獻集成》第八冊。上海，復旦大學書版社，2010年），頁179。

〔註36〕阮偍：《華程消遣集》，（收入鄭克孟、葛兆光：《越南漢文燕行文獻集成》第八冊。上海，復旦大學書版社，2010年），頁200。

〔註37〕阮偍：《華程消遣集》，（收入鄭克孟、葛兆光：《越南漢文燕行文獻集成》第八冊。上海，復旦大學書版社，2010年），頁229。

〔註38〕阮偍：《華程消遣集》，（收入鄭克孟、葛兆光：《越南漢文燕行文獻集成》第八冊。上海，復旦大學書版社，2010年），頁230。

〔註39〕阮偍：《華程消遣集》，（收入鄭克孟、葛兆光：《越南漢文燕行文獻集成》第八冊。上海，復旦大學書版社，2010年），頁232。

內容大多歌功頌德，從詩序可知阮偍獲賞頗豐，其中千叟宴更是清宮一大宴會，也是最後一次舉辦的盛宴，阮偍有幸參與十分幸運。酬唱的部分有一首贈與伴送官，一首贈予同行的使臣，但數量依然不多，寫景、抒情類依然為大宗，但可以提出的是，去程部分在南昌以後可確定的地點僅滁州、素州、保定，路徑資訊偏少，但回程就補足了去程的空白部分，亦可知回程之途較為放鬆。

　　第四部份「夏什四之四」，收詩四十一首，主題分寫景、抒情、酬唱三類，寫景部分為江西、廣東、廣西段，但因先前已有走過，在詩序的紀錄上就明顯減少許多，抒情仍以思鄉、抒懷、懷古為主。此部分最為重要的為酬唱類，此次出使阮偍與朝鮮使臣有大量的詩作交流，分別是李元亨（1741～1798）、徐有防（1741～1798）兩位的詩作往來，有〈柬朝鮮國使臣〉、〈再柬朝鮮國使臣〉、〈再柬朝鮮國使臣李元亨〉、〈答和朝鮮國副使徐有防〉等作品，亦有附上朝鮮使臣的和詩，可供讀者窺探當時韓、越兩國詩文交流的情況。最後一部分的酬唱則是謝贈伴送官或與中國官紳的唱和之作，酬唱詩的大量出現亦是後集的特色，相較於前集完全沒有酬唱詩的狀況，此次的出使可看書阮偍於外交場合的重要性遠大於第一次的出使。

書目詳細資訊〔註40〕	
書名	華程消遣集（Hoa Trình Tiêu Khiển Tập）
版本	今存抄本二種，分前後二集
頁數及版式	本 168 頁，高 30 公分，寬 21 公分；一本 130 頁，高 24 公分，寬 13 公分，闕前集
提要	驩南使者阮偍的北使詩集，阮傑序。書中收錄阮偍的三百二十四首使華詩，多為詠途中風景及感懷贈和之作，其中有與朝鮮使節及中國人的唱和詩。130 頁本附有《喜雨亭賦》、《諸葛亮賦》等賦文八篇。原目編為 1409 號
版本分類	漢文書
四部分類	集部—北使詩文
館藏編號	A.1361（168 頁）
館藏編號	VHv.149（130 頁）
館藏編號	VHv.1513（A.1361）

〔註40〕越南漢喃文獻目錄資料庫系統檢索：http://140.109.24.175/pasweb/Opac_book/book_detail.asp?systemno=0000004093（最後查詢日 2017 年 8 月 15 日）。

（二）《華程消遣集》序

《華程消遣集》之序是由阮偍姪兒阮傑所撰，大致可分為四段。第一段主旨稱頌士之所能：「以其考邦國山川、閣□世□、人物典故，非有政事不能一應一對、一進一退。」〔註41〕又阮偍兩次出使中國：「便關輕重非有言語不能，而必讀萬卷書、通萬里地、閱萬般人、知萬世事，非有文學者不能。」〔註42〕阮傑相當推崇阮偍的學識與經歷，在中國語言不通，需透過漢文來傳達訊息，因此使者的漢文程度必須深厚，阮偍不僅有留下應制詩，亦有許多與朝鮮、中國官紳的交流詩作，足可見越南對於使臣的挑選是相當嚴謹的，阮偍又在眾多使臣中，留下對北使之行的紀錄，更是少之又少，阮傑的推崇亦無失真。

第二段說明越南文風鼎盛，先舉子貢問士於孔子之例開頭，子貢為孔門十哲中以言語聞名者。出使中國進行外交任務的使者，漢文是最重要的武器與盾牌，既可安邦定國亦可點燃戰火，西山朝作為藩屬國，維持和平便是使者首要之務。又提到：「宋，黃河南徙，人才盡產於南，而大儒朱子出於建，我於是乎稱文獻之邦。」〔註43〕北宋末年發生靖康之難，宋室南遷，政經中心移至江南，當時更有許多難民逃往越南，兩國交流更甚。阮傑對於阮偍出使中國，紀錄出使路程的見聞感到嚮往：「平昔讀書所得，乃今親見之。豈非人生第一樂事耶？傑於少辰聞先大父言，遂有神遊八極之想。」〔註44〕可知越南的知識分子對於中國文獻的涉略，先有對中國文字上的認識與想像，後有若機會至中國，便能應證與親身體驗於記憶與想像中的中國。

第三段主旨則是對阮偍出使中國之因與見聞稍作介紹，如：「新朝啟運，交修邦好，……乙卯以貢禪受禮，擇詞臣之嫻於詞令者□行。」〔註45〕乙卯年是乾隆六十年（1795），是阮偍第二次出使中國，是為賀嘉慶登基，此次出使阮偍亦有留下數首應制詩，從詩序的紀錄可知阮偍收到不少乾隆賞賜的物品，

〔註41〕阮偍：《華程消遣集》，（收入鄭克孟、葛兆光：《越南漢文燕行文獻集成》第八冊。上海，復旦大學書版社，2010年），頁107。

〔註42〕阮偍：《華程消遣集》，（收入鄭克孟、葛兆光：《越南漢文燕行文獻集成》第八冊。上海，復旦大學書版社，2010年），頁107。

〔註43〕阮偍：《華程消遣集》，（收入鄭克孟、葛兆光：《越南漢文燕行文獻集成》第八冊。上海，復旦大學書版社，2010年），頁108。

〔註44〕阮偍：《華程消遣集》，（收入鄭克孟、葛兆光：《越南漢文燕行文獻集成》第八冊。上海，復旦大學書版社，2010年），頁108。

〔註45〕阮偍：《華程消遣集》，（收入鄭克孟、葛兆光：《越南漢文燕行文獻集成》第八冊。上海，復旦大學書版社，2010年），頁108。

且參與了千叟宴:「其後賜千叟,宴臣民七十以上者,公年最少而獨預其中。」
〔註46〕此次的千叟宴是清朝最後一次也是最盛大的一次,阮偍對此做了詳細
的紀錄,對於還原當時的盛宴提供了資訊。

第四段則稱頌阮偍的貢獻:「坐於廟堂而平章百姓者,相也;賓於大國而
諮詢萬里者,使也。……我公家世相將,而公又膺使命,豈間人間榮樂者耶?」
〔註47〕可知在越南作為使者出使中國,是一件相當榮耀的經歷。最後對《華程
消遣集》詩的主題大致說明:「於前後所經江山之名勝、聖神之芳蹟、思鄉憶
友之情感,辰觀物之作為華程消遣二集。」〔註48〕《華程消遣集》記錄了阮偍
兩次出使中國的經歷,對研究乾隆晚期的中國與周邊國家關係有一定的資料
價值。

(三)乾隆五十四年、六十年貢道構擬

乾隆五十四年的第二次出使,目的為謝恩,謝乾隆冊封阮光平為安南國
王,使臣團於同年十一月出發,正使為阮文名,副使阮偍、阮文楚。本次出使
有阮偍留下《華程消遣集》記錄此次的出使,去程從廣西省(鎮南關→太平府
→南寧府→桂林府→柳州府),後進湖南省(衡州府→長沙府→岳州府),再經
湖北省(武昌府→漢陽府),再入河南省汝寧府,終抵直隸省順天府,後進北
京觀見。

回程經直隸省廣平府,後進河南省(彰德府→衛輝府→許州直隸州),再
經湖北省(漢陽府→武昌府),再入湖南省(岳州府→長沙府→永州府),終
抵廣西省(桂林府→平樂府→梧州府→潯州府→南寧府→太平府→鎮南關)。
此次出使路線經廣西、湖南;湖北、河南、直隸各省,與前一次出使路徑大
致相同。

乾隆六十年(1795)的出使是為乾隆禪讓、嘉慶登基,使臣團九月出發,
有正使阮光裕,副使杜文功、阮偍,此次出使有阮偍《華程消遣集》留下紀錄。
去程從廣西省(鎮南關→太平府→南寧府→潯州府→梧州府→平樂府),後進
廣東省(肇慶府→廣州府→韶州府→南雄府),再經江西省(南安府→贛州府

〔註46〕阮偍:《華程消遣集》,(收入鄭克孟、葛兆光:《越南漢文燕行文獻集成》第八
　　　　冊。上海,復旦大學書版社,2010年),頁108。

〔註47〕阮偍:《華程消遣集》,(收入鄭克孟、葛兆光:《越南漢文燕行文獻集成》第八
　　　　冊。上海,復旦大學書版社,2010年),頁109。

〔註48〕阮偍:《華程消遣集》,(收入鄭克孟、葛兆光:《越南漢文燕行文獻集成》第八
　　　　冊。上海,復旦大學書版社,2010年),頁109。

→吉安府→臨江府→南昌府），後過安徽省鳳陽府，終抵直隸省（保定府→順天府）後進入北京覲見。

　　回程由直隸省（順天府→保定府→河間府），後進山東省（濟南府→東昌府→泰安府→兗州府），再經江蘇省徐州府，再過安徽省安慶府，後過江西省（九江府→南昌府→臨江府→贛州府），再到廣東省（南雄府→韶州府→肇慶府→潯州府→南寧府）。此次路線也與過往不同，去程經廣西、廣東、江西、安徽、直隸等省，據《清實錄》載，轉廣東等省北上是因有叛亂，但使臣團已達廣西邊界，乾隆八百里加急下令改道，使臣團並不知曉叛亂之事，阮偍〈聞命喜賦〉記錄了這次的臨時改道事件。回程也與去程有所差異，經直隸、山東、江蘇、安徽、江西、廣東、廣西等省。

　　筆者從詩作中擷取北使路線如下：

華程消遣集				
甲什二之一				
序號	詩　名	清代地名	現代地名	出　處
23	過關喜賦	廣西省太平府鎮南關	廣西壯族自治區憑祥市友誼鎮隘口村	《清史稿》卷七十三，志四十八，地理二十，廣西，太平府，頁2316。
26	新寧夜發	廣西省南寧府新寧州	廣西壯族自治區崇左市扶綏縣新寧鎮	《清史稿》卷七十三，志四十八，地理二十，廣西，南寧府，頁2313。
28	南寧晚眺	廣西省南寧府	廣西壯族自治區南寧市	《清史稿》卷七十三，志四十八，地理二十，廣西，南寧府，頁2312。
29	永福即景	廣西省桂林府永福縣	廣西壯族自治區桂林市	《清史稿》卷七十三，志四十八，地理二十，廣西，桂林府，頁2294。
32	留贈柳州章參軍	廣西省柳州府	廣西壯族自治區柳州市	《清史稿》卷七十三，志四十八，地理二十，廣西，柳州府，頁2297。
34	全州八景	廣西省桂林府全州縣	廣西壯族自治區桂林市全州縣	《清史稿》卷七十三，志四十八，地理二十，廣西，桂林府，頁2295。
36	早憩永州府城記勝	湖南省永州府	湖南省永州市	《清史稿》卷六十八，志四十三，地理十五，湖南，永州府，頁2295。

38	衡州懷古	湖南省衡州府	湖南省衡陽市	《清史稿》卷六十八，志四十三，地理十五，湖南，衡州府，頁2195。
42	月夜渡湘潭	湖南省長沙府湘潭縣	湖南省湘潭縣	《清史稿》卷六十八，志四十三，地理十五，湖南，長沙府，頁2186。
44	湘陰即景	湖南省長沙府湘陰縣	湖南省岳陽市湘陰縣	《清史稿》卷六十八，志四十三，地理十五，湖南，長沙府，頁2187。
45	月夜抵岳州遙望洞庭湖口因憶心友段海翁	湖南省岳州府	湖南省岳陽市岳陽樓區	《清史稿》卷六十八，志四十三，地理十五，湖南，長沙府，頁2190。
46	黃鶴樓	湖北省武昌府	湖北省武漢市武昌區	《清史稿》卷六十七，志四十二，地理十四，湖北，武昌府，頁2170。
47	漢口晚渡	湖北省漢陽府漢口鎮	湖北省武漢市漢陽區	《清史稿》卷六十七，志四十二，地理十四，湖北，漢陽府，頁2172。
48	旅次逢春	河南省汝寧府信陽州	湖北省信陽市	《清史稿》卷六十二，志三十七，地理九，河南，汝寧府，頁2088。
49	信陽早行	河南省汝寧府信陽州	湖北省信陽市	《清史稿》卷六十二，志三十七，地理九，河南，汝寧府，頁2088。
56	到京喜賦	直隸省順天府京城	北京市	《清史稿》卷五十四，志二十九，地理一，直隸，順天府，頁1894。
57	紫光閣侍宴	直隸省順天府京城	北京市	《清史稿》卷五十四，志二十九，地理一，直隸，順天府，頁1894。
63	邯鄲記勝	直隸省廣平府邯鄲縣	河北省邯鄲市	《清史稿》卷五十四，志二十九，地理一，直隸，廣平府，頁1906。
64	贈彰德陽分府	河南省彰德府安陽縣	河南省安陽市	《清史稿》卷六十二，志三十七，地理九，河南，彰德府，頁2079。
65	經姜里周文王演易處	河南省彰德府湯陰縣	河南省安陽市湯陰縣	《清史稿》卷六十二，志三十七，地理九，河南，彰德府，頁2080。

66	過殷墟有感	河南省彰德府湯陰縣	河南省安陽市	《清史稿》卷六十二，志三十七，地理九，河南，彰德府，頁2080。
67	題三仁廟	河南省彰德府湯陰縣	河南省安陽市	《清史稿》卷六十二，志三十七，地理九，河南，彰德府，頁2080。
68	題太公望故里	河南省衛輝府汲縣	河南省新鄉市衛輝市	《清史稿》卷六十二，志三十七，地理九，河南，衛輝府，頁2080。
69	題武穆公祠	河南省許州直隸州郾城縣	河南省漯河市	《清史稿》卷六十二，志三十七，地理九，河南，許州直隸州，頁2073。
70	漢陽津次韻答心友吳翰林	湖北省漢陽府	湖北省武漢市	《清史稿》卷六十七，志四十二，地理十四，湖北，漢陽府，頁2172。
72	登黃鶴樓	湖北省武昌府	湖北省武漢市武昌區	《清史稿》卷六十七，志四十二，地理十四，湖北，武昌府，頁2170。
73	留住武昌偶成	湖北省武昌府	湖北省武漢市武昌區	《清史稿》卷六十七，志四十二，地理十四，湖北，武昌府，頁2170。
75	過萬年庵步吳荊山壁間元韻	湖北省武昌府	湖北省武漢市武昌區	《清史稿》卷六十七，志四十二，地理十四，湖北，武昌府，頁2170。
78	巴陵道中	湖南省岳州府巴陵縣	湖南省岳陽市岳陽縣	《清史稿》卷六十八，志四十三，地理十五，湖南，岳州府，頁2190。
80	登岳陽樓	湖南省岳州府	湖南省岳陽市	《清史稿》卷六十八，志四十三，地理十五，湖南，岳州府，頁2190。
81	洞庭曉望	湖南省岳州府	湖南省岳陽市岳陽樓區	《清史稿》卷六十八，志四十三，地理十五，湖南，長沙府，頁2190。
82	三醉亭	湖南省岳州府	湖南省岳陽市岳陽樓區	《清史稿》卷六十八，志四十三，地理十五，湖南，長沙府，頁2190。
85	留贈湘陰縣正堂	湖南省長沙府湘陰縣	湖南省岳陽市湘陰縣	《清史稿》卷六十八，志四十三，地理十五，湖南，長沙府，頁2187。

86	湘陰曉景	湖南省長沙府湘陰縣	湖南省岳陽市湘陰縣	《清史稿》卷六十八，志四十三，地理十五，湖南，長沙府，頁2187。
87	瀟湘晚渡	湖南省永州府零陵縣	湖南省永州市	《清史稿》卷六十八，志四十三，地理十五，湖南，永州府，頁2196。
89	題湘山寺	廣西省桂林府全州縣	廣西壯族自治區桂林市全州縣	《清史稿》卷七十三，志四十八，地理二十，廣西，桂林府，頁2296。
90	初夏全州道中	廣西省桂林府全州縣	廣西壯族自治區桂林市全州縣	《清史稿》卷七十三，志四十八，地理二十，廣西，桂林府，頁2294。
91	桂江曉望	廣西省桂林府臨桂縣	廣西壯族自治區桂林市	《清史稿》卷七十三，志四十八，地理二十，廣西，桂林府，頁2294。
96	昭平晚泊	廣西省平樂府昭平縣	廣西壯族自治區賀州市昭平縣	《清史稿》卷七十三，志四十八，地理二十，廣西，平樂府，頁2308。
99	梧州晚泊	廣西省梧州府	廣西壯族自治區梧州市	《清史稿》卷七十三，志四十八，地理二十，廣西，梧州府，頁2308。
100	抵蒼梧懷古	廣西省梧州府蒼梧縣	廣西壯族自治區梧州市蒼梧縣	《清史稿》卷七十三，志四十八，地理二十，廣西，梧州府，頁2308。
102	藤江月夜	廣西省梧州府蒼梧縣	廣西壯族自治區梧州市蒼梧縣	《清史稿》卷七十三，志四十八，地理二十，廣西，梧州府，頁2308。
103	平南即景	廣西省潯州府平南縣	廣西壯族自治區桂港市平南縣	《清史稿》卷七十三，志四十八，地理二十，廣西，潯州府，頁2311。
104	潯江順帆	廣西省潯州府平南縣	廣西壯族自治區桂港市平南縣	《清史稿》卷七十三，志四十八，地理二十，廣西，潯州府，頁2311。
106	潯州晴夜	廣西省潯州府	廣西壯族自治區桂港市	《清史稿》卷七十三，志四十八，地理二十，廣西，潯州府，頁2311。
113	橫州舟次	廣西南寧府橫州縣	廣西壯族自治區南寧市橫縣	《清史稿》卷七十三，志四十八，地理二十，廣西，南寧府，頁2313。

華程消遣後集			
秋什四之一			
143	過關遇述	廣西省太平府鎮南關	廣西壯族自治區憑祥市友誼鎮隘口村	《清史稿》卷七十三，志四十八，地理二十，廣西，太平府，頁2316。
144	受降城	廣西省太平府憑祥廳	廣西壯族自治區崇左市憑祥市	《清史稿》卷七十三，志四十八，地理二十，廣西，太平府，頁2316。
145	題寧明州水月庵依舒希忠壁間元韻	廣西省太平府寧明州	廣西壯族自治區崇左市寧明縣	《清史稿》卷七十三，志四十八，地理二十，廣西，太平府，頁2315。
146	寧城登舟	廣西省太平府寧明州	廣西壯族自治區崇左市寧明縣	《清史稿》卷七十三，志四十八，地理二十，廣西，太平府，頁2315。
147	明江鮮纜	廣西省太平府明江廳	廣西壯族自治區崇左市	《清史稿》卷七十三，志四十八，地理二十，廣西，太平府，頁2314。
149	太平府城夕駐	廣西省太平府	廣西壯族自治區崇左市	《清史稿》卷七十三，志四十八，地理二十，廣西，太平府，頁2316。
152	新寧州小憩即景	廣西省南寧府新寧州	廣西壯族自治區崇左市扶綏縣新寧鎮	《清史稿》卷七十三，志四十八，地理二十，廣西，南寧府，頁2313。
184	南寧江	廣西省潯州府平南縣	廣西壯族自治區桂港市平南縣	《清史稿》卷七十三，志四十八，地理二十，廣西，潯州府，頁2311。
188	永淳夜泊	廣西省南寧府永淳縣	廣西壯族自治區南寧市	《清史稿》卷七十三，志四十八，地理二十，廣西，南寧府，頁2312。
192	橫州風景	廣西省南寧府橫州	廣西壯族自治區南寧市	《清史稿》卷七十三，志四十八，地理二十，廣西，南寧府，頁2313。
193	橫州江次有懷	廣西省南寧府橫州	廣西壯族自治區南寧市	《清史稿》卷七十三，志四十八，地理二十，廣西，南寧府，頁2313。
195	槎江舟程	廣西省南寧府橫州	廣西壯族自治區南寧市	《清史稿》卷七十三，志四十八，地理二十，廣西，南寧府，頁2313。

196	貴縣	廣西省潯州府	廣西壯族自治區貴港市	《清史稿》卷七十三，志四十八，地理二十，廣西，潯州府，頁2311。
198	潯州八景	廣西省潯州府	廣西壯族自治區貴港市	《清史稿》卷七十三，志四十八，地理二十，廣西，潯州府，頁2311。
199	潯江夜泛	廣西省潯州府	廣西壯族自治區貴港市	《清史稿》卷七十三，志四十八，地理二十，廣西，潯州府，頁2311。
200	平陽午泊	廣西省潯州府平南縣	廣西壯族自治區貴港市平南縣	《清史稿》卷七十三，志四十八，地理二十，廣西，潯州府，頁2311。
201	藤城曉望	廣西省梧州府藤縣	廣西壯族自治區梧州市藤縣	《清史稿》卷七十三，志四十八，地理二十，廣西，梧州府，頁2309。
202	梧州夜泊	廣西省梧州府	廣西壯族自治區梧州市	《清史稿》卷七十三，志四十八，地理二十，廣西，梧州府，頁2308。
203	梧州八景	廣西省梧州府	廣西壯族自治區梧州市	《清史稿》卷七十三，志四十八，地理二十，廣西，梧州府，頁2308。
冬什四之二				
209	再泊昭平月夜口興	廣西省平樂府昭平縣	廣西壯族自治區賀州市昭平縣	《清史稿》卷七十三，志四十八，地理二十，廣西，平樂府，頁2308。
211	再抵蒼梧	廣西省梧州府蒼梧縣	廣西壯族自治區梧州市蒼梧縣	《清史稿》卷七十三，志四十八，地理二十，廣西，梧州府，頁2308。
213	封州晚泊	廣東省肇慶府封川縣	廣東省肇慶市封開縣	《清史稿》卷七十二，志四十七，地理十九，廣東，肇慶府，頁2274。
214	德江夜泛	廣東省肇慶府德慶州	廣東省肇慶市德慶縣	《清史稿》卷七十二，志四十七，地理十九，廣東，肇慶府，頁2274。
215	肇慶夜泊	廣東省肇慶府	廣東省肇慶市	《清史稿》卷七十二，志四十七，地理十九，廣東，肇慶府，頁2273。

217	清遠晚泊	廣東省廣州府清遠縣	廣東省清遠市	《清史稿》卷七十二，志四十七，地理十九，廣東，廣州府，頁 2270。
219	英德晴口	廣東省韶州府英德縣	廣東省清遠市英德市	《清史稿》卷七十二，志四十七，地理十九，廣東，韶州府，頁 2276。
227	韶州懷古	廣東省韶州府	廣東省韶關市	《清史稿》卷七十二，志四十七，地理十九，廣東，韶州府，頁 2276。
228	仁化江口夜間偶城	廣東省南雄府	廣東省南雄縣	《清史稿》卷七十二，志四十七，地理十九，廣東，南雄直隸州，頁 2277。
229	南雄起早	廣東省南雄府	廣東省南雄縣	《清史稿》卷七十二，志四十七，地理十九，廣東，南雄直隸州，頁 2277。
230	過大庾嶺未見梅花偶吟	廣東省南雄府	廣東省南雄縣	《清史稿》卷七十二，志四十七，地理十九，廣東，南雄直隸州，頁 2278。
231	南安下舟	江西省南安府	江西省贛州市	《清史稿》卷六十六，志四十一，地理十三，江西，南安府，頁 2167。
232	南康即景	江西省南安府南康縣	江西省贛州市南康區	《清史稿》卷六十六，志四十一，地理十三，江西，南安府，頁 2168。
233	贛州冬望	江西省贛州府	江西省贛州市	《清史稿》卷六十六，志四十一，地理十三，江西，贛州府，頁 2165。
235	萬安曉泊	江西省吉安府萬安縣	江西省吉安市萬安縣	《清史稿》卷六十六，志四十一，地理十三，江西，吉安府，頁 2165。
236	泰和夜泊	江西省吉安府泰和縣	江西省吉安市泰和縣	《清史稿》卷六十六，志四十一，地理十三，江西，吉安府，頁 2164。
237	吉安晚望	江西省吉安府	江西省吉安市	《清史稿》卷六十六，志四十一，地理十三，江西，吉安府，頁 2164。
238	桐江即景	江西省臨江府峽山縣	江西省吉安市峽山縣	《清史稿》卷六十六，志四十一，地理十三，江西，臨江府，頁 2162。

239	峽山夜月	江西省臨江府峽山縣	江西省吉安市峽山縣	《清史稿》卷六十六，志四十一，地理十三，江西，臨江府，頁2162。
241	新淦晚泊	江西省臨江府新淦縣	江西省吉安市新淦縣	《清史稿》卷六十六，志四十一，地理十三，江西，臨江府，頁2162。
242	夜經清江	江西省臨江府清江縣	江西省宜春市樟樹市	《清史稿》卷六十六，志四十一，地理十三，江西，臨江府，頁2162。
243	曲城即景	江西省南昌府豐城縣	江西省豐城市	《清史稿》卷六十六，志四十一，地理十三，江西，南昌府，頁2155。
245	題滕王閣	江西省南昌府	江西省南昌市	《清史稿》卷六十六，志四十一，地理十三，江西，南昌府，頁2155。
247	江西紀勝	江西省南昌府	江西省南昌市	《清史稿》卷六十六，志四十一，地理十三，江西，南昌府，頁2155。
252	臨淮夜發途中遇雪	安徽省鳳陽府鳳陽縣	安徽省滁州市鳳陽縣	《清史稿》卷五十九，志三十四，地理六，安徽，鳳陽府，頁2005。
254	宿州偶占	安徽省鳳陽府宿州	安徽省宿州市	《清史稿》卷五十九，志三十四，地理六，安徽，鳳陽府，頁2007。
260	易水渡水	直隸省保定府定興縣	河北省保定市定興縣	《清史稿》卷五十四，志二十九，地理一，直隸，保定府，頁1900
261	至京喜賦	直隸省順天府京城	北京市	《清史稿》卷五十四，志二十九，地理一，直隸，順天府，頁1894。
262	燕臺八景	直隸省順天府京城	北京市	《清史稿》卷五十四，志二十九，地理一，直隸，順天府，頁1894。
春什四之三				
280	涿州晚抵	直隸省順天府涿州	河北省涿州市	《清史稿》卷五十四，志二十九，地理一，直隸，順天府，頁1898。

282	白溝懷古	直隸省保定府安肅縣	河北省保定市	《清史稿》卷五十四，志二十九，地理一，直隸，保定府，頁1898。
284	任邱城悼古	直隸省河間府任丘縣	河北省任丘市	《清史稿》卷五十四，志二十九，地理一，直隸，保定府，頁1908。
285	題劉關張桃園結義處	直隸省河間府任丘縣	河北省任丘市	《清史稿》卷五十四，志二十九，地理一，直隸，保定府，頁1908。
286	河間	直隸省河間府	河北省	《清史稿》卷五十四，志二十九，地理一，直隸，河間府，頁1908。
287	獻縣午尖	直隸省河間府獻縣	河北省滄州市獻縣	《清史稿》卷五十四，志二十九，地理一，直隸，河間府，頁1908。
289	景州曉發	直隸省河間府景州	河北省景縣衡水市	《清史稿》卷五十四，志二十九，地理一，直隸，河間府，頁1908。
290	雪望	山東省濟南府德州	山東省德州市	《清史稿》卷六十一，志三十六，地理八，山東，濟南府，頁2048。
291	偶題恩縣公館二首	山東省東昌府恩縣	山東省平原、夏津和武城三縣。	《清史稿》卷六十一，志三十六，地理八，山東，東昌府，頁2049。
292	其二	山東省東昌府恩縣	山東省平原、夏津和武城三縣。	《清史稿》卷六十一，志三十六，地理八，山東，東昌府，頁2049。
294	高唐夕住	山東省東昌府高唐州	山東省高唐縣	《清史稿》卷六十一，志三十六，地理八，山東，東昌府，頁2049。
295	荏平早發	山東省東昌府荏平縣	山東省聊城市荏平縣	《清史稿》卷六十一，志三十六，地理八，山東，東昌府，頁2048。
296	東阿春望	山東省泰安府東阿縣	山東省聊城市東阿縣	《清史稿》卷六十一，志三十六，地理八，山東，東昌府，頁2050。
298	恭詠泗水橋	山東省兗州府泗水縣	山東省濟寧市泗水縣	《清史稿》卷六十一，志三十六，地理八，山東，兗州府，頁2053。

299	經鄒邑恭題	山東省兗州府鄒縣	山東省濟寧市鄒城市	《清史稿》卷六十一，志三十六，地理八，山東，兗州府，頁2053。
301	題滕文公行井田碑	山東省兗州府滕縣	山東省棗莊市滕州市	《清史稿》卷六十一，志三十六，地理八，山東，兗州府，頁2054。
304	徐州即景	江蘇省徐州府	江蘇省徐州市	《清史稿》卷五十八，志三十三，地理五，江蘇，徐州府，頁1989。
305	新豐春望	江蘇省徐州府豐縣	江蘇省豐縣	《清史稿》卷五十八，志三十三，地理五，江蘇，徐州府，頁1989。
310	八公山	安徽省鳳陽府壽州鳳陽縣交界	安徽省壽縣與八公山區交界	《清史稿》卷五十九，志三十四，地理六，安徽，鳳陽府，頁2006。
313	在經桐城懷孫秀才	安徽省安慶府桐城縣	安徽省桐城市和樅陽縣	《清史稿》卷五十九，志三十四，地理六，安徽，安慶府，頁2002。
314	廬山	江西省九江府	江西省九江市	《清史稿》卷六十六，志四十一，地理十三，安徽，安慶府，頁2158。
317	清泉亭	江西省九江府德安縣	江西省九江市德安縣	《清史稿》卷六十六，志四十一，地理十三，安徽，安慶府，頁2159。
318	南昌登舟	江西省南昌府	江西省南昌市	《清史稿》卷六十六，志四十一，地理十三，江西，南昌府，頁2155。
319	再遊滕王閣	江西省南昌府	江西省南昌市	《清史稿》卷六十六，志四十一，地理十三，江西，南昌府，頁2155。
	夏什四之四			
321	江程夕望	江西省南昌府豐城縣	江西省豐城市	《清史稿》卷六十六，志四十一，地理十三，江西，南昌府，頁2155。
322	舟次遣懷	江西省臨江府新淦縣	江西省吉安市新淦縣	《清史稿》卷六十六，志四十一，地理十三，江西，臨江府，頁2162。

326	伋鎮夜泊	江西省贛州府贛縣	中國江西省贛州市	《清史稿》卷六十六，志四十一，地理十三，江西，臨江府，頁2165。
329	再登大庾嶺	廣東省南雄府	廣東省南雄縣	《清史稿》卷七十二，志四十七，地理十九，廣東，南雄直隸州，頁2278。
330	南雄順泛	廣東省南雄府	廣東省南雄縣	《清史稿》卷七十二，志四十七，地理十九，廣東，南雄直隸州，頁2277。
331	韶州夕望	廣東省韶州府	廣東省韶關市	《清史稿》卷七十二，志四十七，地理十九，廣東，韶州府，頁2276。
334	封川霄發	廣東省肇慶府封川縣	廣東省肇慶市封開縣	《清史稿》卷七十二，志四十七，地理十九，廣東，肇慶府，頁2274。
335	舟中遣悶	廣西省潯州府平南縣	廣西壯族自治區桂港市平南縣	《清史稿》卷七十三，志四十八，地理二十，廣西，潯州府，頁2311。
337	舟程夕雨	廣西省潯州府	廣西壯族自治區貴港市	《清史稿》卷七十三，志四十八，地理二十，廣西，潯州府，頁2311。
338	午泛即景	廣西省南寧府永淳縣	廣西壯族自治區南寧市	《清史稿》卷七十三，志四十八，地理二十，廣西，南寧府，頁2312。

第四節　小結

　　筆者所選四部燕行錄，每次的出使都是一時代的縮影。武輝瑨《華原隨步集》紀錄西山政權與清朝的第一次直接接觸，是兩國和平的開端，目的為請降與求封。阮偍《華程消遣集》前半部，是西山朝第一次遣使謝恩，兩國穩定交流。潘輝益《星槎紀行》、武輝瑨《華程後集》是西山朝正式納入中國朝貢體系的象徵，尤其潘輝益紀錄大量於北京城的見聞，武輝瑨雖是第二次出使，書寫面相也與潘輝益不同，但在面對外交的場合，比起潘輝益更有維護國家的氣勢。阮偍《華程消遣集》後半部，記錄了他第二次出使中國的見聞，不僅見證乾隆禪位、嘉慶登基，更見到了大清最後一次也是最盛大的千叟宴。筆者所選之四部燕行錄，雖無例行的常貢，卻能突顯出西山朝異於他朝之處。

在書寫重點方面，三位使臣都相當注重中國地景描寫，尤其潘輝益、阮偍的第二次出使，都對中國有相當的紀錄，以風格上來說，潘輝益與阮偍是相近的。武輝瑨著重之處則是外交，無論是第一次抑或是第二次出使，都留有相當數量與中國官紳的交流之作，在抒情遣懷的主題較另外二位少。總歸的來說，三位使臣皆不是進士出身，出使的目的均非例行常貢，且其中兩位出使兩次，又都留有詩集紀錄，在西山朝成為中國朝貢國短短十四年間，成為兩國外交的橋樑。

在路線方面，武輝瑨與阮偍的第一次出使，走的路線大致相同。但潘輝益、阮偍的第二次出使卻行經廣東，潘輝益是因乾隆對使臣團的禮遇，讓其能從容赴京不必趕路；阮偍則因叛亂而改道，卻意外經歷了不同的風景。路線代表的是帝國相對安穩繁榮的地區，從路線的差異亦可看出清廷對出使的重視程度。另外從詩作的出現頻率可以看出，去程詩作大多集中於河南以南，河北以後很少有作品出現，通常都抵達北京後才開始書寫；回程又會補足去程缺少的空白。另一方面，四部作品相同點侍，在抵達北京之前的作品，都以地景詠歎、排遣旅思、贈答唱和為大宗，風格多變，至北京後轉以應制、侍宴等政治或外交詩文為主，在詩作功能的轉換上，分界相當明顯。

第五章　詩文面向一：文學內涵與　修辭手法

　　出使至中國的朝貢國都有其固定的貢道，且貢道不可隨意更改，沿途亦有伴送官隨行，一方面保護外國使臣的安全，另一方面確保中國重要資訊不會外流他國之手。現存最早安南使臣至中國朝貢的詩集，為越南陳朝時期出使元朝的阮忠彥《介軒詩集》，雖然《介軒詩集》直至後世才編定，但仍可拼湊出詩人一路北行的紀錄。

第一節　紀行與地景

　　此節筆者要梳理使臣離開越南故土，進入中國境內的地景書寫，亦是觀看使臣如何應證自身的先在視野，以及在行旅途中如何與山水勝蹟對話，其著重點又是何處？面對前人的足跡，甚至是使者經驗中中國文人對該地的描寫，使者是使用套式還是另有所感？紀行體的特色除了將單純的空間山水賦予情感色彩，更是作者對於該空間的解讀與紀錄，毛文芳老師〈閱讀與夢憶──晚明旅遊小品試論〉：

> 旅行書除了紀錄旅遊的經驗表象，更重要的是建構作者的「自我主體」與「他者」之間的對話交鋒，旅行者離家在外，跨入「他者」的地理和文化版圖，產生一種烏托邦的欲求，促使自我主體持續藉由外在世界的刺激而生內省思考，於是旅行書暗伏或直陳論述的企圖，

　　絕非單純的報導見聞。〔註1〕

紀行體是作者經由文字，再現自身的所見所聞，並且透過思變的過程，呈現出給讀者的訊息。紀行的重點在於離家，跨入未知空間領域，並且經由自身的經驗，去體會或解讀外在的世界，故不同的人看到相同的景色，會有不同的解讀與著重點。自身經驗又可稱為「先在視野」，包含了旅者的原先文化、語言結構、意識形態，作為理解與建構「異域」的手段，也藉此將其與「我土」分別。〔註2〕

　　紀行詩的傳統最早可以追溯至《楚辭》，屈原因政治鬥爭被流放，留下許多悲憤之作，蘇依如老師〈流離中的自我與風景——杜甫湖南紀行詩析探〉：「其述謫途、哀不遇、思故鄉、歎流離的主題始終迴盪於漢代以降的紀行辭賦之中。」〔註3〕山水的景色不再單純，被賦予了情感的意義。隋唐盛世，又有邊塞詩加入紀行的行列，中原人士踏上滾滾黃塵的塞外，與富饒的關內是截然不同的世界，自然環境的嚴苛時時考驗人的適應能力，又必須面對少數民族的侵擾，為保帝國的長治久安，邊塞詩多待有慷慨激昂、蒼涼悲曠的特色。至明清，旅遊之風盛行，毛文芳老師〈閱讀與夢憶——晚明旅遊小品試論〉：「從文獻上看，明代史部地理類的書很多，除了代表歷史意義的總志、方志之外，追記一地的雜志亦多，如《帝京景物略》、《客座贅語》、《金陵園詠》等。另外山水志中記錄名山勝遊的山志特多，《徐霞客遊記》是極精細的旅遊紀錄。」〔註4〕可知紀行文學所包含的面向相當廣泛，在文學史的洪流中，一直是重要的角色，且深入各種文體，包含詩、詞、賦、散文、小說等文體，影響深遠。

　　在筆者所關注的四部北使文獻，都可見使臣與中國地理山水、人文聖蹟的對話，如潘輝益的《星槎紀行》，詩集名稱已開門見山的說明詩集的主題。明代費信著有《星槎勝覽》，紀錄永樂年間隨鄭和下西洋時所見之東南亞各國風情，星槎指來往銀河間的舟船，費信乘船遊歷南洋列國，近四百年後有潘輝益

〔註1〕毛文芳：〈閱讀與夢憶——晚明旅遊小品試論〉，收入《國立中正大學中文學術年刊》第三期，2000年9月，頁1～2。
〔註2〕詳見毛文芳：〈閱讀與夢憶——晚明旅遊小品試論〉收入《國立中正大學中文學術年刊》第三期，2000年9月，頁2。
〔註3〕蘇依如：〈流離中的自我與風景——杜甫湖南紀行詩析探〉，收入《東華漢學》第十三期，2011年6月，頁3。
〔註4〕毛文芳：〈閱讀與夢憶——晚明旅遊小品試論〉，收入《國立中正大學中文學術年刊》第三期，2000年9月，頁2。

遊歷中國。筆者於第四章已有提到,《星槎紀行》編排方式相當嚴謹,有目錄可供參閱,內文中的詩又有詩序紀錄寫詩動機或地方簡介,讓讀者更能貼近作者見聞。相較於同行的武輝瑨,其《華程後集》沒有序亦無目錄,詩序亦不多,讀者就較難還原當時的樣貌。阮偍《華程消遣集》紀錄兩次出使的經歷,從詩序來看,第二次詩序出現的次數大於第一次,可見詩人對於第二次出使的重視。武輝瑨另一詩集《華原隨步集》,是其第一次出使的紀錄,序中提到「飛鴻一爪留志當年」、「則吾之此步,隨其所遇,信步而行,故曰『隨步』。」〔註5〕等語,可知詩人想記錄此行的企圖,雖說隨步,但仍有對部分地區詳細記錄的現象。以上各位詩人的記與不記,都有其意志與選擇,其所記呈現出來的作品又為何?是主觀視野多還是由客觀視野主導,他們要留給讀者中國意象又是什麼,都值得深入觀察。

　　值得提到的一點是,行旅者常以「他者」的視野去觀看異域,但越南身為朝貢國,不可能以「他者」的眼光去看待中國,且被挑選成為使臣之人,皆具有豐富的漢學素養與熟悉中國文化,他們帶有的通常是崇拜上國的態度,出使成為見證的手段,也是應證「先在視野」的絕佳機會。從這角度出發,使臣留下的詩集即是對中國的見證,越南歷朝皆有使臣留下北使詩文集,這些詩文集的流傳成為越南文人對中國的「先在視野」,隨著前人的腳步,當自己有一天終能踏上中國的土地,應證想像中的中國,其心理與山水勝蹟的對話便成為自身的見證,如此以往,在層層堆疊的經驗中,使臣如何去描寫相同的地理空間,是自創新式還是重抄舊套?此外,遠離故土的游離感更是對使臣的精神產生壓力,思鄉、懷古、感述的詩作更是北使詩文主題的著重點,生理與心理該如何調適,更是使臣需要去克服的,且西山朝初期出使中國使臣,乾隆皆有給予相當的禮遇,但即使如此仍無法安慰離鄉背井的使臣,該如何尋求精神上的慰藉與抒發,從他們留下的詩文中,或許可窺測一二。同前所述,紀行體不單純只書寫景物,而是將景物賦與情感,重新詮釋。

（一）過鎮南關

　　鎮南關,今稱友誼關,明代設置於廣西的關隘,是連接中、越兩國重要的通道。越南使臣須通過鎮南關,才正式展開北使之途,因此鎮南關對於使臣來說是重要的文化分界,象徵離開故土進入異域的過程。黃郁晴引用任文京先生

〔註5〕武輝瑨:《華原隨步集》,(收入鄭克孟、葛兆光:《越南漢文燕行文獻集成》第
　　　　六冊。上海,復旦大學書版社,2010年),頁294。

觀點，認為：「舉凡反映或描寫邊塞戰爭、邊地風光、民俗風情、詩人遊歷、
送人出塞及由邊塞問題引發的社會問題等內容的詩歌，均可視為邊塞詩。」
〔註6〕正如中國有邊塞詩，鎮南關於越南使臣而言，何嘗不是邊塞的概念。

　　四位使臣皆有留下過鎮南關的詩作，筆者依照出使先後一一列舉，請先看
武輝瑨《華原隨步集》所收〈南關午進〉：

> 鎮南關裡即中州，異樣風光八廣諏。華巒遠程今一蹴，嚴軺舊路此
> 重由。縱橫何事老蘇使，周遍方希司馬遊。見說是行天咫尺，再來
> 屈指在深秋。〔註7〕

詩序提到：「內地宣報，此回使臣起陸，要初秋到京，拜賀聖節。」〔註8〕簡要
交代了行程。紀行詩的特色是，記錄在何處作了何事，從詩名可知過關時間在
午間，進表示由外入內。武輝瑨的這次出使第一次西山朝遣使至京，可視為兩
國關係轉變的關鍵，乾隆接受了阮惠的求和，也是西山朝成為清廷朝貢國之
始。詩的起頭即可看出鎮南關的意義，過了此關，使者將離開故土前往北京，
而在當時兩國才剛罷兵，兩國的關係尚未正式確立，這種特殊的關係武輝瑨自
然明瞭，由外入內除了冀望和平，亦有表示臣服之意。如此，使者絕對不可能
將中國視為他者，作為小國如何與大國周旋影響國家存亡。詩中可見使臣對出
使任務的重視，以縱橫家利用政治外交手段自比，又期待此行能一窺想像中的
中國，反映了詩人的心理狀態。此次的出使使清朝承認西山朝的正統性，冊封
阮光平為安南國王，同年冬季，阮偍以謝恩使的身分再次出使，在《華程消遣
集》前集留下詩作〈過關喜賦〉：

> 旌節晨登仰德臺，關頭進步重徘徊，琪球路達初心副，鑼□聲傳客
> 思催。使事忙隨青鳥去，鄉情閒逐白雲來。國遊每恨風光少，到此
> 重欣大道開。〔註9〕

從氣氛的營造即與武輝瑨有極大的差異，「喜賦」二字已可側面了解兩國情勢
已大為緩解，且阮偍此次的出使已有儀仗隊伍，也表示西山朝正式成為清朝朝

〔註6〕黃郁晴：〈迢迢簽約路、邊塞風土行：清初漢臣的出使紀行及其書寫意義〉，收
　　　入《清華中文學報》第十四期，2015年12月，頁277。

〔註7〕武輝瑨：《華原隨步集》，（收入鄭克孟、葛兆光：《越南漢文燕行文獻集成》第
　　　六冊。上海，復旦大學書版社，2010年），頁303。

〔註8〕武輝瑨：《華原隨步集》，（收入鄭克孟、葛兆光：《越南漢文燕行文獻集成》第
　　　六冊。上海，復旦大學書版社，2010年），頁303。

〔註9〕阮偍：《華程消遣集》，（收入鄭克孟、葛兆光：《越南漢文燕行文獻集成》第八
　　　冊。上海，復旦大學書版社，2010年），頁303。

貢國的一員。可以看到阮偍亦有「進」字，但其內心卻又躊躇，因為即將遠離家鄉，開始北使之旅。但阮偍很快整理好心情，他與武輝瑨相同，都期待進入中國的土地，除了完成國家交付的任務，亦想親自見證中國風貌。於此，阮偍將自我視為「他者」，而將中國視為主體，他嚮往著親見中原文化的發源地，對中國的崇拜於詩末表覽無遺，欣喜期待之情遠超過對未知旅途的不確定性。又隔年春天，武輝瑨、潘輝益等人陪同阮光憑一同進京，觀見乾隆，此次的規模不可同日而語，乾隆相當重視此次的出使，各項安排都非常周到禮遇，隨著使臣團進入鎮南關，武輝瑨、潘輝益兩人皆有留下詩作紀錄，請看〈南關進秩發〉、〈出關〉：

> 使華何事故相尋，旌旗重催出寶林，迎仗山溪曾慣面，連駒僚友固知音。周旋伴護觀新帖，收拾風光補□吟，行止非人寧定算，最難遣是白雲心。〔註10〕

> 塞北天高六輿均，滿山旗益護征塵，是行雍睦衣裳會，似我尋常翰墨人。相國離情駒唱罷，林巒霽色鳥聲頻，扶搖九萬繞當瞬，諳度初程眼界新。〔註11〕

武輝瑨此次已是第二次出使，且相隔僅一年左右，從詩中已無如第一次出使的緊張，「故相尋」、「曾慣面」可知其態度輕鬆從容不少，不難發現武輝瑨對於有如此光景，是奠基於他第一次出使取得清廷承認之功，如此心境的轉換十分有趣，且他也不似第一次出使，懷抱對中國的想像與憧憬，也不見對出使任務表示任何情緒，反而呈現熟門熟路的悠閒感。反觀潘輝益的〈出關〉則顯得慎重其事，更有詩序記錄進關程序：「四月十五日己刻啟開，奉旨仰德臺行禮，督撫鎮列憲，率過臺府縣諸員，接護上程，騎乘旌旗，震耀山谷。」〔註12〕除了描寫使臣團聲勢浩大、旌旗蔽空的場面，亦表露對中國的想像能於此次出行得到應證，鎮南關便是進入中國的象徵。一裡一外，即將離開故土的游離感與對中國風情的嚮往在內心不斷交纏。從二位詩中所見到的鎮南關景象，都是和樂、安穩的畫面，亦是證明兩國交好的側面描寫。最後是阮偍二次出使中國過

〔註10〕武輝瑨：《華程後集》，（收入鄭克孟、葛兆光：《越南漢文燕行文獻集成》第六冊。上海，復旦大學書版社，2010年），頁351。

〔註11〕潘輝益：《星槎紀行》，（收入鄭克孟、葛兆光：《越南漢文燕行文獻集成》第六冊。上海，復旦大學書版社，2010年），頁205。

〔註12〕潘輝益：《星槎紀行》，（收入鄭克孟、葛兆光：《越南漢文燕行文獻集成》第六冊。上海，復旦大學書版社，2010年），頁205。

鎮南關所作〈過關遇述〉：

> 臣分寧辭跋涉難，七年兩度玉門關。歸人行客牽心處，故國他鄉□步
> 問。朝覲神馳星拱北，思懷情逐雁南還。回軺定在蓮風後，收拾琴
> 書覓舊閑。〔註13〕

此首相較其他三首最更有邊塞詩的特色，與武輝瑨相同，阮偍此首已不見對中國土地的嚮往，但也沒有武輝瑨怡然自得的精神狀態，阮偍最要凸顯北使路途上的各種生理與心理壓力，將鎮南關比作玉門關，阮偍於此放大了鎮難關的象徵意義，與中原人士前往邊塞的情形稍不同，中原人士通常以他者的眼光去看塞外風情，但阮偍尚無將中國視為他者，只是在過此地時，對故土的眷戀被放大，游離感亦高漲，亦可側面得知，越南使臣出使中國面對最大的挑戰，是長途跋涉、歷時頗久的身心壓力，沿途雖有伴送官隨行，但作為外藩畢竟有位階上的壓力，如此，也不難想像阮偍在進入鎮南關後，為何會有此之感了。

西山朝的邊塞詩雖較少出現如中國邊塞詩般慷慨激昂的語句，但原因其實不難解釋，使臣進關是為兩國和平，並非兵戎相見。鎮南關對於越南而言已是另一個國度，自後黎朝將明朝勢力掃出越南，自西山朝時已過三百餘年，在文化的認同上早已生變，鎮南關作為使臣踏入中土的第一站，象徵的文化符碼必然會與使臣內心產生交集，過此關之後，便能驗證使臣對中國的先在視野，無論是透過中國典籍想像出的中國風貌，或是從前輩出使留下的詩文紀錄，所產生的中國經驗，過了鎮南關後，一切都可以得到解答。

（二）勝跡題詠

過鎮南關後，使臣團正式進入中國，使臣的異域之眼開始觀察這片既熟悉卻又陌生的土地，經筆者統計，進入廣西後，使臣即會開始大量創作，之後隨著接近北京，詩作又會明顯減少，故創作多集中在廣西、廣東、湖南、湖北、江西等地。使臣每經過一個景點就會有所紀錄，例如武輝瑨《華原隨步集》中有〈題湘山寺〉，即證明他確實有來過此地，值得注意的是，除了題詠，有更多是使臣經過一地或目睹一物一景，都有不同的紀錄方式，如「望」、「次」、「渡」、「泛」、「泊」、「登」、「眺」、「行」、「經」、「過」、「發」、「抵」、「遊」、「紀勝」、「寫景」、「述景」、「即景」等方式呈現，每一種皆有其意涵，蘇怡如〈流離中的自我與風景——杜甫湖南紀行詩析探〉：「記錄作者遠離故鄉的異

〔註13〕阮偍：《華程消遣集》，（收入鄭克孟、葛兆光：《越南漢文燕行文獻集成》第八
　　　冊。上海，復旦大學書版社，2010 年），頁 182。

地征行經驗，陌生地域的山水風光也很自然地進入賦家的視野，成為賦家經驗中的風景。在這類以賦述行的篇章中，個人主體自覺意識的張揚，以及對於特定時空中一段行跡與心跡的慎重留存，都可視為個人生命史的紀錄而帶有某種程度的自傳色彩。」〔註14〕使臣很可能就只經過這裡一次，又或者只記錄這一次，就如同武輝瑨《華原隨步集》序中所說：「所過名山大川、奇踪勝跡，僅能略略領會。……然飛鴻一爪留志當年，又不敢陋棄之也，集成顏之曰《華原隨步集》。」〔註15〕使臣都必須在一定時間內抵達京城，越南又遠在千里外，經常是在趕路的，故使臣必須邊趕行程邊作紀錄，紀錄方式與程度就表現在詩名上，作為生命當中的某一時刻。

　　使臣以異域之眼觀察記錄中國的土地，會與過去的經驗有所互動，這也是使臣驗證想像中的中國之方式，如三位使臣皆到過岳陽樓，三人如何寫樓，請看：

　　　　華驛往回萬里還，名樓忙遽片辰看。向來耳食纏清夢，乎此身親放
　　　　大觀。一水□空連漢浸，兩山分翠浴波寒。憑欄諦認希文記，欲學高
　　　　僊化羽翰。〔註16〕

　　　　百尺危樓接太湖，玲瓏倒照瑩水壺。千重嶋崿窗前是，百里城池檻
　　　　外國。古刹隔山□響斷，沙汀浮水雁聲孤。仙人跡秘歸帆遠，雲色波
　　　　紋半有無。〔註17〕

　　　　城頭高閣掛朝曛，極目湖光水接雲。傳道呂仙三度醉，喜看范老一
　　　　篇文。波□孤崿青螺見，風送飛帆錦蝶紛，寄與乾坤空闊際，汀蘭岸
　　　　芷狎鷗群。〔註18〕

三首依出使順序排列，為武輝瑨〈登岳陽樓〉、阮偍〈登岳陽樓〉、潘輝益〈岳
陽樓曉望〉。登樓向來是中國文人抒發的方式，越南文人明顯深受影響，武輝

〔註14〕蘇怡如：〈流離中的自我與風景——杜甫湖南紀行詩析探〉，收入《東華漢學》
　　　　第十三期，2011 年 6 月，頁 3。

〔註15〕武輝瑨：《華原隨步集》，（收入鄭克孟、葛兆光：《越南漢文燕行文獻集成》第
　　　　六冊。上海，復旦大學書版社，2010 年），頁 294。

〔註16〕武輝瑨：《華原隨步集》，（收入鄭克孟、葛兆光：《越南漢文燕行文獻集成》第
　　　　六冊。上海，復旦大學書版社，2010 年），頁 3274。

〔註17〕阮偍：《華程消遣集》，（收入鄭克孟、葛兆光：《越南漢文燕行文獻集成》第八
　　　　冊。上海，復旦大學書版社，2010 年），頁 147。

〔註18〕潘輝益：《星槎紀行》，（收入鄭克孟、葛兆光：《越南漢文燕行文獻集成》第六
　　　　冊。上海，復旦大學書版社，2010 年），頁 254。

璠這首寫於回程之時，即使兼程依然要親身登上此樓感受，於此之前，他都只是從過去的經驗去想像岳陽樓的景致，如今有機會能親臨，便是驗證生命經驗的體會。歷來描寫岳陽樓的文學作品不勝枚舉，最有名的莫過於范仲淹的〈岳陽樓記〉，范宜老師提到：「對同一地景的『複寫』，顯示了地景與個人、集體間的比次界義，同時也關乎地誌書寫與地方想像的內涵與衍義。」〔註19〕三位使臣都透過詩作來記錄自身所見的岳陽樓，在眾多描寫岳陽樓的文學作品中，留下只專屬於自己的岳陽樓印象，地理學家 Mike Crang 在《文化地理學》中提到，地景是自古至今的對大地的集體塑造，反映某個社會的文化與信仰，〔註20〕岳陽樓的印象是經由歷代騷人墨客於此留下紀錄，經過不斷的續寫所形塑出來，或者說岳陽樓就好似一張羊皮紙，在被寫過之後，後來的人將先人之筆刮除，重新再寫，但刮除的痕跡並不會從羊皮紙上消失，〔註21〕也就是說同一地點，不同的人會有不同的敘述。如范仲淹看到有晴有雨的岳陽樓，但阮偍〈登岳陽樓〉只見晴景不見雨景，在描寫晴景的部分也與范仲淹不同，兩人表述與觀察的細節亦不同。再如潘輝益〈岳陽樓曉望〉，直接表明受范仲淹的影響，兩人在不同的時空中留下對岳陽樓的印象，比起其他兩位，潘輝益更像一場跨時空的對話，他重寫的岳陽樓明顯可見范仲淹的痕跡。值得一提的是，越南使者的異域之眼，在面對岳陽樓時，依然走進了集體塑造的範疇中，這也反映了使者對於中國文化的信仰與認同。這種現象不僅止於岳陽樓，在許多的詩作中都有類似的表現。

　　登覽勝景僅是使臣中國書寫的一部分，更多時候是在日夜兼程的趕路，使臣的風景是不停在流動的，比起登樓有一個固定的視野大不相同，請看以下三首：

　　　　長空寥寂水蒼茫，橫泛蘭舟夜未央。拂拂朔風搖行影，飄飄桂棹動
　　　　蟾光。岸留吟雪連天遠，波美金蛇一望常。我性本來偏愛月，䎃逢
　　　　此地又瀟湘。〔註22〕

〔註19〕范宜如：《行旅・地誌・社會記憶：王士性記行書寫探論》，（臺北：萬卷樓，2011 年 9 月），頁 239。

〔註20〕詳見 Mike Crang：《文化地理學》，（臺北市：巨流，2003 年），頁 18。

〔註21〕「刮除重寫」之概念詳見 Mike Crang：《文化地理學》，（臺北市：巨流，2003年），頁 18～23。

〔註22〕阮偍：《華程消遣集》，（收入鄭克孟、葛兆光：《越南漢文燕行文獻集成》第八冊。上海，復旦大學書版社，2010 年），頁 129。

踏遍岩嶢到武昌，渡頭趁晚促開艭。漲流白欲懷鸚鵡，霞照紅將蘸
鳳凰。漢口煙中家萬井，晴川雲外樹千章。鶴樓多少吟題在，佳賞
猶然無盡藏。〔註23〕

坦蕩郊原掛曙霞，車轔駰皁鬧行□。麥田夏熟黃垂隴，柳路風高日
撒沙。民習大都崇簡樸，地輿端的迓沖和。古今聲教敷中土，豈必
繁腴耀物華。〔註24〕

先後為阮偍〈月夜渡湘潭〉、武輝瑨〈武昌江晚泛〉、潘輝益〈河南道中〉。從
視角來看，阮偍先以大視野展現空間，後再以自我為中心向外擴展，「拂拂」、
「飄飄」即呈現動態的畫面，使臣或站或坐於船上，月光灑落在水波上，視線
隨著月光開始延伸至河岸的景色，舟船緩緩前駛，沿岸的風光雖因夜晚無法呈
現細節，只見白雪覆蓋的沿岸景色。武輝瑨則先總結到武昌前的路城，再總結
登船時所見，可以注意的是，武輝瑨也是先注意近景水流，之後轉向遠景的夕
照與沿岸景觀，後面感嘆寫黃鶴樓的文學作品已汗牛充棟，自己也因行程所迫
無法仔細遊賞，最後也只能以崔顥所見為基礎，再添上自己的顏色，可以發現
到，使臣所見畫面雖多，但因行程問題，所能記下部分卻少，只能再從過去的
經驗裡提取，再與自己所見作連結。潘輝益此首就非常具有畫面感，車子是不
停往前移動的，畫面是一直在轉換的，先看熟成的麥穗，再見楊柳隨風擺動，
最後觀察人民的生活。再詩序更有詳細的描述：「河南古豫州地，號稱中州，
平沙曠邈，土穀惟蒿梁麰麥，不宜種稻，沿途柳樹成行，居民麴食，土屋，風
物嗇陋，使程到信揚州，換轎登車，一切裝擔，並歸車上載去，車一輛，用馬
或騾四疋，前奔牽挽，□聲如雷，飛塵塞道，形色頗為艱勞。」〔註25〕有此詳
細的紀錄絕不可能是單一景點所見，在車馬移動的過程中，畫面不斷進入使者
的視野，與前兩位相同，先營造出空間感，最後再刻畫細節。此種動態的畫面，
與靜態的登樓或題詠有不同的視覺感受與呈現方式。

（三）追憶懷古

在眾多勝跡題詠的書寫中，追憶懷古亦是一大主題，如前所述，地景是集

〔註23〕武輝瑨：《華原隨步集》，（收入鄭克孟、葛兆光：《越南漢文燕行文獻集成》第
　　　　六冊。上海，復旦大學書版社，2010年），頁314。
〔註24〕潘輝益：《星槎紀行》，（收入鄭克孟、葛兆光：《越南漢文燕行文獻集成》第六
　　　　冊。上海，復旦大學書版社，2010年），頁224。
〔註25〕潘輝益：《星槎紀行》，（收入鄭克孟、葛兆光：《越南漢文燕行文獻集成》第六
　　　　冊。上海，復旦大學書版社，2010年），頁224。

體塑造的成果。遊人至某地必會有前人相似的感受，或到某地就會與某人有所
連結，再搭配自我經驗與現實情況，就會有所抒發。如至汨羅江，就會想起屈
子，想起屈子即聯想起悲慘的政治經歷，若當時看景之人有相同的遭遇，必會
於其中得到更大的共鳴，如同菲利普‧E‧魏格納所言：「空間作為人類棲息的
場域，也是記憶駐足之所在，既為社會過程中的產品，又可反過來形成一場作
用力，影響人類世界的活動範圍與發展路徑。」〔註26〕使臣在經過景點時，亦
會與所處的場域產生經驗的連結，對歷史事件發出感慨，請看以下三首：

> 中外分疆古易州，迄今陳迹總悠悠。宋朝捐幣浮雲盡，燕國離歌曲
> 水流。荊嶺關空烟火息，華樓址發草苔幽。每思千百餘年事，代人
> 蜉蝣付一愁。〔註27〕

> 屹屹巍城淡淡雲，阿瞞曾此始基勤。偽圖輕擬周西伯，疑塚無題漢
> 將軍。夢醒馬槽徒自詫，香消崔觀更誰分。姦雄稱絕今何在，落得
> 寒鴉喋喋曛。〔註28〕

> 沙渚綿延荻葦踈，櫂歌乘月思□如，曹孫戰地寒煙裏，荊楚江開盛
> 潦初。白浪浮空風帆勁，紅燈溝岸水亭虛，波仙遊後將誰續，孤艇
> 前灘見夜漁。〔註29〕

先後為阮偍〈白溝懷古〉、武輝瑨〈許昌懷古〉、潘輝益〈夜渡赤壁江口〉。三
首皆是使臣至特定場域後，對當地特有的歷史作出連結，可以確定的是，使臣
對於該地的文化軌跡有一定的認識。也就是說，先在視野是絕對必要的存在，
使臣才能與該地的歷史記憶互動，否則地景只是無意義的空間。桑塔耶納指
出：「旅行的益處和一切可見的古蹟的非凡魅力，都在於獲得集中了許多散漫
知識於其間的種種形象，否則就不會憶起聯想到，這種形象是許多潛伏的經驗
之具體象徵。」〔註30〕使者以地景作為媒介，以詩歌的方式再現歷史人物或事

〔註26〕朱利安‧沃爾弗雷斯（Julian Wolfreys）著，張瓊、張沖譯：《21 世紀批評述
　　　介》，（南京：南京大學出版社，2009 年），頁 244。

〔註27〕阮偍：《華程消遣集》，（收入鄭克孟、葛兆光：《越南漢文燕行文獻集成》第八
　　　冊。上海，復旦大學書版社，2010 年），頁 237。

〔註28〕武輝瑨：《華程後集》，（收入鄭克孟、葛兆光：《越南漢文燕行文獻集成》第六
　　　冊。上海，復旦大學書版社，2010 年），頁 389。

〔註29〕潘輝益：《星槎紀行》，（收入鄭克孟、葛兆光：《越南漢文燕行文獻集成》第六
　　　冊。上海，復旦大學書版社，2010 年），頁 222。

〔註30〕Santayana, George 著，繆靈珠翻譯：《美感》，（北京：中國社會出版社，1982
　　　年），頁 143。

件,營造今昔有別的感慨。阮阮偍〈白溝懷古〉詩序:「白溝即古易州之地,燕太子使荊軻入秦送至此處,高潮口口口軻和而口之。有紫荊開嶺上,城高池深,還代守禦之所,又有五花臺相口。周武王口為占候之所,燕昭王建五樓於上,更名五花樓,是宋遼分界處,歲致銀絹在此。」使臣深知此地的歷史經驗,可以看到使臣先寫現今所見之景,再跳致此地歷朝的歷史演變,最後再回到以自我觀看整個興衰所發出的喟嘆。武輝瑨〈許昌懷古〉、潘輝益〈次長沙懷賈傅〉亦使用相同的表現手法,在行旅的途中對特定場域的歷史經驗,發出生命的自覺,柳惠英《唐代懷古詩研究》引用呂正惠的詮釋:「『感』物,所『感』為何,就是時間的流『逝』,嘆『逝』,所『嘆』為何,因見物之變化而察覺時間之推移,因此而『嘆』。」〔註31〕與題詠地景、旅途遣懷之屬的作品,有相當大的差異。行旅已帶給旅者遠離故土的游離感,懷古是抒發旅者對留生命或時間流逝的一種形式,且今與昔的差異,更能勾出詩人對未曾謀見的歷史或人物之遐想。

　　除了與特定空間的歷史產生對話,當使者經過紀念特定人物的地景時,亦會對特定的歷史人物產生吟詠。請看以下三首:

　　慷慨扶顛志弗移,背攜四字古今希。戰功未泄英雄恨,和議翻生父老悲。漢檜邪奸如不售,宋金弱強未堪知。可憐十二金牌日,孤負黃龍痛飲期。〔註32〕

　　無端小畜遇明夷,七載潛龍靜掩扉。自天是心開易秘,未應聖德口口威。莘閭有物能馴暴,琴操何人解發微。過客經由成弔古,那堪柳栢故依依。〔註33〕

　　秦城嶺畔草蒙茸,見指明妃葬隴中。氍帳縱然憐薄命,香奩何似老深宮。柳眉零落寒秋露,口韻淒清咽朔風,千古謾仇延壽畫,非常顏貌筆難工。〔註34〕

先後為阮偍〈題武穆公祠〉、武輝瑨〈過文王羑里處〉、潘輝益〈昭君墓〉。對

〔註31〕柳惠英:《唐代懷古詩研究》,(新北市:花木蘭出版社,2009年),頁27。

〔註32〕阮偍:《華程消遣集》,(收入鄭克孟、葛兆光:《越南漢文燕行文獻集成》第八冊。上海,復旦大學書版社,2010年),頁142。

〔註33〕武輝瑨:《華程後集》,(收入鄭克孟、葛兆光:《越南漢文燕行文獻集成》第六冊。上海,復旦大學書版社,2010年),頁388。

〔註34〕潘輝益:《星槎紀行》,(收入鄭克孟、葛兆光:《越南漢文燕行文獻集成》第六冊。上海,復旦大學書版社,2010年),頁231。

特定歷史人物的詠懷，除了細數他們的功績，最具情感張力的部分，莫過於這些歷史人物的下場。阮偍〈題武穆公祠〉詠懷之人為岳飛，對其報國精神非常稱頌，可惜礙於當時政治局勢與秦檜的陷害，無法收復中原，阮偍最主要呈現的即是先賢的忠烈精神，岳飛悲劇性的下場，觸動使臣追撫之情。武輝瑨〈過文王羑里處〉主旨亦是對文王的崇拜，文王被囚於羑里期間演《易》，後為滅商打下基礎，武輝瑨行經此地，肯定當年的文王的處境與功業，詩中提到「過客」，以第三者的眼光凝視這段歷史。潘輝益〈昭君墓〉亦營造了對昭君悲劇性的人生感慨。從三首詩可以發現，若是針對歷史人物的詠懷，大場面的景物描寫相對減少，對於歷史人物長存的精神反而著墨更多。尤其更值得一題的是，使臣於詩中幾乎沒有參雜個人的生活經驗，只單純詠嘆歷史人物的成敗。相較於中國詩人，在傷今懷古時，多半會參雜自我生命歷程於其中，如遭遇貶謫、國家危亡時，皆可見詩人義憤填膺、效法先烈之語，但使臣似乎無此跡象，若從使者生命歷程來解釋，三人當時皆為國家重要的外交官，人生經歷正值巔峰，實難有感慨自身遭遇之語。

在路程中使臣走不少地方，也可看出使臣試圖與經歷過的場景對話，在追憶懷古的作品中，使臣依然遵循中國詩人詩寫懷古詩的特色，不論是在氣氛營造或緬懷先烈的精神都相當到味，亦有殘缺美的意境存在，但就是缺少了個人生命歷程的參與，除了筆者上述提到的原因，或許還有文化認同的成分，即使使臣熟稔中國典故與歷史，但他仍不是中國人，到此經典更多只是為了要應證過去對中國的想像。所以從此類詩作中，較難尋找到使臣的自我描寫或深刻的生命體悟。

（四）北京書寫

北京象徵著權力的中心、文化的發源地，更是出使行程的高潮。筆者在此關注的北京書寫，是將應制、侍宴、交遊等主題排外，看使臣如何描寫初次或二次到訪的北京。武輝瑨初次到訪北京時，留下四首詩作，包含〈長城懷古〉、〈朝回喜賦〉二首、〈熱河公館中秋漫興〉。〈長城懷古〉描寫自長城建立以來，歷經多次戰爭，「千秋戎夏幾分爭」道出長城扮演的歷史角色，如今「四序風雲長出入」，作為使臣的他「使臣安從口外行」，安適的遊覽長城，同時也說明了使臣的任務除了朝貢，更有安邦定國的使命在。〈朝回喜賦〉二首，描寫面見乾隆皇帝後所作，請看其一：

書生幾得面君王，愧我遠來偏近光。墀下趨蹌陳賀表，御前揮洒賀
宸章。綸驚接龍文筆，朝袖欣沾歡鼎香。公驛歸來清不寐，滿窗風
月又相將。〔註35〕

詩中充滿對朝拜後的悸動，趨蹌、驚接等詞呈現當時武輝瑨的感受，其中
又描寫雙袖因在寫應制詩時沾染上薰香的氣味，種種的大場面讓詩人清不寐，
對於使臣來說是莫大的榮耀。再看潘輝益〈過燕京〉：

祥雲飄渺帝王居，拱帶山河壯地輿。上國繁花都會處，熙朝聲教肇
培餘。龍蟠虎踞□城塹，馬驟車馳畏簡書。綺麗街塵勘艷目，乾清宮
闕樂何如。〔註36〕

小序記錄到，使臣團從從彰儀門入在過正陽橋，過宣武門歷皇城西邊街舖，最
後到城北德勝門。從詩中可見首聯、頷聯即描寫北京城得天獨厚的地理位置，
頸聯與尾聯描寫北京城人聲鼎沸、熱鬧非凡的盛況。

使臣團進京後並未多做停留，繼續趕赴熱河避暑山莊，潘輝益又留下〈長
城即事〉、〈塞北口夜行〉、〈昭君墓〉三首七律。〈長城即事〉小序提到，離開
北京後一日半抵達秦城，之後路途行車陟降最艱，從「連山雉堞碧岧嶤，關上
披通路一條。」可知路況顛簸，但詩人依舊描繪了壯觀的萬里長城「北望皇莊
天咫尺，層層雲嶺達征鑣。」可感受詩人視野之遼闊，長城依著山勢稜線不斷
延綿的視覺感。〈塞北口夜行〉描寫夜行之所感，詩中充滿邊塞地區的空曠的
空間感，如石嶙峋、寒嶺、荒野等詞，呈現出車隊行經原野的狀態，在幽幽的
路途上有太寧庵深燈半現，搭配新月的光魄，更顯寂了之感，故詩人發出「荒
野秋霄易惱人」的感嘆。〈昭君墓〉則是感歎昭君的身世，並讚賞昭君之美是
畫筆所難描繪的。

阮偍第一次出使做有〈到京喜賦〉、〈病後戲作〉、〈春日回程〉為單純寫景
懷抒懷的作品，體例皆為七言詩。〈到京喜賦〉先是抒發北使路程遙遠，如今
已到北京，以及初次到京城的感受。其中「景古衣冠禮樂州」帶有崇拜之感，
「觀光不負此情遊」此行應證了於想像中的北京，不枉舟車勞頓之苦。再看〈病
後戲作〉：

〔註35〕武輝瑨：《華原隨步集》，（收入鄭克孟、葛兆光：《越南漢文燕行文獻集成》第
　　　　六冊。上海，復旦大學書版社，2010年），頁319。

〔註36〕潘輝益：《星槎紀行》，（收入鄭克孟、葛兆光：《越南漢文燕行文獻集成》第六
　　　　冊。上海，復旦大學書版社，2010年），頁229。

深更不寐結愁思，糊紙窗前淡月窺，心欲自強頻索粥，身常怕冷數
添衣。旅情撩亂將殘夜，鄉夢低迷半醉衣，平復御醫初飭喜，禮曹
疊報起身期。〔註37〕

　　這首詩其實可以看到詩人堅強的一面，身為使臣且肩負國家重任，深怕因
病而有所延誤的心情。孤人在外又遇病，思鄉之情自然更切，作者透漏了心靈
脆弱的一面，但又必須很快地收拾好心情，因為仍有任務在身。

　　〈春日回程〉則是總結這一次的出使任務，先提出發的時間為冬初，現已
仲春準備啟程回越南，在中國的其間體會很多經驗，且承蒙皇恩，很多事都是
第一次體驗，但最讓詩人感到收穫滿滿的，是「一濩傲眼飽江山。」不但親身
來到中國，也驗證了詩人本身對中國的想像。

　　阮偍第二次出使至中國留有〈至京喜賦〉、〈燕臺八景〉、〈旅中除夕即事〉、
〈人日有懷〉、〈朝罷喜賦〉、〈春夜偶吟〉、〈題燕京公館〉、〈春日回程〉、〈盧階
曉月〉久首詩作，請看〈至京喜賦〉：

飄飄周道策吟鞭，秋盡冬殘復到燕。華戀聘窮鄒□國，星槎泛柢斗
牛邊。征人情思猶前度，大地風光勝昔年。玉帛一庭來萬國，衣裳
再挽舜堯天。〔註38〕

前半段抒發路途之遙遠，後半讚二度來到北京，見北京更勝他六年前初次到來
所見，太平盛世萬國來朝，自己能躬逢其盛，不免感到喜悅。再看〈旅中除夕
即事〉：

烏海馳驅經幾臘，燕臺朝觀復今除。太和絕早陪賓席，營造深宵看
古書。癡呆自家愁不買，送鄉故國樂何如。來冬僥倖歸田里，柏酒
辛盤醉草廬。〔註39〕

詩的小序寫到除夕當天至太和殿侍宴，後有感而發。前兩句寫來京歷時之久，
三四句寫除夕當天侍宴完後於營造司公館看書，後半段話鋒一轉，希望明年的
此刻能夠優閒的看著書，醉倒於草廬。這首詩其實透漏了作者面對出使任務的
心理壓力，小國面對大國稍有閃失便可能危及彼此關係，必須時時警醒，故即

〔註37〕阮偍：《華程消遣集》，（收入鄭克孟、葛兆光：《越南漢文燕行文獻集成》第八
　　　　冊。上海，復旦大學書版社，2010年），頁137。

〔註38〕阮偍：《華程消遣集》，（收入鄭克孟、葛兆光：《越南漢文燕行文獻集成》第八
　　　　冊。上海，復旦大學書版社，2010年），頁227。

〔註39〕阮偍：《華程消遣集》，（收入鄭克孟、葛兆光：《越南漢文燕行文獻集成》第八
　　　　冊。上海，復旦大學書版社，2010年），頁227。

使來到燕京一切都相當妥貼，仍無法與於自家般輕鬆舒適。再看〈朝罷喜賦〉：

> 羅綺筵前侍九宸，欣□袞冕側絲綸，陛辭玉閣天顏近，舟泛銀河御
> 駕親。獻戲滿庭霓羽燦，懸燈夾岸斗星陳，逾涯起格知殊遇，不負
> 馳驅萬里身。〔註40〕

小序寫到「元宵十九夕，奉引陛辭回國仍侍宴看戲。」等字，詩的第七句提到知殊遇，可知清廷對西山朝的重視，末句則是感謝乾隆對使臣之盛情，此次的宴會亦是阮偍於北京參與的最後一次宴會。

〈人日有懷〉主要是傳達思鄉之情無人可訴的傷懷。〈春夜偶吟〉、〈春日回程〉則是描寫完成出使任務後，終於可以歸國心理狀態。〈春夜偶吟〉提到「故鄉預美歡娛席，中夏蓮開策馬旋。」即使現在仍是寒冷的春夜，卻已在遙想歸國時已經夏天，在家鄉舉行宴會的情景。〈春日回程〉更是將情緒頂到高峰，「路經諳熟馬蹄嬌，既完國事身輕□，何憚江關萬里遙。」完全展現使臣任務結束的輕鬆狀態，即使路途有萬里之遙也不打緊，與先前〈至京喜賦〉的感覺完全不同。

在純粹寫景的部分有〈燕臺八景〉、〈題燕京公館〉、〈盧階曉月〉三首，請看〈燕臺八景〉：

> 日照金臺耀帝都，泉垂虹影湧西湖。島雲山雪時明暗，滿月池波夜
> 有無。古薊樹容青似抹，居庸巒色翠如圖。化工留意文明地，收拾
> 風光萃一壺。〔註41〕

第一景為金臺夕照，其後為玉泉趵突、瓊島春映、西山晴雪、太液秋風、盧溝曉月、薊門煙樹、居庸疊翠等八景。阮偍到北京的時節為殘冬初春，故太液秋風應是不可能見到的，此外他另有一首〈盧階曉月〉，是針對盧溝曉月一景所寫的，後人雖無法確定阮偍是否真遍覽八景，但從此詩末兩句便可知身為一外國人，踏上當時中國政治核心地區的讚嘆。

第二節　個人抒懷

此節要討論的是使臣於路途中的遣興與抒情，比起地景題詠或追憶懷古，

〔註40〕阮偍：《華程消遣集》，（收入鄭克孟、葛兆光：《越南漢文燕行文獻集成》第八
　　　　冊。上海，復旦大學書版社，2010年），頁233。
〔註41〕阮偍：《華程消遣集》，（收入鄭克孟、葛兆光：《越南漢文燕行文獻集成》第八
　　　　冊。上海，復旦大學書版社，2010年），頁227。

此類更能深入詩人的內心世界，遠離故土踏上異域的游離感，在此類詩作中表露無遺，面對艱困的地形或氣候，使臣往往會重新審視自己、與自己對話，並運用各種意象來表述當時的心境。

（一）排遣旅興

越南至北京路程遙遠，在面對險峻的地形與惡劣的路況時，多少都會有不便之語，做詩遣懷成為抒發途徑，這也是紀行詩中常見的類型，見異地山水有感而發，融入自身對整體環境的感受，長途跋涉是使臣最大的挑戰，如何調適身心壓力，是使者的挑戰。我們先從使臣如何描寫道路之艱難：

> □石嵯岈碧浪中，飛湍吼動半江風。掛蛇轉鬼灘名異，捲霧吞烟水勢雄。萬古山河天設□，一舟圖史客推蓬。崖頭遺廟煮□□，勤事追懷鑿鑠翁。〔註42〕

> 歸帆鴻順掠長流，倏忽雲來四望幽。江影被風山欲泛，磯頭激浪見水浮。漁翁失意忙收網，篙子之機急泊舟。寥寂苔津通夜雨，寒燈明暗旅中愁。〔註43〕

> 涉壑沿崖進步灘，曾□二月抵南安，屏風石疊山巍屼，代束華衢水渺漫。疑客綺筵冬筍淡，迎人盡可朔風寒，已經兩粵波潯險，試下江西十八灘。〔註44〕

順序為潘輝益〈經五險灘〉、阮偍〈舟程阻風〉、〈南安下舟〉。遙遠的路程是使臣體力與耐力的考驗，即使有伴送官的相隨，但仍無法完全克服大自然給予的障礙。潘輝益〈經五險灘〉詩序：「橫州江中，石根攢列十五里，灘聲如雷，舟人沿石而行，極力撐持，篙攜最難，俗稱龍門虎口臥蛇轉鬼立壁五險。伏波將軍祠在龍門灘口，稔著靈異。」〔註45〕五險灘位於廣西，是使臣團進入鎮南關後第一個遇見的天險，使臣對於過灘之驚險刻畫入微，崎嶇的地形、浩大的水勢、呼嘯的狂風，場景的結構相當凌亂，多少反映使臣焦慮的內心，亦可看

〔註42〕潘輝益：《星槎紀行》，（收入鄭克孟、葛兆光：《越南漢文燕行文獻集成》第六冊。上海，復旦大學書版社，2010年），頁206。

〔註43〕阮偍：《華程消遣集》，（收入鄭克孟、葛兆光：《越南漢文燕行文獻集成》第八冊。上海，復旦大學書版社，2010年），頁158。

〔註44〕阮偍：《華程消遣集》，（收入鄭克孟、葛兆光：《越南漢文燕行文獻集成》第八冊。上海，復旦大學書版社，2010年），頁212。

〔註45〕潘輝益：《星槎紀行》，（收入鄭克孟、葛兆光：《越南漢文燕行文獻集成》第六冊。上海，復旦大學書版社，2010年），頁206。

見水流速度之快，使臣所見之場景變化相當迅速，與先前以「泛」、「泊」呈現的視覺感完全不同。阮偍〈舟程阻風〉是寫走水路時突遇天氣變化，起初是風平浪靜、舟行平穩的狀態，轉瞬之間雲氣聚攏，天色轉為幽暗，隨後狂風大作，原本平穩的江面以被吹起陣陣漣漪，水流的增強使漁夫只能匆匆收網，之後山雨連夜，使臣只能抒發歸途中的插曲。另一首〈南安下舟〉，詩序：「南安府名城之，四面皆山，中有一江縈繞。地產冬口甚美，由是登舟下十八灘最險。」〔註46〕此詩亦是描寫行經複雜地形之遭遇，客觀描述水勢盛大之貌，最後在末兩句總結自出使以來所經歷的險況。使臣以客觀之眼來看中國之山水，與經過特定景點、歷史遺跡的描述方法十分不同，這是旅途的意外插曲，反而更能凸顯路途的多變性與戲劇性，即使在相對安全平穩的貢道上，仍會有許多的突發狀況，也讓使者留下深刻印象並記錄下來。此類詩作大多出現在長江以南，也應證了中國南方多變的地形與氣候。

在行旅的過程中，除了與山水的對話、勝跡的詠嘆，亦會記錄出使生活，這類作品是使臣對於某個氣氛、情景的紀錄，與題詠特定地景或懷古不同，此類詩作是使臣對出使過程的留記，卡西勒《人文科學的邏輯》：「抒情的詩篇旨在捕捉一個單一的只有一次的，短暫的和永不復返的氣氛，而把這一氣氛凝固下來。」〔註47〕使者於途中會抒發旅興，這是壓力的宣洩，也是自我調整的方式，請看以下三首：

> 萬里程途一短裾，風濤歷涉思懷如。橫斜山水頻開闊，曉暮雲霞數卷舒。身病有愁難把盞，日間得興強披書。歸來傄倖邀天券，帶笠重尋故我盧。〔註48〕

> 山高望望洛陽東，佳氣千秋自鬱蔥。登處定應天下小，崝來洽在地與中。無山與並凌霄極，有宅堪成碎世風。此去燕臺稱壽樂，借聲萬里上丹楓。〔註49〕

〔註46〕阮偍：《華程消遣集》，（收入鄭克孟、葛兆光：《越南漢文燕行文獻集成》第八冊。上海，復旦大學書版社，2010年），頁212。

〔註47〕Ernet Cassirer 著，關子尹譯：《人文科學的邏輯》，（臺北：聯經出版社，1986年），頁46。

〔註48〕阮偍：《華程消遣集》（收入鄭克孟、葛兆光：《越南漢文燕行文獻集成》第八冊。上海，復旦大學書版社，2010年），頁190。

〔註49〕武輝瑨：《華程後集》，（收入鄭克孟、葛兆光：《越南漢文燕行文獻集成》第六冊。上海，復旦大學書版社，2010年），頁364。

空江烟霧繫孤舟，遠近峰巒冷氣浮。拍驛灘聲敲半枕，穿窗露滴透重裘。戍刁驚斷三更夢，抵旅天多二月愁。聞說湘山無量仙，征鞍那得訪禪遊。〔註50〕

依序為阮偍〈舟中遣興〉、武輝瑨〈望高山〉、潘輝益〈湘灘夜泊〉。使華之途遙遙艱難，使臣必須尋求精神的寄託，在中國詩歌傳統的脈絡中，詩人寄情與山水抒發己志的手法相當常見。阮偍在此首表達對行旅之途的艱辛，一路上的山水風景不斷變化，雲影風光亦不停流動，在身心都到達臨界點時，使臣尋求暫時的排遣，寫詩成了一種手段，它總結了使臣某段生命路程，呈現出的是使臣內心深處渴望的歸屬，沒有題詠勝迹的套式，亦無詠懷古人的悲情，它是使臣旅程的部分總結，詩名〈舟中遣興〉，舟即代表漂流不定，茫茫未知之感，他所想歸返之地即是他的精神烏托邦。武輝瑨此首亦是藉由山水排遣旅興，詩名為望，在詩中有假設登山之景，面對遙遙的北使之路，武輝瑨營造出空茫之感，是對前程充滿未知的焦慮，若當初沒有應召出使，或許可以樂得閒適，詩末隨立隨掃，提及出使任務，冀望可早日抵赴北京完成任務。武輝遣懷旅興之詩相對較少，從此首中或許可以窺知一二，他很會排遣旅途的倦怠感，畢竟已是第二次出使中國。潘輝益此首亦是作於舟中，詩中營造孤單冷冽的感覺，可知使臣內心寫照，在幽冷的夜裡輾轉難眠。舟其實非常具有象徵意義，隨波逐流的無助感對離開故土的使臣來說，加深了自身的游離感，此首同阮偍，一樣是對某段路程的總結，只是情緒在乘舟時被點燃，詩人的內心渴望平順安穩，但「征鞍」二字已表示路程已對他造成很大的身心壓力，焦慮的內心無法獲得安頓，只能寄情於景抒發旅懷。

（二）懷鄉情切

懷鄉之情比起遣懷旅興更具有濃厚的情感，他直指了使臣內心深處最渴望的安頓之處，在現實面無法獲得滿足，只能寄情於詩文之中，營造精神上的烏托邦。離開故土遠行，游離感的邊增，讓使臣不得不尋求心靈的寄託，在詩集之中，懷鄉之作占有很大的比例。在中國傳統詩學中，早至《詩經》已有已懷鄉為主題的作品，離鄉的原因也不因只是行旅，亦有戰亂、宦旅等各種因素，在異地之所見所感，都是觸動思鄉之情的媒介。家園故土是成長記憶的部分，蔡瑜《中國抒情詩的世界》：「鄉愁是時空阻隔下的心靈活動，常常隨著時間的

〔註50〕潘輝益：《星槎紀行》，（收入鄭克孟、葛兆光：《越南漢文燕行文獻集成》第六冊。上海，復旦大學書版社，2010年），頁258。

累積、特殊地理環境而有著不同的變化。」〔註51〕使臣在行旅途中，可能經歷佳節、道阻，又可能見雁鳥、杜鵑，行旅在外的一切事物都可能觸動旅者的思鄉情懷，請看以下三首：

> 凌晨踏雪夜披星，冀地交南萬里程。奔走但知君命重，馳騁管顧我身輕。關津不阻家鄉夢，風雨如撩旅次情。指日公完吾責塞，重□行石度餘生。〔註52〕

> 凤駕華駢萬里還，太平江上解征鞍。土音漸識鄉關邇，素履那知末路難。樽酒時憑消旅況，燈花早兆報家安。窗前點點青梅雨，為近韶春不覺寒。〔註53〕

> 征轡迢迢客思孤，雁書三度到家無。文章酬應殫人技，歲月消磨老世途。樂水樂山隨興適，為牛為馬任稱呼。莫言涯角少知己，接識中朝士大夫。〔註54〕

三首依序是，阮偍〈旅次書懷〉、武輝瑨〈太平公館雪夜偶興〉、潘輝益〈遣悶〉。阮偍這首為旅中抒發，先以日夜兼程趕赴北京的情況開頭，雖然身體不停的向北京移動，但心中所牽掛的是在萬里之外生養他的故土，呈現身心靈分離的狀況。離家是為執行君命，維護與清朝的友好關係，這裡可見使臣以大局為重的心態。驛站、渡口一站接著一站，卻無法阻擋我心靈渴望望顧土的念想，這無情風雨卻又加深使臣離鄉在外的游離之情，只能期待儘早完成任務，回歸家鄉的懷抱。使臣雖然以簡短的「風雨」二字帶過，卻囊括了直至目前為止的行程總結，將累積的情感與地景氣候作結合，表達對故土的想念。這首是武輝瑨第一次出使回程於廣西時書寫，詩中營造的氛圍與阮偍完全不同，是寫還鄉之喜，「解征鞍」代表完成任務，完全可以感覺到使臣心情放鬆，又隨著接近越南，語言方面與鄉音越來越相似，腳上即使僅著便鞋行走亦不覺艱難，之前須藉酒才能遙想家消除旅思，如今離家鄉越來越近，知家鄉一切安好，即使窗外是雨綿綿、春寒料峭的季節，也不覺得寒冷了。這是武輝瑨兩本北使詩集中，僅有

〔註51〕蔡瑜：《中國抒情詩的世界》，（臺北：臺灣書店，1999年，11月），頁97。
〔註52〕阮偍：《華程消遣集》，（收入鄭克孟、葛兆光：《越南漢文燕行文獻集成》第八冊。上海，復旦大學書版社，2010年），頁129。
〔註53〕武輝瑨：《華原隨步集》，（收入鄭克孟、葛兆光：《越南漢文燕行文獻集成》第六冊。上海，復旦大學書版社，2010年），頁329。
〔註54〕潘輝益：《星槎紀行》，（收入鄭克孟、葛兆光：《越南漢文燕行文獻集成》第六冊。上海，復旦大學書版社，2010年），頁228。

的一首描寫回鄉之喜的詩作。潘輝益此首作於開頭寫北使路途遙遠艱難，身在異地的孤獨感，第二具有詩中註：「昨於橫州南諸驛次，並有札函附與國書，寄交家眷接領。」橫州應為湖南衡州筆誤。寄出的家書不知是否已到家鄉？詩中提到使臣排遣旅思的方式是酬應，《星槎紀行》確實收錄多首與同行使臣、中國官紳的交流之作，但依然無法將思鄉之情完全排遣，赴京的時日已久，歲月磋跎。所幸途中飽覽山水勝景，也開闊了心胸，與中國文人雅士亦有應答酬唱，多少聊慰或分散使臣想家的心情。

呂愛梅於〈鳥飛返故鄉兮，狐死必首丘——我國古代文學中的三種懷鄉類型〉分別是地域意義、政治意義、原初意義三種類型。地域意義是指出生成長之地，乘載記憶情感的熱土；政治意義是針對古代官宦，對於京城、皇帝等權力機構的領域；原初意義為人與自然合一、和諧的初期狀態。〔註55〕以使臣來說，第一類較符合其背景，因使臣正值仕途起步或巔峰，不會有「總為浮雲能蔽日」的感慨，也不符合第三類，使臣已是高度社會化的人物，雖偶有歸隱山林之思，但其背後所要傳達的是第一類的思鄉之情。同前面所述，鄉愁是心靈活動，於異域之旅人欲營造一精神家屋，以慰行旅之苦，除了外在的山水地景、風雨氣候、蟲鳴鳥叫會觸動情腸，在文化面又有佳節引發的思鄉之情，「每逢佳節倍思親」的詩作亦不少見，赴北京跋涉日久，遇一、二次重要節日是很正常的，此時的氛圍又更能觸發使臣在外對故鄉的念想，請看以下三首：

> 悶倚蓬□枕覃涼，暗思節侯適重陽。故籬有菊誰供酒，客舸無茱莫佩囊。風雨淒涼撩旅思，春秋荏苒逐年光。不知鄉國吟花處，曾否懷吾在遠方。〔註56〕

> 遶巡旅次忽秋中，光景撩人不放空。客地寒衣今夕異，閒庭月色去年同。官廚供酒香難狀，館伴談詩語欲通。想得家鄉班席上，賞燈燕樂正融融。〔註57〕

> 寒空娥鏡照庭堦，清影遙從桂海來。秋色半分恬裏過，鄉心午夜夢

〔註55〕 呂愛梅：〈鳥飛返故鄉兮，狐死必首丘——我國古代文學中的三種懷鄉類型〉，《文史雜誌》，2000年第6期，頁38~40。

〔註56〕 阮偍：《華程消遣集》，（收入鄭克孟、葛兆光：《越南漢文燕行文獻集成》第八冊。上海，復旦大學書版社，2010年），頁185。

〔註57〕 武輝瑨：《華原隨步集》，（收入鄭克孟、葛兆光：《越南漢文燕行文獻集成》第六冊。上海，復旦大學書版社，2010年），頁322。

中回。霜侵愁鬢憑孤檻，漏歇良霄倒醉杯，蓬梗連年遊子恨，春城

諒□又燕臺。〔註58〕

依序為阮偍〈重陽〉、武輝瑨〈熱河公館中秋漫興〉、潘輝益〈客館中秋〉。阮
偍另有〈冬至書懷〉二首、〈旅中元旦〉、〈旅中端陽〉四首詩作，紀錄旅中遇
佳節的感懷，除〈旅中端陽〉懷念屈原外，其他皆是懷鄉之作。先寫對旅中過
重陽節的鬱悶，發出「獨在異鄉為異客」的感慨，又以風雨的意象傳達對故鄉
深切的想望，行旅途中光陰逝去，想到遠在故國的親人在吟花過節之時，有無
忘記還有一個在萬里之外的我正在想念你們呢？「每逢佳節倍思親」的感懷完
全呈現出來。武輝瑨《華原隨步集》另有〈客中清明即事〉、〈彰德館中重陽漫
興〉；《華程後集》有〈客中端午感成〉、〈中秋前二夜，與潘段二兄，賦得如此
良夜，何得何字〉。筆者所選這首是武輝瑨於北京之作，先寫旅中時光流轉快
速，沿途的風光勝景令人讚嘆，今年在中國過中秋，北方之地已開始轉冷，但
明月之色與去年在家鄉所見並無不同，後寫中方為使臣過中秋舉辦的宴會，在
席間談詩酬唱間，想到遠在南方的家人，應該也跟使臣一樣，正在歡度中秋吧。
筆者在先前有提到，武輝瑨相當善於排遣旅思，這首詩作幾乎不見傷感之語，
把注意力轉移到時間、月色、宴席。潘輝益此首有詩序：「是日自京城扈侍月
口，夜就圓明公館。」此首可與與武輝瑨作比較，潘輝益先營造中秋氛圍，對
宴會的描寫只有「良霄倒醉杯」輕輕帶過，可知在熱鬧的宴席依然無法排遣他
對故鄉的懷想，只能在午夜夢迴之時，才能再見到千里之外的家鄉。「霜侵愁
鬢」可指時間流逝或旅途煎熬的結果，使臣糾結在無法在故園過節的悲傷之
中，「蓬梗連年遊子恨」更傳達出生命游離的感慨，與武輝瑨隨遇而安的情況
大不相同。

第三節　酬唱答和

　　本節分成三個部分探討。赴京之路漫長費時，使臣除了有題詠山水、勝跡
懷古、排遣旅思的作品外，另有與同行使臣、家鄉好友、家人交流的詩作，本
節以此為主題，與下一章節和中國官紳、朝鮮使臣酬唱答和之作分開處理，因
彼此性質十分不同，後者多是出於政治上的酬應，較少使臣內心世界的表現。

〔註58〕潘輝益：《星槎紀行》，（收入鄭克孟、葛兆光：《越南漢文燕行文獻集成》第六
　　　　冊。上海，復旦大學書版社，2010年），頁244。

（一）同行使臣

　　本節主要針對乾隆五十五年（1790）潘輝益、武輝瑨、段浚等人的出使，其中潘輝益《星槎紀行》收入七首與武輝瑨、段浚、吳時任、吳青峯的交流詩作，武輝瑨《華程後集》則收入十首。較可惜的是，吳時任與吳青峯沒有留下彼此的交流的作品，段浚則收錄在《海翁詩集》裡，也只僅見二首〈武侍郎北使〉、〈次盟兄潘侯之作〉。請看武輝瑨〈又示吏部潘兄〉：

> 蔡蓬萬里共華騑，筆硯曾經二十春。誼切同舟雙個我，情緣一榜兩家親。浮雲那可談前事，良夜真宜闘在身。有幸今冬完璧返，柴山澤水趣相均。〔註59〕

又潘輝益〈和答武工部〉：

> 粵水燕山遠駕騑，梅亭觴詠一般春，人生際遇多非意，君子交遊久必親。此去險宜驚客路，本來忠信壯吾身，周諏且喜聯征袂，靡監情懷半箴分。〔註60〕

潘輝益與武輝瑨相識甚早，兩人都是受西山朝招攬出仕。在家世方面武輝瑨之父武輝珽為後黎朝官員，亦有出使中國的經驗，留下《華程詩》；潘輝益父兄三人在後黎朝都已取得功名，武輝瑨於後黎朝並無功名在身，但至西山朝時卻二度出使中國，或許可片面了解西山朝欲拉攏其家族的意圖，與潘輝益同封為「翊運功臣」。兩家在政治上的關聯性相當明確，從武輝瑨寫給潘輝益的詩作中可以得知兩人結識已久，兩人對於此次一同出使的際遇都感到愉快。

　　唱和詩其實提供了許多資訊給讀者，有助於了解使臣彼此之間的關係，也可能側面理解到新興的西山朝如何確立自身的政治正確，尤其在乾隆五十五年（1790），阮惠親自赴北京覲見，隨行的使臣中留有武輝瑨《華程後集》、潘輝益《星槎紀行》、段浚《海翁詩集》及《海煙詩集》四部詩文集，在《星槎紀行》中對出使的使臣有大略的介紹，但從唱和詩中又可拼湊出使臣間的相識過程，請看潘輝益〈書懷柬段翰林〉：

> 二十年前莫逆交，世途更歷幾風濤。塵纓似我輸先著，花塢非君負故巢。作客還羞三士重，同盟且讓一人高，玉開生入規閴早，未必

〔註59〕武輝瑨：《華程後集》，（收入鄭克孟、葛兆光：《越南漢文燕行文獻集成》第六冊。上海，復旦大學書版社，2010年），頁353。

〔註60〕潘輝益：《星槎紀行》，（收入鄭克孟、葛兆光：《越南漢文燕行文獻集成》第六冊。上海，復旦大學書版社，2010年），頁207。

園林肯解嘲。〔註61〕

又段浚〈次盟兄潘侯之作〉：

> 墨池宿昔共締交，錯弄滄□十丈濤。駑驥似君難伏櫪，雞鶩□我未安
> 巢。宦途最是先醒少，古□□□不著高。欲借大觀□旅□，劫羞泉石
> 向人嘲。〔註62〕

潘輝益這首唱和詩相當特別，除了有詩序，更有詩中註。詩序云：「逶遲使節，
煙波增遊子之愁，蕩漾仙丹，雲樹慰故人之想，憑欄有感，走筆為言。」〔註63〕
第四句有註：「段居鄉架屋子花園，名『風月巢』。嘯詠其間，字號巢翁。」
〔註64〕又第五句：「趙王朝秦擇季良等以從曰：『吾有三士，足以重趙。』」又
第六句：「我三契，惟阮之峰超然物外。」〔註65〕詩註的紀錄是潘輝益於詩集
前沒有提到的，讓讀者能更了解段浚此人的身分與生平。此組唱和詩筆者認為
相當有趣，大致可分為兩點來看，其一是兩人相識很早，且有深厚的交情；其
二則是出仕西山朝的狀況，都先草草帶過改朝換代的現實，重點著墨在「花塢
非君負故巢」、「駑驥似君難伏櫪」出仕西山朝且得重用的狀況，帶有彼此消遣
的趣味。段浚與武輝瑨相同，都沒有功名卻受到西山朝的招攬，並隨同阮惠一
同出使中國。此外，唱和詩除了彼此消遣，亦是抒發旅興的途徑之一。

　　此外，武輝瑨與段浚亦有交流之作，武輝瑨〈舟中夜酌，示翰林段兄〉提
到：「二十年前親共轡，九千程上我連舟。」〔註66〕說明兩人早已相識，且今
又有緣共赴皇城；段浚〈□武侍郎北使〉：「又訪□遊五國城，關河遍認武家旌。」
〔註67〕證實武輝瑨家族的政治實力。從詩集留下的唱和詩中，潘輝益、武輝

〔註61〕潘輝益：《星槎紀行》，（收入鄭克孟、葛兆光：《越南漢文燕行文獻集成》第六
　　　　冊。上海，復旦大學書版社，2010年），頁212。
〔註62〕段浚：《海翁詩集》，（收入鄭克孟、葛兆光：《越南漢文燕行文獻集成》第七
　　　　冊。上海，復旦大學書版社，2010年），頁69。
〔註63〕潘輝益：《星槎紀行》，（收入鄭克孟、葛兆光：《越南漢文燕行文獻集成》第六
　　　　冊。上海，復旦大學書版社，2010年），頁212。
〔註64〕潘輝益：《星槎紀行》，（收入鄭克孟、葛兆光：《越南漢文燕行文獻集成》第六
　　　　冊。上海，復旦大學書版社，2010年），頁212。
〔註65〕潘輝益：《星槎紀行》，（收入鄭克孟、葛兆光：《越南漢文燕行文獻集成》第六
　　　　冊。上海，復旦大學書版社，2010年），頁212。
〔註66〕武輝瑨：《華程後集》，（收入鄭克孟、葛兆光：《越南漢文燕行文獻集成》第六
　　　　冊。上海，復旦大學書版社，2010年），頁352。
〔註67〕段浚：《海翁詩集》，（收入鄭克孟、葛兆光：《越南漢文燕行文獻集成》第七
　　　　冊。上海，復旦大學書版社，2010年），頁101。

瑨、段浚三人經常彼此作詩對答，三人交情匪淺應為事實，也可知西山朝在官吏的選擇上，以後黎朝的官宦勢力為拉攏對象，除了讓自己的統治名正言順，更能收服越南人心，政治意圖相當明顯。相較於三位使臣的熟識，另外兩位吳時任與青峰侯就相對邊緣，吳時任是後黎朝的進士，後被西山朝徵召，有兩次出使的經驗，與阮惠共赴北京的這次沒有留下詩文集，後一次告哀的出使留下《皇華圖譜》。在乾隆五十五年的出使中，被沒有隨同阮惠一同到達北京，僅到武昌就返回越南的樣子，潘輝益〈武昌驛附國書寄吳兵部〉云：「萬里馳驅使半程，髮華種種帶愁生。晴川閣外孤帆影，黃鶴樓前短笛聲。」〔註68〕對別離感到哀傷，又武輝瑨〈武昌公館回柬兵部吳臺兄〉：「昌澤一言別，征軺萬里孤。行居雖復異，夢寐每相須。」〔註69〕兩人皆沒有說明吳時任先返越南之因，先前不見唱和交流之作，一直到武昌才有這兩首，可惜吳時任沒有留下任何關於此行的作品，無法拼湊原貌。另一位青峰侯亦是提早返回，潘輝益〈和餞青峰吳翰林使回〉云：「完公多羨歸軺穩，懶我猶慚客路□。」〔註70〕詩中的情緒與吳時任完全不同，不帶一絲傷感，與吳時任相同，詩中不見先返回之因，有關青峰侯之詩亦僅此一首。

　　唱和詩是了解使臣彼此交流狀況的途徑，除了讓讀者能更清楚彼此的關係，也能從中嗅到當時的政治氛圍，西山朝勢力才剛興起，在政治上須得到越南民心的支持，因此招攬前朝遺臣是最為快速的方式，在外交上則須得到中國的承認，以確保其正統性，在派出的使臣中亦是前朝官僚勢力，可見西山朝拉攏之心，在當時特殊的政治與外交背景之下，單純的唱和詩也側面紀錄了複雜的政治關係。

（二）家鄉友人

　　在筆者所選的四部燕行集中，僅有阮偍《華程消遣集》有收入寄給友人的詩作，但也僅止於第一次的出使，第二次再無見到相關詩作。從詩作的內容來看，多為旅途的抒發，請看〈抵團城寄心友段海翁〉：

　　　琴鶴秋杪偕赴塞，旌旗冬孟獨臨城。酒詩陪處懷何恨，山水題餘讀

〔註68〕潘輝益：《星槎紀行》，（收入鄭克孟、葛兆光：《越南漢文燕行文獻集成》第六冊。上海，復旦大學書版社，2010年），頁223。

〔註69〕武輝瑨：《華程後集》，（收入鄭克孟、葛兆光：《越南漢文燕行文獻集成》第六冊。上海，復旦大學書版社，2010年），頁363。

〔註70〕潘輝益：《星槎紀行》，（收入鄭克孟、葛兆光：《越南漢文燕行文獻集成》第六冊。上海，復旦大學書版社，2010年），頁223。

不成。萬里樹雲隨步遠，一天風景復誰征。□□月夜吹簫客，曾否淒

涼念旅情。〔註71〕

又〈冬霄賞月寄心友段海翁〉

霧拂嵐飄積夜陰，喜今寶鏡瑩天心。光搖雪嶺千堆玉，影射水河一

帶金。圓□以時分望晦，清明不改自初今。京朋月下何為者，遠塞猶

傳短笛音。〔註72〕

又〈次心友段海翁元韻〉

蘭亭鄭重難為別，梅驛倭迤倏改春。未放羽翰超碧落，管教踪跡濕

紅塵。行藏須了生前障，伸屈何關物外身。預喜回軺歡會處，道箴

詩思與年薪。〔註73〕

阮偍與這位段海翁的交情匪淺，筆者認為段海翁即是段浚，段浚著有《海翁詩
集》，紀錄乾隆五十五年（1790）出使中國的見聞，又潘輝益《星槎紀行》載：
「段翰林。段兄俊，瓊瑰海安人。」〔註74〕故段海翁應為段浚無誤。這兩首詩
皆是旅懷抒發，可以看見使臣對旅程的遣興，將出使看作出塞，表達了對故土
的懷念，阮偍將外在景物融入自身情緒，借景抒情。第三首做於回程，在氛圍
的營造與情緒上與其他兩首有很大的差異，表現出完成出使任務的放鬆與即
將歸鄉的喜悅。除了以上三首，另有〈月夜抵岳州遙望洞庭湖口，因憶心友段
海翁〉、〈遊洞庭憶心友段海翁元韻〉二首，主題皆是與好友分享所見之美景。
除的段浚，又有〈梅坡夜次寄老友黎愛山〉、〈寄同懷弟清軒素如子〉，面兩首
為抒發旅途艱難，懷念與二位友人於越南交往的時光。

　　西山朝密集出使中國是為鞏固邦交，因此在南來北往間，會於貢道上相
遇，彼此亦有唱答之作，為同僚間彼此交流、抒發的管道，請看武輝瑨〈橫州
舟次即席餞仙佃阮副使回程〉：

客年君往我回程，今歲君回我再行。浮世遭逢皆不意，他鄉邂逅可

無情。班荊乍慰樹雲思，分序重高山水聲。最恨橫州銀派裡，半霄

〔註71〕阮偍：《華程消遣集》，（收入鄭克孟、葛兆光：《越南漢文燕行文獻集成》第八
　　　　冊。上海，復旦大學書版社，2010 年），頁 115。

〔註72〕阮偍：《華程消遣集》，（收入鄭克孟、葛兆光：《越南漢文燕行文獻集成》第八
　　　　冊。上海，復旦大學書版社，2010 年），頁 116。

〔註73〕阮偍：《華程消遣集》，（收入鄭克孟、葛兆光：《越南漢文燕行文獻集成》第八
　　　　冊。上海，復旦大學書版社，2010 年），頁 163。

〔註74〕潘輝益：《星槎紀行》，（收入鄭克孟、葛兆光：《越南漢文燕行文獻集成》第六
　　　　冊。上海，復旦大學書版社，2010 年），頁 204。

雙把客懷撐。〔註75〕

又阮偍〈又次世友武工部元韻〉

> 二年兩次趨周程，鞅掌勤勞重憚行。上國旄旌重得意，中州山水再
> 抒情。閒飛雲翰生思新，辰把瑤觴認舊聲。華渚停橈奇邂逅，明天
> 南北又雙撐。〔註76〕

武輝瑨於乾隆五十四、五十五年各出使一次，此詩做於乾隆五十五年，與阮惠
共赴北京晉見乾隆，經廣西橫州時所做，與作為謝恩使歸國的阮偍相遇，從內
容即可見兩人心境上的不同，去年武輝瑨作為請封使前往北京，阮惠受封安南
國王後，阮偍充謝恩使赴京謝恩，兩人第一次於貢道相遇，如今阮偍歸國，武
輝瑨又要再次遣往，故有「客年君往我回程，今歲君回我再行。」發出造化弄
人的感嘆，反觀歸國的阮偍安慰武輝瑨「上國旄旌重得意，中州山水再抒情。」
與其先前給諸位好友的詩風大不相同。使臣彼此之間的交流除了抒發旅性，更
能讓讀者清楚使臣間的交流情況。

第四節　小結

　　北使詩文的主題相當多樣，除了單純的紀錄出使路程，也展現了使者深厚
的文化底蘊。在寫景的部分有純粹的山水描繪，亦有借景抒情、感古傷今，呈
現使者對一個空間或地方的感想。在不斷移動的過程中，每一處景點都有它的
文化符碼，使臣根據過去經驗去驗證，並在詩作中呈現。個人抒懷部分，使者
展現感性的一面，傾訴旅程的酸甜苦辣與內心調劑，對於家國之思表露無遺，
離開故土的游離感，讓使臣能從環境、夢鄉、賦詩中得到慰藉。

　　在與同行使臣或家人友人的贈答中，又能看見使臣的另一個面孔，與同行
者相互唱答互排苦思，亦是行旅途中的一種消遣，以及收到家書時，對遠千里
之外的家人表達思念。此外，從使臣彼此交流的過程中，亦可一窺越南頂層文
人的部分生活面貌，包含相識過程、同事狀況等，雖然資訊片段零星，但彼此
之間大多是熟識或多少有淵源的情況，這也顯示出西山朝政權對世族勢力拉
攏的情況。

〔註75〕武輝瑨：《華程後集》，（收入鄭克孟、葛兆光：《越南漢文燕行文獻集成》第六
　　　　冊。上海，復旦大學書版社，2010年），頁354。

〔註76〕阮偍：《華程消遣集》，（收入鄭克孟、葛兆光：《越南漢文燕行文獻集成》第六
　　　　冊。上海，復旦大學書版社，2010年），頁163。

第六章 詩文面相二：應制、侍宴與交遊

　　乾隆五十四年（1789）西山朝派遣阮光顯、武輝瑨等使臣前往北京請降求封，欲請清廷承認其政權的合法性。清廷對於阮惠的請降採正面回應，並提出條件，需於乾隆五十五年（1790）萬壽節之時親自到北京祝壽。五十四年（1789）七月，阮光顯、武輝瑨等使臣團抵達北京，八月乾隆冊封阮光平為安南國王，正式承認西山朝取代後黎朝為正統。同年，受封的阮惠再次遣使謝恩，阮偍充副使奉命赴北京。

　　乾隆五十四年的二次出使，前次的副使武輝瑨留下詩集《華原隨步集》，之後有阮偍《華程消遣集》上半部紀錄此次的出使。五十五年（1790）武輝瑨、潘輝益、段浚、吳時任等人陪同阮惠一同出使中國，武輝瑨留下《華程後集》、潘輝益有《星槎紀行》、段浚《海翁詩集》及《海煙詩集》。本章主要討論燕行詩文另一面向，以應制、侍宴、交遊為主題。應制以和御詩之作品與賀詩為討論對象，侍宴包含使臣陪同乾隆參與的各式宴會之紀錄為對象，交遊則以使臣與中國伴送官、朝鮮使臣的交流作品為對象。

第一節　應制詩

　　乾隆五十四年（1789）是西山朝第一次入京晉見乾隆，在兩國的關係上是一重大突破，武輝瑨《華原隨步集》留下三首應制類詩作，就其出使的背景而言，這四首應制詩關係到中越雙方的外交關係，從內容亦可觀察到當時西山朝

欲降清朝請封，並結束兩國的戰爭，箇中滋味可細細品味。先看〈奉於御前欽和進覽，頗蒙稱獎，欽賞奎藻龍章筆一匾十枚〉宮奉頒出御製詩一首：

> 盛世衣裳代甲兵，服人言札匪言征。未能寸土供常貢，早荷重天監至誠。伊昔海瀕猶附國，如今藩服屬皇清。鴻私深覺無階答，臣子長孚易缶盈。[註1]

這首應制詩是和乾隆五十四年六月二十二日所做之御製詩，《清史稿》載：「三番耆武匪佳兵，昨歲安南重有征。無奈復黎黎厭德，爰教封阮阮輸誠。守封疆勿滋他姓，傳子孫恆奉大清。幸沐天恩欽久道，不遑日監凜持盈。」[註2] 清廷以後黎朝丟失國印，天厭黎氏為由放棄復興後黎朝，如今西山朝主動請降歸附，清廷自然接受，並希望西山朝能就此安定越南，恭順的臣服才不負皇恩。從武輝瑨的和詩中可見西山朝對清廷的態度，「未能供常貢」、「猶附國」、「藩服屬皇清」等語，都呈現對清廷的謙卑與恭順。再看〈欽進賀聖節詩一首並表文〉：

> 天錫純禧萃一人，祥光飄渺捧楓宸，半千此日今重旦，億萬斯年始八旬。萬國環觀皇極壽，群黎咸頌昊乾仁。幸同虎拜陪桃宴，虔上蕪章祝大春。[註3]

此詩是為乾隆壽辰所寫，稱讚乾隆集福壽於一身，且因乾隆仁德並重，有萬國前來恭賀期壽辰。在武輝瑨所進之文中，又提乾隆堪比堯舜，「皇帝陛下，仁孝格天，孚誠享帝，輔百四十載累洽重熙之運，水止一心，作五十四年盛治備祉之君。」[註4] 將乾隆皇帝比做完人，不僅內政安定，外交亦好，才能得萬國皆來向祝壽之盛景。

乾隆五十四年（1789）冊封阮惠為安南國王，同年阮偍充謝恩使赴北京，較可惜的是，此次的出使沒有留下應制詩。五十五年（1790）是西山朝與清廷關係建立的重要外交活動。清廷十分重視此次的觀見，如座位的安排，《清實錄》載：「明年阮光平親自前來祝嘏，其入座位次，當令在宗室舊外藩親王之

[註1] 武輝瑨：《華原隨步集》，（收入收入鄭克孟、葛兆光：《越南漢文燕行文獻集成》第六冊。上海：復旦大學書版社，2010年），頁318。

[註2] 《清實錄·高宗純皇帝實錄》卷一千三百三十三，（北京：中華書局，1985年），頁1050-1。

[註3] 武輝瑨：《華原隨步集》，（收入收入鄭克孟、葛兆光：《越南漢文燕行文獻集成》第六冊。上海：復旦大學書版社，2010年），頁321。

[註4] 武輝瑨：《華原隨步集》，（收入收入鄭克孟、葛兆光：《越南漢文燕行文獻集成》第六冊。上海：復旦大學書版社，2010年），頁321。

下，一切郡王之上，其賞賚更當格外優渥也。」〔註5〕尤其伴送官的更指定當
時的兩廣總督擔任，《清實錄》載：「阮光平此次來京瞻觀，所帶陪臣人等較多。
自梅嶺至南昌，由湖北湖南一帶進京，程站遙遠，經歷數省。僅令副將道員等、
護送照料，尚恐未周。福康安，自應與該國王一同行走。」〔註6〕此外，途中
乾隆皇帝所發有關安南的奏摺，福安康都必須與阮光平閱看，《清實錄》載：
「其福康安途中陳奏事件，奉到硃批，亦不妨與阮光平閱看，俾免心存疑慮。」
〔註7〕足見乾隆安撫阮光平手段之多。

　　值得一題的是，沿途開支甚是可觀，《清實錄》載：「此次帶領阮光平來京
入觀，途中盤費，及一切需用必多，著加恩賞給本年養廉銀八千兩即於廣東藩
庫支給以示體恤。」〔註8〕後乾隆發現實際花費更甚於此，《清實錄》載：「乃
入江西境後，每日尖宿供應，即需用銀，四千兩之多。」〔註9〕巨大的花費讓
乾隆相當不悅，因每日三餐不過二百餘兩，何致花費四千兩，故下令開始拮据，
因江西至北京還有多日路程，如此奢靡實非天朝應對藩屬之禮。筆者認為是有
可能是乾隆下旨不夠精準，《清實錄》載：「安南國王阮光平，明年三月來京瞻
觀。經過沿途各省地方。與督撫接見，自應以賓主之禮相待。」沿途的招待必
然所費不貲，且外藩國王覲見的情況本來就少，預算的控制實屬不易，所幸經
查證，一日四千兩純屬誇大，實際花費據《清實錄》載：「捐廉給發委員帶銀
四千兩，以備沿途供給。並無每日四千兩之事。……開明每日宿站發給二千兩，
尖站發給一千兩，磁州加給銀五百兩，清苑加給銀一千兩，通共應發銀三萬七
千五百兩。」〔註10〕雖與之前呈報的開銷少下許多，但仍是一本龐大的花費，
但比起兩國大動干戈，似乎又微不足道了。此次入北京觀見，留下不少的應制
詩，如乾隆賜三品冠服給阮光平，已示兩國交好且西山朝歸順朝廷。先看乾隆

〔註 5〕《清實錄·高宗純皇帝實錄》，卷一千三百三十五，（北京：中華書局，1985 年），
　　　　頁 1095-1。

〔註 6〕《清實錄·高宗純皇帝實錄》，卷一千三百四十四，（北京：中華書局，1985 年），
　　　　頁 1228-1。

〔註 7〕《清實錄·高宗純皇帝實錄》，卷一千三百四十九，（北京：中華書局，1985 年），
　　　　頁 52-1。

〔註 8〕《清實錄·高宗純皇帝實錄》，卷一千三百四十九，（北京：中華書局，1985 年），
　　　　頁 52-1。

〔註 9〕《清實錄·高宗純皇帝實錄》，卷一千三百四十九，（北京：中華書局，1985 年），
　　　　頁 52-1。

〔註10〕《清實錄·高宗純皇帝實錄》，卷一千三百五十八，（北京：中華書局，1985
　　　　年），頁 199-2。

御製詩：

> 丹誠萬里近瞻依，惇史全無寧渠希，不肯有更頒鳳詔，却欣無意乞鶯衣。清涼取適嘉應允，典禮如常慎莫違，詎曰一家覃父子，海邦奕葉永禎禨。〔註11〕

首聯與頷聯肯定阮光平親自赴京的誠意，並對其主動更換成清廷官服的想法表示嘉獎，據《御制詩文十全集》載：「因賜紅寶石頂三眼翎黃褂以示優寵。」〔註12〕頸聯與尾聯則繼續嘉勉阮光平降清，清朝亦不虧待的舉動，《御制詩文十全集》載：「於山莊筵宴之日，並即令依皇子所用金黃色莽袍四團龍褂賜之。」〔註13〕可見恩寵非凡，且後續清廷考慮阮光平為一國之主，不宜薙髮，於進京朝賀時也不必換官服，著其該國衣冠即可，以示清廷恩禮兼至。武輝瑨和詩如下，〈應制奉代和特賜朝服御制詩韻〉：

> 梯航遠至樂因依，聖澤霑優自古希。已列名堂瞻舜冕，還容邃陛側萊衣。華躬服飭欣無斁，從俗儀章奉不違。覆幬莫酬穹昊德，虔稱壽罍祝祥禨。〔註14〕

首聯感謝清廷在北使途中照顧，頷聯則表示成為清朝藩屬，有幸見到天顏，還御賜官服，頸聯表示收到官服之喜，且必遵照清廷儀制，尾聯再讚清廷加惠如天恩一般，西山朝必定奉清。再看〈次日奉賜三品冠服，因奉依前韻進謝〉：

> 扈從觀變再瞻依，似此遭逢千載希。恩典幸叨三品服，□停親拜六章衣。此生披德長無斁，異日祗顏遠不違。虔祝吾皇天壽永，萬年黼座受鴻禨。〔註15〕

首聯、頷聯感謝乾隆的禮遇與御賜三品冠服，頸聯則表示面對乾隆的嘉賞，西山朝絕對不會有異心，尾聯則供祝乾隆萬壽無疆、皇祚永延。應制詩的內容不外乎對皇帝的歌功頌德，從武輝瑨兩首應制詩可以發現，小國在面對大國時的

〔註11〕 武輝瑨：《華程後集》，（收入收入鄭克孟、葛兆光：《越南漢文燕行文獻集成》第六冊。上海：復旦大學書版社，2010年），頁366。

〔註12〕 《御製詩文十全集・平定安南第八》卷四十四，（新北市：藝文出版社，1963年），頁22-2。

〔註13〕 《御製詩文十全集・平定安南第八》卷四十四，（新北市：藝文出版社，1963年），頁22-2。

〔註14〕 武輝瑨：《華程後集》，（收入收入鄭克孟、葛兆光：《越南漢文燕行文獻集成》第六冊。上海：復旦大學書版社，2010年），頁366。

〔註15〕 武輝瑨：《華程後集》，（收入收入鄭克孟、葛兆光：《越南漢文燕行文獻集成》第六冊。上海：復旦大學書版社，2010年），頁366。

謙卑態度。武輝瑨另有一首〈披帶欣頒冠服偶成〉，內容亦是對乾隆頒冠服之事感到光榮，「虞章還竊品三榮，亦知聖眷非常得。」足見武輝瑨對此事的喜悅。潘輝益於此亦有應制詩一首，請看〈奉頒　冠服〉：

> 觀蠻追陪幸遍依，天恩稠疊古來稀。宸居親睹四知屋，朝列榮叩三品衣。遭際奇緣咸手舞，恭虔遠悃不顏達。南山塵祝聖人壽，億載宏圖永受機。〔註16〕

與武輝瑨相同，全詩皆感謝乾隆的恩賜，並祝長壽。在詩小序提到，此詩是題於扇上，乾隆賞潘輝益大緞一卷、箋紙二卷、筆墨各二匣。潘輝益另有〈奉穿戴天朝冠服愓然感懷〉：

> 聖心覆冒視如一，朝服焜華品在三。逐陛觀光頻荷眷，清霄顧影獨懷慚。幸將文字塵隆鑒，驚受冠紳沐渥覃。夢境不知身幾變，且憑天寵耀軿南。〔註17〕

首聯至頷聯第一句說明一路以來蒙受乾隆恩典，如今又受賜冠服，聖寵斐然，但為何詩人會懷慚？又尾聯夢境不知身幾變？筆者認為詩人話中有話，原因在於潘輝益原為後黎朝遺臣，後又仕西山朝，身分的轉變或許可以映證筆者觀點，西山朝為取得清廷的承認，甘願棄國服而易清服，出於種種的無可奈何，詩人也只能憑天寵，有種無法自主的感嘆。

乾隆六十年（1795），阮偍再以副使身分赴北京恭賀嘉慶皇帝登基，阮偍此行應制詩有四首，包含〈應制〉其一、二、〈應制侍千叟宴〉、〈應制侍元宵于圓明園之山高水長閣〉，這四首詩最主要要表達的，都是對乾隆皇帝的歌功頌德。〈應制〉小序寫到：「詩進奉賞錦緞十端、大荷包一對、小荷包兩對。」又提到「太上皇帝紀元週甲授禮成恭紀二首」，可知是描寫乾隆禪讓嘉慶之後所作，可以提到的一點是，阮偍常將乾隆與堯舜並論，如〈至京喜賦〉的「衣裳再挽堯舜天」、〈賀文護送朱大老爺預千叟宴〉的「堯舜乾坤開盛會」、〈應制〉其一的「授受光回堯舜旦」，詩中營造出四海生平、萬國來朝的盛世之感。〈應制侍元宵于圓明園之山高水長閣〉小序有：「詩進奉賞大緞一端及文房四寶物。」請看：

〔註16〕潘輝益：《星槎紀行》，（收入收入鄭克孟、葛兆光：《越南漢文燕行文獻集成》第六冊。上海：復旦大學書版社，2010年），頁232。

〔註17〕潘輝益：《星槎紀行》，（收入收入鄭克孟、葛兆光：《越南漢文燕行文獻集成》第六冊。上海：復旦大學書版社，2010年），頁235。

日月重華札艷陽，禁園元夜藹祥光。綺羅御宴紅雲燦，椒栢宮壼玉
露香。絕響春雷騰萬里，燈懸北斗照群方，遠臣兩度叨陪侍，德並
山高與水長。〔註18〕

此詩將宴會的奢靡與華麗完全書寫出來，一、二句以光線營造出環境，第三句
襯托一、二句的明亮感，場地的布置或表演者服飾的鮮豔色澤，即使侍晚宴細
節依然清晰，營造出燈火通明之感。四、五句描寫美酒與華樂，六句再形容因
慶祝元宵節，燈籠四處高掛的景致，十分熱鬧，完全不同於〈應制〉二首單純
只歌功頌德的詞藻鋪陳。

第二節　侍宴詩

　　侍宴詩為使臣參與的各種宮廷宴會與活動之紀錄，除了可見當時清宴的
氣派豪華，亦可見乾隆對西山朝的禮遇情況。如武輝瑨第一次（1789）出使清
朝時所做之詩：

獵禽古禮札秋佳，天子躬身射獵回。神武尚嫌弓力軟，仙乘更逐矢
頭來。咸聞車馬欣王豫，好詠騶虞頌聖木。遠價幸露分豆惠，上林
奏賦乏鴻裁。〔註19〕

這首詩沒有明確詩名，反而更像一個紀錄：「是月二十八日早朝，奉御駕獵回
射獲文鹿一頭，分肉于使臣，且以天下年高由能命中誇示，回即宴。席次揮成
一首，欽進，奉賞御藏香墨一包十笏。」〔註20〕奉御駕打獵，乾隆獵得文鹿，
分賞使臣，後進詩一首，內容提到「天子弓身射獵回，神武尚嫌弓利軟。」稱
讚乾隆騎射俱佳、寶刀未老。「遠價幸露分豆惠，上林奏賦乏鴻裁。」先感謝
乾隆的恩賞，後表示連〈上林賦〉所描寫之景，完全無法媲美這次乾隆的打獵
活動。武輝瑨的三首應制詩、侍宴詩都對乾隆表達的高度的讚賞，若從歷史的
角度切入，這些詩作比起其他時期的應制詩更具政治色彩，因當西山朝需取得
清朝的承認，並停止雙方的戰爭。雖然應制詩本就為歌功頌德服務，但身為使

〔註18〕阮偍：《華程消遣集》，（收入收入鄭克孟、葛兆光：《越南漢文燕行文獻集成》
　　　　第八冊。上海：復旦大學書版社，2010年），頁232。
〔註19〕武輝瑨：《華原隨步集》，（收入收入鄭克孟、葛兆光：《越南漢文燕行文獻集
　　　　成》第六冊。上海：復旦大學書版社，2010年），頁320。
〔註20〕武輝瑨：《華原隨步集》，（收入收入鄭克孟、葛兆光：《越南漢文燕行文獻集
　　　　成》第六冊。上海：復旦大學書版社，2010年），頁320。

臣的武輝瑨，充分發揮了外交官的角色，貶低自我抬高清廷，這亦是小國求生存、取得保障的外交手段。

阮偍於同年（1789）歲末出使，是為謝清廷冊封阮光平為安南國王之恩，此次出使阮偍沒有留下應制詩，但有三首侍宴詩，這三首侍宴詩皆為七律，主要內容為描寫宴會熱鬧的場景，亦有對乾隆皇帝的讚美之詞。請看〈紫光閣侍宴〉：

> 風和日暖景陽天，五色祥雲映玉軒。紫閣焜煌開綺席，金爐拂鬱葱香煙。喜王命森冠帶，恍訝仙門落管絃。花宴幸陪知分外，精神爽朗思飄然。〔註21〕

這首詩側重描寫宴會的場景，首聯點出時間與場地的布置，頷聯描寫紫光閣的富麗堂皇，細節帶至薰香的氣味，頸聯呈現管絃之聲美妙，尾聯總結參與宴會的感受。另一首〈扈駕泛龍舟于圓明溝中〉同樣依照〈紫光閣侍宴〉的套式，不同處在最後一句「高深長記聖恩洪。」感謝乾隆皇帝的款待。

第三首〈御製節前御園賜宴席中得句元韻〉，是阮偍私下所和，與前面兩首不同的是，此詩主題為祝壽及歌頌乾隆，請看：

> 九十韶光甫二旬，御園鶯燕報春頻。星馳輪輿趨行殿，雲集衣冠拜聖人。仰見龍顏德得壽，可知天命敬惟親。金章玉席洪恩浹，鑪傘難酬頂踵仁。〔註22〕

頷聯描寫乾隆御車至殿，滿朝文武朝拜的情景，頸聯描述阮偍對乾隆的敬畏之心。這首詩雖為阮偍私下所做，但仍完整呈現了身為外藩使陳，初見天顏的震撼以及對清廷宮宴排場之讚嘆。此次的出使阮偍並未留下最萬壽節的描寫，但僅從正宴前的小宴規模來看，正式的宴會的規模絕對更為盛大。

乾隆五十五年（1790），阮惠赴京觀見乾隆禮遇更甚，武輝瑨與潘輝益都留下許多清廷宴會的詩作，其詩名或小序經常出現「特賜」、「奉賜」等語，足可見清廷對使臣團的禮遇。尤其潘輝益於小序中皆有記下日期與遊歷經過，讓讀者可以更清楚當時的情況，先看〈奉特賜遍觀皇莊恭紀〉：

> 閶闔雲開萬象光，操觚遠价幸趨翔。道原　晰四知屋，慶址穹窿五代堂。石畔松筠含古意，天中奎壁炯宸章，遍瞻丹禁深嚴處，衣帶籠

〔註21〕阮偍：《華程消遣集》，（收入收入鄭克孟、葛兆光：《越南漢文燕行文獻集成》第八冊。上海：復旦大學書版社，2010年），頁136。

〔註22〕阮偍：《華程消遣集》，（收入收入鄭克孟、葛兆光：《越南漢文燕行文獻集成》第八冊。上海：復旦大學書版社，2010年），頁136。

回寶鴨香。〔註23〕

小序紀錄，七月十三乾隆在朝元門御閱文武官員後，便招待使臣入觀。參觀了避暑山莊正殿的淡泊敬誠殿、乾隆的書房四知屋，並介紹了屋名由來，「益取易繫之陰陽知剛柔之義，非楊震四知之謂。」葛兆光先生於〈朝貢、禮儀與衣冠——從乾隆五十五年安南國王熱河祝壽及請改易服色說起〉提到，四知為知陰知陽知柔知剛。〔註24〕後又於清音閣侍宴，之後又經過勤政殿、五福五代堂，表五代同堂之慶。武輝瑨〈月選朝罷，奉賜遍觀行宮大內恭記〉，開頭「七月旬有二」點出時間，內容與潘輝益大致相同。讚嘆內宮的美輪美奐，到過四知屋，見「煌煌宸翰記，圖書盈四壁。」在細節上武輝瑨較為全面。此外，潘輝益有留下十闋詞作於萬壽節宴會上表演，其小序：

> 欽祝　大萬壽詞曲十調，春季入覲，議成，余奉擬祝嘏詞十調，先寫金箋，隨表文口口，清帝旨下，擇本國伶工名，按拍演唱，帶隨觀祝，至是欽侍。御殿開宴，禮部引我國伶工，前入唱曲，奉大皇帝嘉悅，厚賞銀幣，再命太常官，口梨園十人，依召我伶工入禁內，教他操南音，演曲調，數日習熟。開宴時，引南北伶工，分列兩行，對唱，體格亦相符合。〔註25〕

詞牌為〈滿庭芳〉、〈法架引〉、〈千秋歲〉、〈臨江仙〉、〈秋波媚〉、〈卜養子〉、〈謁金門〉、〈賀盛朝〉、〈樂春風〉、〈鳳凰閣〉等十闋詞作。《清實錄》載：「今阮光平所進詞曲十章，俱係詞閣，尚無不合體例，且其隨帶樂工演奏，希冀列入太常，尤為恪恭慶抃，當即飭令照繕，攜帶進呈。」〔註26〕證實了潘輝益的進祝壽詞的紀錄，詞的內容皆為對乾隆的歌功頌德與祝壽之語，此不再多做介紹。

據《清實錄》載，乾隆於七月二十四日自避暑山莊回鑾，〔註27〕三十日到

〔註23〕潘輝益：《星槎紀行》，（收入收入鄭克孟、葛兆光：《越南漢文燕行文獻集成》第六冊。上海：復旦大學書版社，2010年），頁234。

〔註24〕葛兆光：〈朝貢、禮儀與衣冠——從乾隆五十五年安南國王熱河祝壽及請改易服色說起〉，收入《復旦學報（社會科學版）》第二期，上海：復旦大學，2012年，頁7。

〔註25〕潘輝益：《星槎紀行》，（收入收入鄭克孟、葛兆光：《越南漢文燕行文獻集成》第六冊。上海：復旦大學書版社，2010年），頁237。

〔註26〕《清實錄·高宗純皇帝實錄》卷一千三百五十一，（北京：中華書局，1985年），頁94-2。

〔註27〕《清實錄·高宗純皇帝實錄》卷一千三百五十九，（北京：中華書局，1985年），頁213-1。

圓明園。〔註28〕潘輝益〈圓明園侍宴紀事〉對這場宴會有詳細的紀載，小序
寫到：

> 八月初一日至初十日，連侍宴看戲，每夜四更趨朝，候在朝房，卯
> 刻，奉御寶座、王公大臣，內屬蒙古、青海、回回、哈薩喀爾喀諸
> 酋長，外藩安南、朝鮮、緬甸、臺掌、臺灣生番諸使部，排列侍坐，
> 未刻戲畢，賞賚珍玩外，三次賜食，前後二次，賜肉品，中賜蜜品，
> 率以為常，浹旬奉御宴筵，聲樂迭奏，時召閣時議事，裁決政機，
> 四方彰疏，經奉宸覽批答，次第宣示，又時奉御製詩文，題寫箋帖，
> 無日無之，仰惟聖心運量，傾刻不停，以勤敬之寔，享壽康之福，
> 萬古帝王之所未有也。〔註29〕

不僅提到座位的安排、宴會的流程與排場，更可見乾隆即使於宴會之中，仍日
理萬機的在處理國家朝政，同時又可以做詩題寫，詩云：「丹宸裁樂幾兼潤，
欽惟聖德運乾剛。」讓潘輝益十分佩服。又〈特賜陪遊西苑禁內恭紀〉小序：

> 八月初六日，侍宴訖，中堂列臺，奉旨帶領，棹扁舟從御溝經福海
> 葦洲，登方壺勝境，重樓複閣，並奉仸座，寶器駢羅，蓋珠宮口所，
> 御座旁分設西洋銅人鼓琴吹簫，應機而動，庭前排禽獸，雜出水石
> 間，皆自飛自舞，極致工麗，至於亭樹花草之勝，摸寫不悉。〔註30〕

小序對此次陪遊亦有詳盡的介紹，從詩中反到看不出這麼多的細節。再看〈扈
遊萬歲山恭紀〉小序：

> 初九日，駕車幸萬歲山昆明湖，奉賜扈隨，特宣登樓船上層，遍觀
> 御座製詩文，既抵岸，陟山巔延壽寺，體制宏麗，山下五百羅漢，
> 口室，縈迴轉折，奇特萬狀，側身攀燭以行，移時出口，奉賜珍膳，
> 再歷覽亭榭，御製題刻之處。〔註31〕

從八月初一至初九，幾乎天天都在舉行宮宴，潘輝益都將這些全部記錄在詩作
之中，作為此次出使的見證，時也間接紀錄了乾隆時期圓明園的部分面貌，於

〔註28〕《清實錄・高宗純皇帝實錄》卷一千三百五十九，（北京：中華書局，1985 年），
　　　　頁 213-1。
〔註29〕潘輝益：《星槎紀行》，（收入收入鄭克孟、葛兆光：《越南漢文燕行文獻集成》
　　　　第六冊。上海：復旦大學書版社，2010 年），頁 237。
〔註30〕潘輝益：《星槎紀行》，（收入收入鄭克孟、葛兆光：《越南漢文燕行文獻集成》
　　　　第六冊。上海：復旦大學書版社，2010 年），頁 242。
〔註31〕潘輝益：《星槎紀行》，（收入收入鄭克孟、葛兆光：《越南漢文燕行文獻集成》
　　　　第六冊。上海：復旦大學書版社，2010 年），頁 243。

一個初次到北京的越南使臣來說，此次的出使更是別具意義，領受了許多先前使臣不曾體驗過的經歷。

最後〈旨賜歸國奉特宣至御座旁賜酒歡感紀事〉，此首詩為五古，詩云：「案頭玉酒壺，斟酌出御手。親賜碧玉卮，加額恭領受。」賜御酒的榮耀讓潘輝益受寵若驚，頻頻叩謝。又繼續感恩乾隆一路的照料以及入北京後的各類優待與賞賜，詩末：「藩國奉琛頻，幾得奇遭遇。飛來報國人，皇華第一部。」總結了這次出使北京的感想。

阮偍兩次出使，第二次於乾隆六十年（1795）出使清朝，目的為乾隆退位太上皇、賀嘉慶帝登基，並非一般的歲貢。1795年出發，於1796年元旦前夕抵達北京，此次除了一般的清宮宴會，最特別的為千叟宴，請先看阮偍〈紫光閣宴罷回步西園即景〉：

> 紫光宴罷步宮前，上苑逢春景象妍，玉滿禁溝水鏡判，珠聯禁樹雪花懸。朱樓金殿鋪雲錦，雛燕新鶯奏管絃，寶內韶陽清望眼，身疑羽化思□仙。〔註32〕

這首侍阮偍第一次出使北京時所做，此場宴會舉辦時間應為白天，如：第二句的春景妍、第三句禁溝水鏡、第四句雪花懸、第五句朱樓金殿，顏色繽紛、細節清晰，實非夜景所能描繪，此外燕子與黃鶯屬日行性鳥類，故此詩應為日景描寫。此詩感受不到侍宴時的喧囂感，反而呈現平靜安適，沒有人為雜聲，只聞大塊之音，故有逸致觀看周遭環境的細節，最後那句好似身在仙境的感覺自然流露而出。此首雖未正面描寫宴會場景，但也對皇宮部分景致做了描述。

千叟宴始於康熙五十二年三月，《嘯亭續錄》載：「康熙癸巳，仁皇帝六旬，開千叟宴於乾清宮，預宴者一千九百餘人。〔註33〕」，與清史稿的記載相同，《清史稿》載：

> 召直省官員士庶年六十五以上者，賜宴於暢春園，……。扶掖八十以上老人至前，親視飲酒。諭之曰：「古來以養老尊賢為先，使人人知孝知弟，則風俗厚矣。爾耆老當以此意告之鄉里。昨日大雨，田野霑足。爾等速回，無誤農時。」是日，九十以上者三十三人，八

〔註32〕阮偍：《華程消遣集》，（收入收入鄭克孟、葛兆光：《越南漢文燕行文獻集成》第八冊。上海：復旦大學書版社，2010年），頁231。

〔註33〕昭槤：《嘯亭續錄》卷一，（臺北市：新興書局，1988年），頁385。

十以上者五百三十八人，各賜白金。加祝鰲老臣宋犖太子少師，田
種玉太子少傅。甲辰，宴八旗官員、兵丁、閒散於暢春園，視食授
飲、視飲賜金同前。是日，九十以上者七人，八十以上者一百九十
二人。〔註34〕

詳細記錄了此次宴會的老叟年齡與人數，繼此之後，清廷又於康熙六十一年
（1722）、乾隆五十年（1785）、嘉慶元年（1796）舉辦千叟宴，其中最值得關
注的是嘉慶元年舉辦的千叟宴，適逢乾隆禪讓、嘉慶登基，其規模遠勝於先前
的三次，《嘯亭續錄》載：「丙辰春，聖壽躋登九旬，適逢內禪李城，開千叟宴
於皇極殿，六十以上預宴者凡五千九百餘人，百歲老民至以十人數計，皆賜酒
聯句。」〔註35〕《清史稿》載：

嘉慶元年丙辰春礼月戊辰朔，舉行內禪，上侍高宗遍禮於堂子、奉
先殿、壽皇殿。高宗御太和殿，授璽。上即位，尊高宗為太上皇帝，
訓政。……寧壽宮舉行千叟宴，太上皇帝蒞焉。九十以上者，召至
御座，賜卮酒如故事。〔註36〕

從史料來看，此次千叟宴意義非凡，《清史稿》載：「嘉慶初元，再舉千叟宴，
朝鮮、安南、暹羅、廓爾喀額爾德尼王吉爾巴納足塔畢噶爾瑪薩九叩。」新皇
登基各國使節來賀，《朝鮮王朝實錄》正祖十九年有載：

明年礼月初間，在寧壽宮皇極殿，舉行千叟宴，著速行文各該督撫，
將年屆七十以上之官員、紳士、耆庶，查照五十年之例，妥為送
京。……年過七十之官員、紳士、耆庶，如有情願赴京者，妥為照
科咨送，勿得以衰憊之人充數，并按照道里、緩程，行走于封印，
後年到京，亦不為遲。〔註37〕

阮偍有三首詩作紀錄此次盛會，分別是〈應制侍千叟宴〉、〈侍皇極殿千叟宴
預頒壽杖喜賦〉、〈賀文護送朱大老爺預千叟宴〉。〈應制侍千叟宴〉為應制詩，
應制詩乃古代臣屬奉皇帝之命而作的應酬詩，由於寫這類詩須看君王臉色、
合身分、又不能離題、不可出格，實在不容易創作。〔註38〕在詩的小序中有
載：「詩進奉賞壽杖一根，玉如意一把，錦緞六端及石硯、硃墨、水筆、緝箋、

〔註34〕趙爾巽：《清史稿・本紀・聖祖》卷八，（北京：中華書局，1985年），頁284。
〔註35〕昭槤：《嘯亭續錄》卷一，（臺北市：新興書局，1988年），頁386。
〔註36〕趙爾巽：《清史稿・本紀・仁宗》卷十六，（北京：中華書局，1985年），頁567。
〔註37〕《朝鮮王朝實錄・正祖實錄》卷四三，頁67-2。
〔註38〕吳元嘉：〈應制詩之審美特徵——張九齡應制詩為觀察對象〉，頁4。

鼻煙等物，並御製詩一幅。」〔註39〕記錄了乾隆賞賜給使臣的物品，《朝鮮王朝實錄》中，此次沒有記載贈送的物品，但有記錄於乾隆五十年舉辦的那次千叟宴：「製千叟宴詩四韻一首以進，賞賜各緞一疋、絹紙二筒、筆一匣、墨一匣。」〔註40〕兩次千叟宴所賜之物明顯增多，且價值更高。〈應制侍千叟宴〉全文如下：

> 昌明景運自天開，盛事稀奇冠古來。九聖人端寶座，十洲仚老侍金臺。蟠桃瑞獻千秋實，玉□香浮萬□香杯。祝佛無量壽，長滋雨露遍寰垓。〔註41〕

此為七言律詩，三四五六句對仗十分工整，韻押第十部灰韻，平聲韻一韻到底，是首形式正確的七律。這首應制詩與先前的兩首相同，都是屬於歌功頌德之作。

第二首〈侍皇極殿千叟宴預頒壽杖喜賦〉，為阮偍收到乾隆賞賜後所做之詩，內容如下：

> 皇極階前叩上皇，鬚眉勝會恰韶陽。御珍分賜玻璃器，法醞盈斝瑪瑙觴。蕭鼓驚聞天上樂，衣冠喜襲禁中香。齡□叨得頒仙杖，錫慶先徵壽長。〔註42〕

此首與〈侍皇極殿千叟宴預頒壽杖喜賦〉同為標準的七律形式。從林京〈太上皇的千叟宴〉附圖中，皇極殿前即是乾隆寶座，接著為王公貴族與一二品大臣，再來就是各國使臣，故阮偍首句之描述並無誇張。使臣之後便是三品大臣，中間通道置滿賜品，左右為四至九品官員，規模相當宏大。《清稗類鈔》載：「嘉慶丙辰春，聖壽八十六，內禪禮成，開千叟宴於皇極殿，六十以上預宴者五千九百餘人，百歲老民以十數計，皆賜酒聯句。」〔註43〕嘉慶元年的千叟宴是中國最後一次千叟宴，也是最為盛大的一次，王公貴族、外國使節、文武大臣同賀，可見其規模之大。

〔註39〕阮偍：《華程消遣集》，（收入收入鄭克孟、葛兆光：《越南漢文燕行文獻集成》第八冊。上海：復旦大學書版社，2010 年），頁 230。

〔註40〕《朝鮮王朝實錄·正祖實錄》卷十九，頁 15-2。

〔註41〕阮偍：《華程消遣集》，（收入收入鄭克孟、葛兆光：《越南漢文燕行文獻集成》第八冊。上海：復旦大學書版社，2010 年），頁 230。

〔註42〕阮偍：《華程消遣集》，（收入收入鄭克孟、葛兆光：《越南漢文燕行文獻集成》第八冊。上海：復旦大學書版社，2010 年），頁 231。

〔註43〕徐珂：《清稗類鈔·恩遇類》，（北京：中華書局，1984 年），頁 314。

第三節　與中國官紳的交流

　　越南使臣自入鎮南關後，沿途至北京道上，清廷都有派遣伴送官隨侍，且行經之地的地方政府皆需接待使臣團，尤其北使路程遙遠，伴送官的重要性不可言喻，除了代表天朝威儀，亦有監視外國使臣的意味在。何新華先生於《最後的天朝：清代朝貢制度研究》中指出，乾隆三十六年（1771）重新制定了派選伴送官的制度，分為入省後的長程伴送，以及各省再派地方官員的短程伴送，且去返都由原伴送官護送。〔註44〕

　　武輝瑨的出使是為請降求封，在去程上留下五下贈詩，其中三首有是贈給伴送官或地方官員，其它兩首為題扇詩，未註明所贈何人，請看〈席贈寧明知州李關甫〉：

> 文章保障一州雄，棠樹擎天陰札濃。北塞久聞談福曜，南人時獲把
> 春風。方從蘭室香俱化，不必醇杯意自釀。報政早知宸簡處，豈容
> 江下獨私公。〔註45〕

此詩主旨在讚揚這位地方官的人格，學識方面在首聯即有說明，頸聯的蘭是四君子之一，尾聯的豈容獨私公則讚嘆這位官員的剛正不阿。再看〈贈思恩府正堂汪公索詩〉：

> 丰姿秋霽氣春溫，人仰甘棠蔭祿繁。不為熙朝安鴻澤，未應遠郡屈
> 熊藩。德章公冕榮行部，望重臺臺待討論。此去親承宣室問，小邦
> 札急望天恩。〔註46〕

此詩主旨明顯在尾聯，這位正堂的身分小序有紀錄，汪公是滿州人，且為期同入賀壽，且提出「少年英銳，帽上特加孔雀尾，示表異威。」的描述，再加上尾聯的內容，可知西山朝急欲取得清朝承認的迫切。

　　回程途中，武輝瑨又留下三首與官員、文人的詩作，另又有七篇謝文，感謝中國官員的照顧。先看〈附錄廉公復詩〉：

> 天朝喜近發神駒，雲樹蒼蒼月影孤。得意封章榮藻火，閒情吟詠化
> 機珠。應知上國多奇惠，合使遐方盡起蘇。佳作流連堪百讀，心清

〔註44〕 詳見，何新華《最後的天朝：清代朝貢制度研究》，（北京：人民出版社，2012年），頁258。

〔註45〕 武輝瑨：《華原隨步集》，（收入收入鄭克孟、葛兆光：《越南漢文燕行文獻集成》第六冊。上海：復旦大學書版社，2010年），頁304。

〔註46〕 武輝瑨：《華原隨步集》，（收入收入鄭克孟、葛兆光：《越南漢文燕行文獻集成》第六冊。上海：復旦大學書版社，2010年），頁308。

一片映冰壺。〔註47〕

廉公應為地方官，頷聯描寫武輝瑨完成使臣任務，返程有閒情可以寫寫詩作，頸聯頷尾聯可看出求詩的目的是為多了解越南。武輝瑨和詩如下：

> 皇華出命策華駒，無奈詩懷萬里孤。曾僭拋磚難引玉，想因處暗未投珠。方聞古穎再黃霸，歷說中朝重大蘇。顏範未瞻神已契，何緣觸詠徹秋壺。〔註48〕

從這首詩可以看出武輝瑨曾想與中國官員或文人有所交流，頷聯的僭即可看出他有這個想法或動作，但沒有收到回音，或許礙於政治因素遂放棄念頭。直到今天來到穎川遙想黃霸與東坡的事蹟，尾聯可見武輝瑨想與這位官員有更深入的交往。後續的與廉公會面，武輝瑨又寫一首〈再和廉公尹來詩仍邀共飲〉，與此首同韻字，感謝廉公的邀請與和詩。

武輝瑨另有與一位彭秀才酬唱，請看〈附錄彭秀才元韻〉：「幸逢來觀得觀光，溪上徧饒翰墨香。不是千尋山岳骨，如何人在望岩廊。」〔註49〕武輝瑨和詩如下：「華轡榮觀上國光，歸來滿袖是天香。小何溪畔逢佳士，剪燭談詩公館廊。」〔註50〕從內容看來，這僅是一般的唱酬詩，沒有更多資料顯示兩人是否有更深入的交往。

此外，武輝瑨另有七篇謝文，分別是〈謝福爵閣部堂啟〉、〈一謝海提督啟〉、〈謝孫部院啟〉、〈謝左江兵備道湯啟〉、〈謝右江王都督府啟〉、〈謝福爵閣部堂壽誕啟〉、〈寄謝河南順府梁大人啟〉，這七篇文章都是感謝伴送官一路護衛到北京，見到乾隆完成出使任務的謝文，內容不乏稱讚伴送官的英明威武與乾隆的垂愛恩澤，甚直有時不惜貶低國格，都展現了西山朝做為新興王朝欲依附清朝的現實。

阮偍充謝恩使出使（1789）的去程路途中，有留下一首〈留贈柳州章參軍〉，清代亦規範了伴送官的品級，文官為知府、通判；武官為副將、參將。〔註51〕

〔註47〕武輝瑨：《華原隨步集》，（收入收入鄭克孟、葛兆光：《越南漢文燕行文獻集成》第六冊。上海：復旦大學書版社，2010年），頁325。

〔註48〕武輝瑨：《華原隨步集》，（收入收入鄭克孟、葛兆光：《越南漢文燕行文獻集成》第六冊。上海：復旦大學書版社，2010年），頁326。

〔註49〕武輝瑨：《華原隨步集》，（收入收入鄭克孟、葛兆光：《越南漢文燕行文獻集成》第六冊。上海：復旦大學書版社，2010年），頁326。

〔註50〕武輝瑨：《華原隨步集》，（收入收入鄭克孟、葛兆光：《越南漢文燕行文獻集成》第六冊。上海：復旦大學書版社，2010年），頁326。

〔註51〕何新華《最後的天朝：清代朝貢制度研究》，（北京：人民出版社，2012年），

阮偍此首詩應留贈給當時伴送的武官，請看：

> 柳州司馬□參軍，俊逸豪華合一人。每在笑談徵器宇，卻從筆本見
> 精神。蘭金締訂真奇韻，萍水遭逢諒夙因。欲等回程詩酒會，桃紅
> 柳綠共爭春。〔註52〕

詩中不難見到阮偍與這位伴送官的好交情，對這位伴送官的稱讚溢於言表。雖然只是贈詩而不是唱和，但從字裡行間依然可以感受到，越南使臣在中國受到的待遇應是相當不錯的。尾聯「欲等回程詩酒會」則證實當時乾隆往返皆由原官伴送的制度。在前往北京途中，阮偍又留下一首〈留別經廳程老爺〉：

> 秋抄榆塞成新試，冬仲梅程認故知。越國遭逢應不偶，忘年締訂也
> 尤奇。周旋雅意深鏤佩，潦草微情□忸怩。心緒短長休贅筆，盡歡
> 尚有返軺期。〔註53〕

程老爺身分不詳，但從詩作中可見兩人應有數面之緣。比較可惜的是，沒有更多資訊可以拼湊出，除伴送官外，使臣與其他中國知識分子的交流。在回程途中，阮偍又作四首贈詩，〈留贈短送漢陽分府萬大爺〉：

> 勤鶴逍遙伴旅程，華筵談敘□春生。松鄉且喜雲南近，梅驛仍從楚
> 北經。霽月光風瞻雅範，新□香茗荷高情。司占□果明天應，象□
> 文星送客星。〔註54〕

從短送可知萬大爺是地方的伴送官，陽分府在安徽省穎上縣。詩的小序有介紹這位伴送官的資料：「他是雲南人，現任楚北大夫，使臣至此，他有茶、香及對聯見贈。」從首聯可見兩人於途中的相處融洽，頸聯則稱許這位萬伴送官對茶、香等物質的雅興，從所贈之物中有對聯亦可知有文學素養，兩人或許於伴送期間互〈留贈彰德陽分府〉，彰德即今河南省安陽市，詩的內容讚賞此地地靈人傑，是留贈地方官府的詩作。

阮偍回程至廣西時，留贈了一首給伴送官，詩名〈留贈梁通侯〉，請看：

> 縱步連年上玉京，□□天憲達邊情。匪將才調邀殊脊，直以言辭動

　　　　頁258。
〔註52〕阮偍：《華程消遣集》，（收入收入鄭克孟、葛兆光：《越南漢文燕行文獻集成》
　　　　第八冊。上海：復旦大學書版社，2010年），頁125。
〔註53〕阮偍：《華程消遣集》，（收入收入鄭克孟、葛兆光：《越南漢文燕行文獻集成》
　　　　第八冊。上海：復旦大學書版社，2010年），頁122。
〔註54〕阮偍：《華程消遣集》，（收入收入鄭克孟、葛兆光：《越南漢文燕行文獻集成》
　　　　第八冊。上海：復旦大學書版社，2010年），頁145。

聖咱。歌管席前非分樂，衣冠會上有餘榮，歸來長憶知音誼，遙望
明江月色明。〔註55〕

小序僅提到這位伴送官為明江人。此首贈詩與前面二首風格都相近，透過贈詩
的動作也可知，清朝在挑選伴送官時，亦有條件的限制。阮偍另有〈賀文護送
朱大老爺預千叟宴〉，此詩為阮偍第二次出使中國之作，朱大老爺為護送官，
此詩為阮提感謝護送官之詩。內容如下：

堯舜乾坤開盛會，□彭歲月值嘉辰。丹墀紳□朝良佐，壽宴鬢眉國
老臣。仙杖光搖瓊院色，宮□香窗鳳城春。年尊德劭沾恩重，竊□
分榮慰遠人。〔註56〕

與前兩首不同的地方是，這首非律詩，但在呈現千叟宴之盛大的筆觸仍是相同
的，前面兩句表示十分榮幸能夠恭逢其時，三、四句則是對朱護送官的稱讚，
五、六句寫皇極殿之美輪美奐，後兩句再次感謝護送官的辛勞與照顧，才有幸
能參與這一大清宮盛宴。

阮偍兩首描寫千叟宴的七律，雖僅短短數語卻可以讓讀者看見清朝宮宴
的盛況，在清朝由盛轉衰的關鍵時間點，讓後世的人得以遙想當年康雍乾盛世
的縮影，亦可佐證使臣漢文造詣之高超，於外交場合發揮了作用。舉行乾隆五
十年的千叟宴有《欽定親叟宴詩》，嘉慶元年有《欽定重舉親叟宴詩》，收錄超
過三千首詩作供後世讀者重回盛宴之時。

阮偍此行因去程因繞道以致趕驟，不見留下與中國官員或聞人交流的詩
文，但於回程就有留下一些贈詩與和詩，如〈贈別舊送護原泗城府正堂朱大
爺〉，小序載朱大爺為江西人，擔任使臣團上京時伴送官，但因年老而去任，
後回程於登舟途中相遇，朱大爺已「行況蕭然，不似來辰。」阮偍贈詩一首致
意，詩末云：「此後光□頻仰望，雲霄璀璨壽星纏。」盼望這位伴送官的身體
能夠好轉。又〈呈謝護送劉都□府〉、〈贈吳通事〉兩首為給伴送官的贈詩，詩
多感謝官員的辛勞。

在和詩部分，阮提和兩位中國文人有交流，但僅知姓而不知其名，且小序
亦無其他資訊可供參考，其中一人為宿州陳大爺，宿州位於安徽省，阮偍有贈
詩、賀詩各一首，陳大爺原詩云：「他年入貢重逢日，把酒臨風為洗塵。」從

〔註55〕阮偍：《華程消遣集》，（收入收入鄭克孟、葛兆光：《越南漢文燕行文獻集成》
第八冊。上海：復旦大學書版社，2010 年），頁 160。

〔註56〕阮偍：《華程消遣集》，（收入收入鄭克孟、葛兆光：《越南漢文燕行文獻集成》
第八冊。上海：復旦大學書版社，2010 年），頁 232。

詩的內容來看，應是阮偍即將離開宿州時所作，阮偍和詩云：「別後江雲空注望，難沾香茗解思塵。」可想見二人離情之情景，另一首〈贈宿正堂陳大爺〉，筆者認為，詩中的正應是誤抄，原字應為州，詩云：「密挹容□慰遠人」，可推測陳大爺應為地方官或短程的伴送官，詩末云：「自古大才當重任，早揆席□展經綸。」肯定這位地方官的才識與能力。

至江西吉水時又與一位錢姓地方官交流，留下三首七絕，小序提到：「伊求見詩稿，再書詩三絕相贈，回和以答。」三首為〈其一謝見詩〉、〈其二謝贈扇〉、〈其三謝賜詩〉。其中不乏想人彼此稱讚文采的詩句，如其一元韻云：「海外文章□妙裁，日南萬里到燕臺。」阮偍和詩：「愧無好句動尊裁，夜靜更□費燭臺。」又可見聞人彼此欣賞之句，其二元韻：「他日海南利著作，帝京景物盡其□」阮偍和詩：「文人情誼重如山，累致殷懃見量寬。」兩國文人的交流模式雖然都已詩為主軸，但卻有賜詩、贈詩、贈扇等途徑，讓交流過程更有意義。

此次出使武輝瑨與潘輝益留下許多與伴送官或中國文人交流的作品，其中在行至江西時，與一位地方官戴衢亨有交流，《清史稿》載：「戴衢亨，字蓮士，江西大庾人。……四十三年，成一甲一名進士，授翰林院修撰。……叔父均元、兄心亨並居館職，迭任文衡，稱西江四戴。」〔註57〕潘輝益〈贈戴狀元〉詩序中提到，戴衢亨目前告假還鄉，現住江西省城，與地方官一同於公館會面，題了一首北蘭寺二律，且示諸陪臣，故送詩，請看：

> 海邦驥駱八中原，人世星鳳見狀元。蘭寺何能賡藻句，玉堂無奈忝眼綸。近瞻笑欽賢達，早把風猷弼至尊。邀幸識韓增悅慕，文光除是仰奎垣。〔註58〕

又武輝瑨和詩：

> 星槎超遞發南洋，水色山容接遠蒼。久仰百年西省狀，先傳兩咏北蘭章。蛟騰乍慰吟懷渴，鱸唱其如客路茫。垂教倘蒙劉雅愛，騷壇異日賦甘棠。〔註59〕

〔註57〕趙爾巽：《清史稿·列傳·戴衢亨》卷三百四十一，（北京：中華書局，1985年），頁11098。

〔註58〕潘輝益：《星槎紀行》，（收入收入鄭克孟、葛兆光：《越南漢文燕行文獻集成》第六冊。上海：復旦大學書版社，2010年），頁217。

〔註59〕武輝瑨：《華程後集》，（收入收入鄭克孟、葛兆光：《越南漢文燕行文獻集成》第六冊。上海：復旦大學書版社，2010年），頁361。

雙方對於此次的會面甚歡，可惜不見戴衢亨的原作。此外，戴衢亨有兩首贈扇詩給武輝瑨，武輝瑨答謝一首和詩。贈扇詩其一寫道：「誰知嶺北客，忽訟日南詩。」足見兩位詩人的友好關係，後「此遊堪健羨，行路好相隨。」相別之時的祝福之語。武輝瑨和詩寫道：「尋常留咏筆，珍重所懷詩。」兩人相識時間雖然不長，但從詩作之中可以感受到兩人的情誼。

除戴衢亨，武輝瑨亦有一首〈留贈　送德順臺〉贈與在廣西時的伴送官。此外，潘輝益於廣東伴送官張臬臺餞別之作〈韶州江次奉餞廣東張臬臺回治〉，小序：「七天賓館，多荷周旋，千里舟程，重厪護伴，邂逅幸瞻星鳳，合離忽感泥鴻，聊借巴章，載申雅好。」〔註60〕從小序可知這位是短程伴送官，贈詩以達感謝。至江西九江時又有〈和贈九江城館主貢生呂肇祥〉，但不見呂氏原詩。至北京時又有〈贈禮部主事吳進士〉，小序提到吳氏為直隸清苑人，丁未進士，兩人於朝房相遇，吳氏以禮待之，故以贈詩，請看：

蟠桃會上厠衣冠，玉笋班中覩鳳鑾。早有文章標甲第，暫將禮度佐春官。三秋皎月丰神爽，千頃汪波宇量寬。繾綣清樽留夢憶，人生萍水偶締歡。〔註61〕

首聯交代相遇的時間地點，頷聯讚賞吳氏的文采與學識，頸聯和尾聯則表示對這次的萍水相逢感到喜悅。潘輝益在回程時於黃鶴樓又有〈遊黃鶴樓〉，小序後半寫到：「總督畢狀元，接見于棐亭，晚登高閣，徘徊四眺，時段翰林先構詩三章，余借用其一，細加潤訂，憑段兄筆題樓壁，偶誌以詩。」〔註62〕略記了當時交流的情況，詩末云：「借題聊記此登樓。」可遙想在名樓之上，中、越文人與此進行文學交流，雖不見原詩，但詩韻可知此詩與崔顥、李白的〈黃鶴樓〉用同一韻部，在和詩的同時，也有種與唐代詩家同唱之感。

潘輝益至南寧有一首〈贈王分府〉，小序：「王撫棠浙江人，……今春王轉任龍州分府，審覆我國文書諸事，入覲之議，福總督委王先行諭意。初夏，王兩次出關，就京北界，與我陪臣商酌，迨使進程，王奉命長送，一切事宜，加心邦護。」在史書中，可確認王氏為龍州通判，福總督為福康安，王氏為長程

〔註60〕潘輝益：《星槎紀行》，（收入收入鄭克孟、葛兆光：《越南漢文燕行文獻集成》第六冊。上海：復旦大學書版社，2010年），頁214。

〔註61〕潘輝益：《星槎紀行》，（收入收入鄭克孟、葛兆光：《越南漢文燕行文獻集成》第六冊。上海：復旦大學書版社，2010年），頁245。

〔註62〕潘輝益：《星槎紀行》，（收入收入鄭克孟、葛兆光：《越南漢文燕行文獻集成》第六冊。上海：復旦大學書版社，2010年），頁251。

的伴送官，途中雖無與潘輝益或武輝瑨有詩作往來，但從潘輝益這首贈詩足見王氏的重要性，詩云：「臭蘭情重兩經冬。」使臣團於乾隆五十五年（1790）三月底啟程，七月中旬到北京，八月返程，十一月下旬抵鎮南關，從出使起至返抵鎮南關，王氏都為伴送官，相處時日甚長。由小序可知，王氏應是與使臣團直接溝通之人，具一定的重要性。

　　從此次出使的贈詩、和詩可見，做為一個宗主國盡地主之誼，兩方在不斷的交往中也更認識彼此。但此次的出使有別於以往，史書紀錄之詳盡更是少見，從貢到安排、到達時間、銀兩花費都有紀錄，也足見兩國關係由緊繃到舒緩的過程。在與官員和文人的交流中，更可見到使臣漢文造詣之高妙，如先秦的《詩經》在外交場合上，發揮的重要功能。

第四節　與朝鮮使臣的交流

　　潘輝益、武輝瑨留下許多與朝鮮使臣的唱和詩作，可以一窺兩國在壽宴期間交流。潘輝益〈柬朝鮮國使〉，柬應為柬的誤抄，因其後又有再柬與三柬，小序提到此次朝鮮正使為駙馬黃秉禮，但筆者遍尋不著黃秉禮，後於《朝鮮王朝實錄》中確認應為黃仁點（～1802），《朝鮮王朝實錄》載：「翁主，英廟貴人趙氏出，下嫁昌城尉黃仁點。」〔註63〕翁主為朝鮮國王側室所出之女。據載，黃仁點分別於西元 1778、1781、1783、1786、1790、1792、1793 年以正使身分出使中國。副使徐浩修（1736～1799），文本之洗為浩之誤抄，徐浩修著有《熱河紀行》，紀錄這次盛大的萬壽節，他曾於西元 1776、1790 二度擔任副使出使中國。另一位副使李百亨（1737～）、朴齊家（1750～1815），其中徐、李、朴都有與武輝瑨、潘輝益有詩作交流，先看潘輝益〈柬朝鮮國使〉：

> 居邦分界海東南，共向明堂遠駕驂。文獻夙藏吾道在，柔懷全仰聖
> 恩覃。同風千古衣冠制，奇遇連朝指掌談。騷雅擬追馮李舊，文情
> 勝似飲純甘。〔註64〕

小序提到：「與我使連日侍宴，頗相疑洽，因投以詩。」這首詩值得關注的部分在頸聯的第一句，根據葛兆光先生研究，後黎朝與朝鮮、琉球等國向來奉明

〔註63〕《朝鮮王朝實錄・正祖實錄》，卷三，頁 51-2。
〔註64〕潘輝益：《星槎紀行》，（收入收入鄭克孟、葛兆光：《越南漢文燕行文獻集成》第六冊。上海：復旦大學書版社，2010 年），頁 235。

朝為正朔，衣冠亦以明代服制為準。〔註65〕《朝鮮王朝實錄》載：「其人雖解文字，而貌甚屚劣，俱著戲子蟒袍，與該國舊制大異云。」〔註66〕可知朝鮮人對越南易服之事感到輕視，根據葛兆光先生研究《燕行錄》之記載，朝鮮使臣徐浩修曾問：「貴國官服本與滿洲同乎？」安南使臣回答這僅是一時的權宜之舉。〔註67〕這或許回應了潘輝益〈奉穿戴天朝冠服，愴然有感〉所愴之情，潘輝益是復仕西山朝的身分，在朝鮮使臣的提問中，自然有複雜的心境。再看武輝瑨〈柬朝鮮國使〉：

> 海之南與海之東，封域雖殊道脈通。王會初來文獻共，皇華此到觀瞻同。衣冠適有從今制，縞紵寧無續古風。伊昔皇華誰似我，連朝談笑宴席中。〔註68〕

這首是武輝瑨和徐浩修之詩，武輝瑨的回應更為直接，「封域雖殊道脈通」、「皇華此到觀瞻同」，暗指朝鮮與安南的政治現實其實是沒有區別的，且「衣冠適有從今制，縞紵寧無續古風。」更直接表達了之前雖從明制，但明亡清興、時移事易，對易服之事感到不以為然，尾聯「伊昔皇華誰似我，連朝談笑宴席中」更是展現乾隆優待安南的優越感，比起潘輝益複雜的內心，武輝瑨顯得從容。這也難怪朝鮮使臣留下不佳的評價，在〈依前韻再柬〉的徐浩修元韻又云：「雖今言語諸方異，從古衣冠兩地同。」表達文化的背叛感，在此武輝瑨回應：「雅契一朝萍水合，斯文千載氣聲同。」暗指交流是透過聲律文字，而非衣冠。據《朝鮮王朝實錄》載：「安南內訌，厥由光平而始，既興師問罪，旋又奪此與彼者，殊非討有罪，繼絕國之道。故燕京之人，顯有不平之論。」充分展現清廷對安南政策的不以為然。

　　與武輝瑨比較，潘輝益在交流上顯得單純，〈朝鮮李校和詩再贈前韻〉，詩文多表達想與朝鮮詩人能有更多交流，詩云：「次第詩筒留雅好，香言投贈想同甘。」但李百亨似乎婉拒，詩云：「所貴真情言外在，論交端合不求甘。」

〔註65〕葛兆光：〈朝貢、禮儀與衣冠——從乾隆五十五年安南國王熱河祝壽及請改易服色說起〉，收入《復旦學報（社會科學版）》第二期，上海：復旦大學，2012年，頁9～10。

〔註66〕《朝鮮王朝實錄·正祖實錄》，卷三，頁58-1。

〔註67〕葛兆光：〈朝貢、禮儀與衣冠——從乾隆五十五年安南國王熱河祝壽及請改易服色說起〉，收入《復旦學報（社會科學版）》第二期，上海：復旦大學，2012年，頁2。

〔註68〕武輝瑨：《華程後集》，（收入收入鄭克孟、葛兆光：《越南漢文燕行文獻集成》第六冊。上海：復旦大學書版社，2010年），頁368。

或許是對易服事件耿耿於懷，兩人和詩交流即此為止。武輝瑨又有〈三束朝鮮國使〉、〈四束朝鮮副使李校理〉，其中四束有小序云：「辛卯，使部家尊逢貴國副使李公諱致中以詩贈答，李詩有曰：肝膽豈輸羈舌裡，精神虛注路班中。為本國傳誦，於此來又逢臺駕詢之，為前李公堂親，亦一奇邂逅也。」辛卯是西元 1771 年，武輝瑨之父武輝珽以甲副使的身分出使中國，筆者查閱《朝鮮王朝實錄》：「蔡濟恭為冬至正使，朴師海為副使，李昌任為書狀官，李度默為說書。」〔註69〕又五輝珽《華程詩》有載：「右詩二首朝國書狀官，蒼南李致中□。」〔註70〕故李致中應為李昌任。

最後為潘、武二人與朝鮮書記朴齊家之和詩，潘輝益〈侍宴西苑朝鮮書記樸齊家〉，樸為朴之誤抄。小序云：「攜扇詩就呈，即席和贈。……登清音閣，我使部與朝鮮每同舟並行。」朴齊家贈扇詩予潘輝益，可知兩國的交流應相當頻繁，朴齊家詩云：「我欲傳書信，難逢萬里舟。」可知朴齊家對安南有一定的好奇，潘輝益詩中的內容多為歡宴之樂。乾隆八十大壽的萬壽節，除有對安南的懷柔，亦可見朝鮮對易服的不解，在國際外交的場合之上，安南與朝鮮透過詩文來表達彼此的立場，更可以從中感受到兩國於政治現實上的較勁。

阮偍第二次出使（1795），有與二位朝鮮使臣和詩交流，分別是徐有防與李亨元。據筆者查閱朝鮮王朝實錄，徐、李二位使臣出使目的不同，據《朝鮮王朝實錄》載：「冬，十一月六日。以李秉模為進賀正使，徐有防為副使，柳畊為書狀官。」〔註71〕又：「冬，十月十日。召見冬至正使閔鍾顯、副使李亨元、書狀官趙德潤。辭陛也。」〔註72〕徐有防（1741～1798）為賀嘉慶登基，李亨元（1739～1798）為尋常例貢。

阮偍與李亨元有和詩三首，除可見使臣漢文能力的展現，亦可知於外交場合，在語言不通的前提下，以詩文做為外交手段的情景。〈束朝鮮國使臣〉，詩云：「漲南修阻渤溟東，邂逅惟相帝闕中。」李亨元和：「扶桑積水在東南，喜在乾坤一氣中。」對彼此的相遇感喜悅，阮偍詩云：「經史前傳無所異，衣冠古制有相同。」很明顯想要以文化同源來打近關係。〈再束朝鮮國使臣〉，詩云：「心裏真情須見照，口頭音異每懷懃。齠懸豈有重逢日，相遇無辭抵掌談。」

〔註69〕《朝鮮王朝實錄・英祖實錄》，卷一百十六，頁39-2。
〔註70〕武輝珽：《華程詩》，（收入收入鄭克孟、葛兆光：《越南漢文燕行文獻集成》第五冊。上海：復旦大學書版社，2010年），頁356。
〔註71〕《朝鮮王朝實錄・正祖實錄》卷四十三，頁53-1。
〔註72〕《朝鮮王朝實錄・正祖實錄》卷四十三，頁36-2。

表達因語言的隔閡而有交流障礙，李亨元和：「鐵□交情歸不隔，珠璣新什和多慙。雪泥鴻爪留名地，抵上□愈夢裡談。」李亨原似乎更看重彼此的交流，口頭語言不是最重要的。

第五節　小結

　　應制詩多為套式手法，皆是對皇帝的歌功頌德，從小序的紀載中，可見清帝國滿朝文武排場的盛況；從侍宴詩中，能一窺清宮宴會的鋪張與氣派，亦能感受到清帝國安撫外邦的懷柔手段，西山朝使臣參與多次重大宴會，如乾隆禪位嘉慶、千叟宴等，都是清代的大型活動，使臣以異域之眼紀錄盛況。尤其在宴會的場合，能看到乾隆對西山朝使臣的優待，參與了之前使臣不曾參與過的活動，不但豐富了燕行文獻的內容，亦可從中得知清廷與西山朝的政治情況。

　　使臣沿途與伴送官、各地仕紳交流，多以贈詩、唱和的形式呈現，如潘輝益等人與戴衢亨的交流，不但可以看見中國文人對越南使臣的好奇，亦能看見越南使臣與中國官紳交流的高度興趣。此外，在與韓國使臣進行交流的過程中，可以證明當時東亞流通的文字是漢文，亦是越南、朝鮮受漢文化深刻影響的佐證，詩中不乏許多中國典故。尤其朝鮮使臣對武輝瑨等人的提問，不僅顯示出西山朝百般討好乾隆的行為，亦有吃味越南備受禮遇的情況。

第七章　結　論

　　中越關係淵遠流長，從政治方面來看，秦至唐長達千餘年的信史，都由中國直接或間接的統治，即使在 968 年獨立建國，其國家制度依然比照中國，且經常遣使至中原王朝交流或求封，雙方的交流依然緊密。至元朝，朝貢走向制度化，包含貢期、貢道、貢物等，歷經明清兩代，朝貢制度已相當固定。後黎朝末年，西山朝興起，清廷以宗主國之姿介入越南的政治，幫助後黎朝復國，但依舊挽回不了搖搖欲墜的後黎朝，乾隆晚年為了聲譽，接受了西山朝的求封，在對其的禮遇上更是周全，從使臣留下的燕行文獻中，都可看見乾隆討好的零星線索。

　　在文化的層面來看，越南接受漢文化薰陶甚早，且程度亦深，與韓國、日本仍有差異存在，如韓國直接隸屬中國領土的時間不長且不連續，日本隔著海洋，文化的傳播就更相對邊陲了，越南長時間隸屬中國，在文化上、政治上、制度上的接觸都是直接且全面的。影響越南最深刻的儒、釋、道三教，皆是從中國傳向越南，經典的呈現、教義的傳播都仰賴漢字。此外，選材的科舉制度、官方的書信傳遞亦以漢字為主，喃文主要用於文學的創作，且喃字亦是根據漢字進行改造。在文學方面，中國有的文體越南必有，即使獨立之後，依然保持密切的交流，包含請求宋朝贈與佛教經典、使臣受命前往中國購買書籍等，都可見越南對中國文化的依賴程度。科舉制度上，仿中國科考的制度，欲取功名之人必讀漢文書籍，且須熟悉各類文體，尤其是詩、文的造詣必須有相當程度。從西山朝出使中國使臣中，不乏精通漢文者，對漢字的熟稔度高、擅於詩文的創作、對中國政治形勢也有一定的了解。

在研究的文獻中，筆者以復旦大學與漢喃院和編的《越南漢文燕行文獻集成》為主，再史料、前人研究成果為基礎，建構論文架構與研究體系。西山朝國祚短，卻讓乾隆不得不接納，是筆者相當感興趣的部分，從筆者選擇的四部燕行錄所提供的資料來看，乾隆對西山朝的禮遇前所未有，武輝瑨留下的兩部燕行集提供了西山朝初期出使頻繁的線索，潘輝益的《星槎紀行》紀錄乾隆對西山的禮遇，以及亟欲對乾隆示好的情況。阮偍《華程消遣集》收錄了三百多首的詩作，記錄她兩次北使的見聞，提供了相當豐富的資訊。

在分析與歸納詩文的過程中，筆者將西山朝的詩文分成兩大面向，第一面向為文學內涵與修辭手法，其中再分成三個部分、七個主題作討論。在紀行與地景的部分，筆者從文化地理學出發，從出鎮南關開始，鎮南關又稱友誼關，是中越間的重要關隘，亦是使臣重要的文化符碼，通過此關以代表進入異域、異國，但實際的情況是，廣西一帶的風俗與北越相差不大，但因政治因素被強迫割離，但文化的群聚性依然無法被切斷。北使途中經過許多重要的景點與城市，如先前所述，使臣對中國有一定程度的了解，且大多熟悉中國典故及文體，如今親自造訪是對先在視野的認證，在許多作品中依然可見多處模仿中國墨客的筆法，可知在潛移默化之下，越南的知識份子受漢文化深刻影響。在著名歷史場域感古傷今、緬懷先烈，無處不見中國的英雄豪傑，氣勢悲壯蒼涼，與中國的文學傳統幾乎無異。

第二個部分為個人抒懷，中國南方水路眾多且山路崎嶇，經常遭遇貢道阻塞的窘況，游離的靈魂在困頓之中亟欲尋找精神歸屬，使臣描寫旅途艱辛、思鄉情切的詩文不在少數，但忘故鄉渺渺，歸思難收，只能於夢中魂歸，或對風雨山川傾訴苦悶，每到佳節倍思親，使臣所營造的精神家屋是排遣旅興的重要途徑。

第三個部分為與同行使臣酬唱答和，此部分筆者認為相當有趣，在未細讀文本之前，筆者還未理解使臣之間的關係，後來在歸納詩文時，才發現到裡面的人物有重疊的現象，如武輝瑨與潘輝益、吳時任就有多次的詩文交流，在乾隆五十五年的出使中，吳時任並無留下北使詩文，但從交流的詩作中，就可以看見當年隨行的人員，對於彼此的關係也可以有初步認識。西山朝初期為求得眾人信服，大量擢拔後黎朝的政治勢力，包含武輝瑨、潘輝益、吳時任、阮偍、段浚等人都是政治世家，彼此都是認識甚至是熟識的，不禁讓人聯想當時西山朝的政治情況，但礙於論文的主題，待來日筆者獲得更多資訊再行補充。

　　詩文的第二個面向為應制、侍宴與交遊，分為四個小節討論，在應制詩與侍宴詩的部分，使臣紀錄了清王朝朝拜場面的盛大，包含了座位安排、場地布置、獻詩賞賜、參與的屬國無不詳盡，且可從其他檔案中得到相同的佐證，可見使臣紀錄之精詳，展現清廷做為宗主國的豪氣，也可見使臣如何從詩中紀錄這浩大的外交場面。

　　在與中國官紳的交流中，可見到中國伴送官的制度，亦可見中越雙方交流的情況，雖然僅有唱和、贈詩等形式，但雙方透過詩文滿足彼此的好奇心，以文會友何不是樂事一件，展現了越南並非處於文化邊陲地帶。在與朝鮮使臣的交流的交流中，更可以看見身為朝貢國的競爭，尤其是乾隆五十五年（1790），阮惠親自赴北京覲見乾隆，朝鮮使臣看見乾隆對西山朝的優待，又更換清朝官服的情況提出疑問，在雙方詩文的對答間，亦可看面對新興的西山朝，清朝盡力討好，朝鮮使臣頗為吃味的情況。

　　另外，筆者認為詩題的小序提供了許多重要的創作背景，讓研究者可以快速、正確的理解詩文的內容，筆者已經三位使臣、四部詩文集之詩題、小序、題要做成附錄，以便參閱。燕行文獻提供了一個很好的視角與切入點予研究者。從歷史的角度，燕行文獻成為佐證的資料，能拼湊當時的兩國的政治背景，從紀行的詩文可能一窺當時中國社會的風貌；從文學的角度，燕行文獻並非西山朝才有，經由比較可見越南燕行詩文的多樣面貌，不同的使臣有不同的觀點，紀錄的重點也不相同，亦可從中看出越南使臣對中國文化體認之深刻。燕行文獻提供了跨領域研究的面向，其中還有更多值得發掘的資訊。越南漢學還有許多值得開發的領域，目前文獻的整理、資料的分析仍有十足的發展空間。

參考書目

一、傳統文獻

1. 〔戰國〕《周禮・夏官》,(臺北市:臺灣商務,1964 年)。

2. 〔漢〕司馬遷:《史記》,(臺北市:臺灣商務,1988 年)。

3. 〔漢〕劉安:《淮南子》,(臺北市:建安出版社,1998 年)。

4. 〔漢〕班固:《漢書》,(臺北市:臺灣商務,1988 年)。

5. 〔南北朝〕陳壽:《三國志》,(臺北市:臺灣商務,1988 年)。

6. 〔南北朝〕范曄:《後漢書》,(臺北:鼎文書局,1985 年)。

7. 〔南北朝〕酈道元:《水經注》,(臺北市:臺灣古籍,2002 年)。

8. 〔唐〕房玄齡:《晉書》,(臺北市:世界書局,1988 年)。

9. 〔唐〕魏徵:《隋書》,(臺北市:臺灣商務,1988 年)。

10. 〔唐〕李延壽:《南史》,(臺北市:臺灣商務,1988 年)。

11. 〔五代〕劉昫:《舊唐書》,(臺北市:臺灣商務,1981 年)。

12. 〔五代〕李昉:《太平御覽》,(臺北:國泰文化,1980 年)。

13. 〔宋〕司馬光:《資治通鑑》,(上海:上海古籍出版社,1987 年)。

14. 〔宋〕王溥:《唐會要》,(北京:中華書局,1990 年)。

15. 〔宋〕歐陽修:《新唐書》,(臺北市:臺灣商務,1988 年)。

16. 〔元〕脫脫:《宋史》,(臺北市:臺灣商務,1988 年)。

17. 〔元〕馬端臨:《文獻通考》,(杭州:浙江古籍出版社,1988 年)。

18. 〔明〕宋濂:《元史》,(臺北市:臺灣商務,1988 年)。

19. 〔明〕徐階主編：《明實錄・世宗肅皇帝實錄》，（臺北市：中央研究院歷史語言研究所，1967 年）。

20. 〔明〕顧秉謙：《明實錄・神宗顯皇帝實錄》，（臺北市：中央研究院歷史語言研究所，1967 年）。

21. 〔明〕嚴從簡：《殊域周咨錄》，（上海：上海古籍出版社，1995 年）。

22. 〔清〕張廷玉：《明史》，（臺北市：臺灣商務，1988 年）。

23. 〔清〕《清實錄・世祖章皇帝實錄》，（北京：中華書局，1985 年）。

24. 〔清〕趙爾巽：《清史稿》，（北京：中華書局，1985 年）。

25. 〔清〕《清實錄・聖祖仁皇帝實錄》，（北京：中華書局，1985 年）。

26. 〔清〕《清實錄・世宗憲皇帝實錄》，（北京：中華書局，1985 年）。

27. 〔清〕托津：《大清會典事例（嘉慶朝)》，（上海，上海古籍出版社，1995 年）。

28. 〔清〕《清實錄・高宗純皇帝實錄》，（北京：中華書局，1985 年）。

29. 〔清〕崑岡：《大清會典事例（光緒朝)》，（上海：上海古籍出版社，1995 年）。

30. 〔清〕《清實錄・仁宗睿皇帝實錄》，（北京：中華書局，1985 年）。

31. 〔清〕尹泰主編：《大清會典（雍正朝)》，（新北市：文海書局，1995 年）。

32. 〔清〕允祹主編：《大清會典（乾隆朝)》，（臺北市：臺灣商務，1986 年）。

33. 〔清〕董誥：《全唐文》，（上海：上海古籍出版社，1993 年）。

34. 〔清〕昭槤：《嘯亭續錄》，（臺北市：新興書局，1988 年），頁 385。

35. 〔清〕徐珂：《清稗類鈔》，（北京：中華書局，1984 年）。

36. 〔越〕佚名：《越史略》，（北京：中華書局，1985 年）。

37. 〔越〕潘清簡：《欽定越史通鑑綱目》。

38. 〔越〕黎崱：《安南志略》，（北京：中華書局，2000 年 6 月）。

39. 〔越〕潘輝注：《歷朝憲章類志・科目志》，漢喃研究院藏，編號 A.1358-7。

40. 〔越〕阮忠彥：《介軒詩集》不分卷，漢喃研究院舊鈔本，編號：A601。

41. 〔越〕黎貴惇：《北使通錄》不分卷，漢喃研究院舊鈔本，編號：A179。

42. 〔越〕潘輝益：《星槎紀行》，收入《裕庵吟錄》卷二，漢喃研究院舊鈔本，編號：A603。

43. 〔越〕武輝瑨：《華原隨步集》不分卷，漢喃研究院舊鈔本，編號：A375。

44. 〔越〕武輝瑨：《華程後集》不分卷，漢喃研究院舊鈔本，編號：A700。

45. 〔越〕段浚:《海煙詩集》一卷,漢喃研究院舊鈔本,編號:A2603。

46. 〔越〕段浚:《海翁詩集》不分卷,漢喃研究院舊鈔本,編號:A1167。

47. 〔越〕阮偍:《華程消遣集》六卷,漢喃研究院舊鈔本,編號:A1361。

48. 〔越〕吳時任:《皇華圖譜》不分卷,漢喃研究院舊鈔本,編號:A2871。

49. 〔越〕佚名:《使程詩集》不分卷,漢喃研究院舊鈔本,編號:A1123。

二、近人論著

1. Mike Crang 著、王志宏等翻譯:《文化地理學》,(臺北市:巨流,2003 年)。

2. Julian Wolfreys 著,張瓊、張沖譯:《21 世紀批評述介》,(南京:南京大學出版社,2009 年)。

3. Santayana, George 著,繆靈珠翻譯:《美感》,(北京:中國社會出版社,1982 年)。

4. 于在照:《越南文學史》,(廣州:世界圖書出版,2014 年 11 月)。

5. 王志強:《李鴻章與越南問題(1881~1886)》,(廣州:暨南大學出版社,2013 年 3 月)。

6. 呂士朋:《北屬時期的越南》,(香港:香港中文大學新亞研究所,1964 年)。

7. 何新華:《最後的天朝:清代朝貢制度研究》,(北京:人民大學出版社,2010 年)。

8. 阮 Q 勝:《越南科舉與教育》,(胡志明:胡志明市綜合出版社,2005 年)。

9. 范宜如:《行旅‧地誌‧社會記憶:王士性記行書寫探論》,(臺北:萬卷樓,2011 年 9 月)。

10. 柳惠英:《唐代懷古詩研究》,(新北市:花木蘭出版社,2009 年)。

11. 高明士:《東亞教育圈形成史論》,(上海:上海古籍出版社,2003 年)。

12. 許雲樵譯:《安南通史》,(香港:新華印刷,1957 年 11 月)。

13. 莊吉發:《清高宗十全武功研究》,(北京:中華書局,1987 年 9 月)。

14. 陳荊和編校:《校合本大越南史記全書》,(東京:東京大學東洋文化研究所,1986 年)。

15. 郭振鐸編:《越南通史》,(北京:中國人民大學出版社,2001 年)。

16. 陶維英:《越南文化史綱》,(河內:文化信息出版社,2002 年)。

17. 張秀民:《中越關係史論文集》,(臺北市:文史哲出版社,1991 年 3 月)。

18. 張啟雄:《全蒙統一運動:喀爾喀獨立的另類觀點》,(臺北市:蒙藏委員會,2001 年)。

19. 鄭克孟、葛兆光：《越南漢文燕行文獻集成》，（上海：復旦大學書版社，2010 年）。

20. 鄭永常：《漢文文學在安南的興替》，（臺北：臺灣商務印書館，1987 年）。

21. 劉海峰：《中國科舉史》，（上海：東方出版中心，2006 年 6 月）。

22. 劉玉珺：《越南漢喃古籍的文獻學研究》，（北京：中華書局，2007 年 7 月）。

23. 劉春銀、王小盾：《越南漢喃文獻目錄提要》，（臺北：中研院文哲所，2002 年）。

24. 蔡瑜：《中國抒情詩的世界》，（臺北：臺灣書店，1999 年 11 月）。

三、期刊論文

1. 毛文芳：〈閱讀與夢憶——晚明旅遊小品試論〉，（收入《國立中正大學中文學術年刊》第三期，2000 年 9 月），頁 1～44。

2. 王雪玲：〈兩《唐書》所見流人的地域分佈及其特徵〉，（收入《中國歷史地理論叢》，第 17 卷，第 4 期 2012 年 12 月），頁 79～85。

3. 呂愛梅：〈鳥飛返故鄉兮，狐死必首丘——我國古代文學中的三種懷鄉類型〉，《文史雜誌》，2000 年第 6 期，頁 38～40。

4. 吳元嘉：〈應制詩之審美特徵——張九齡應制詩為觀察對象〉。

5. 耿慧玲、潘青皇：〈越南北使路線初考〉，（收入《燕行使者進紫禁城》學術研討會。北京，故宮博物院故宮學研究所），頁 422～443。

6. 耿慧玲、潘青皇：〈從不規範到規範——越南黎朝科舉制度之特色〉，（收入《廈門大學學報》，總第 236 期，2016 年），頁 16～26。

7. 陳雙燕：〈中越關係的歷史發展論述〉，（收入《南洋問題研究》，總第 104 期，2000 年），頁 66～74。

8. 陳文、劉華：〈越南古代教育論述〉，（收入《紅河學院學報》，第 1 期，第 6 卷，2008 年 2 月），頁 21～25。

9. 陳文：〈安南後黎朝北使使臣的人員構成與社會地位〉，（收入《中國邊疆史地研究》，第 22 卷 2012 年 6 月），頁 114～126。

10. 張啟雄：〈東西國際秩序原理的差異——「宗藩體系」對「殖民體系」〉，（收入《中央研究院近代史研究所集刊》，總第 79 期，2013 年 3 月），頁 47～86。

11. 黃郁晴：〈迢迢簽約路、邊塞風土行：清初漢臣的出使紀行及其書寫意義〉，（收入《清華中文學報》第十四期，2015 年 12 月），頁 277～333。

12. 塔娜：〈越南科舉制的產生和發展〉，（收入《印支研究》，第 4 期，1983 年），頁 6～12。

13. 葛兆光：〈朝貢、禮儀與衣冠——從乾隆五十五年安南國王熱河祝壽及請改易服色說起〉，（收入《復旦學報（社會科學版）》第二期，2012 年），頁 1～11。

14. 蘇依如：〈流離中的自我與風景——杜甫湖南紀行詩析探〉，（收入《東華漢學》第十三期，2011 年 6 月），頁 1～38。

四、專書論文

1. 褚柏思：〈越南的儒學、佛學與文學〉，（收入陶鎔編《中越文化論集》，1968 年 7 月），頁 78。

2. 耿慧玲：〈佛耶？儒耶？儒學家在越南陳朝的困境〉，（收入鍾彩鈞主編《東亞視域中的越南》，臺北：中央研究院中國文哲研究所，2015 年 11 月），頁 45。

五、學位論文

1. 李云全：《明清朝貢制度研究》，（廣州：暨南大學，博士論文，2003 年）。

2. 阮氏美香：《鄭懷德《艮齋詩集》研究》，（高雄：中山大學，博士論文，2016 年）。

3. 阮黃燕：《1849～1877 年間越南燕行錄之研究》，（臺南：成功大學，博士論文，2015 年）。

4. 吳秋燕：《明代中國所見越南漢籍研究》，（臺南：成功大學，碩士論文，2009 年）。

5. 陳中雨：《清代中葉中國對越南宗藩關係的重建——以「中華世界秩序原理」的角度分析》，（臺北：文化大學，博士論文，2016 年 6 月）。

6. 陳文：《科舉在越南的移植與本土化——越南後黎朝科舉制度研究》，（廣州：暨南大學，博士論文，2006 年 10 月）。

7. 游思盈：《外國人眼睛的明代中國——以幾本遊記為例》，（臺南：成功大學，碩士論文，2013 年）。

8. 黎春開：《越南燕行詩中的中國敘述——以人文、地景、文學文化交流為論述中心》，（臺北：臺灣師範大學，博士論文，2016 年）。

9. 劉曉聰：《清代越南使臣「燕行」及其「詩文外交」研究——以越南燕行文獻為中心》，（廣西民族大學，碩士論文，2013 年）。

附錄一　潘輝益《星槎紀行》

			星槎紀行			
序號	頁數	詩　名	詩　序	體式	大要／詩中註	類別
1	205	出關	四月十五日己刻啟開，奉旨仰德臺行禮，督撫鎮列憲，率過臺府縣諸員，接護上程，騎乘旌旗，震耀山谷。	七律	起程時間、送使臣團上路隊儀。	抒情
2	205	花山兵馬	山在寧明江口，右壁臨流，赤色如塗丹，隱然有人馬旗劍之狀，相傳黃巢戰，陣現形于此。	七律	寫景、地方介紹（地形、黃巢）。	懷古
3	206	經五險灘	橫州江中，石根攢列十五里，灘聲如雷，舟人沿石而行，極力撐持，篙搊最難，俗稱龍門虎口臥蛇轉鬼立壁五險。伏波將軍祠在龍門灘口，稔著靈異。	七律	寫景、地方介紹（地形險要）。	寫景
4	207	和答武工部		七律	與同行使臣唱答。	酬唱
5	207	蒼梧江次	梧州府城，三江合流，舟舫湊集，商貨盈積，江忠浮洲，是兩廣交界處，城內有總鎮府縣衙門，並總督公行臺，風物繁麗，使部臨宴訖，及解纜順流而東，聞過梧城有八景，無暇訪覽。	七律	寫景、梧州地方介紹、典故（舜）。有句中註。荒野傳聞虞帝狩：舜南巡狩，崩於蒼之野，今遺塚	寫景

— 163 —

					在九嶷山，一云蒼梧山。在永州界。 暮雲想像呂仙遊： 呂純陽嘗遊此，有朝遊碧海暮蒼梧之句。	
6	208	赴廣城公館	五月朔後，舟抵花地津，起行，經五里，夾銳口舍聯絡，詹屋交益，錦綺以蔽日，磚路上鋪設紅毯，華麗奪目。八省城，謁福總督口署訖，到城西貢院安駐，院中分舍房屋，供具器物，極其豐豔，福公要留賞端陽節，疑接優厚，地方官員，送來贄謁，文書酬應最口。十一日，從江道進行。	七律	越南對此次出使的重視。有句中註。 柔遠敬聆皇極訓： 時奉勅諭到公館獎慰使部，頒給品物。	行程交代
7	210	望趙武帝祠	祠在番禺，舊都廣在省城之西。	七律	地方介紹、趙陀故事。有句中註。 史統謏將塵簡牒： 我越史從前紀趙武為大統，且贊其唱始我國帝號，因循編口，數千百年。迨先岳午峯公修越史，標案書以趙佗非我國主，黜其統紀以外屬趙紀編，辭義甚正。 千古高標趙越都： 廣城街鋪，並建區額，大書「南交古邑」四字。	寫景
8	210	恭值 諱辰感作	廣城公館奉值，先妣諱時，又奉先考夏祭禮，早起感作。	七律	抒懷、思鄉。	抒情

9	211	遊觀音巖	在粵東英德縣。	七律	介紹觀音巖,有句中註。 簾前水月即禪心: 僧累石為棧,俯瞰江流。窗前扁水月禪宮。	寫景
10	212	題飛來寺	寺在廣東清遠縣之禺,飛暴懸崖,高閣臨流,相傳蕭梁時,一夜風雷大作,棟宇飛來,因名其寺,有二禺君及白猿故事,今寺之正中案,奉大皇帝萬歲牌,伴送官引使部詣案前行叩跪禮,再要陪臣各賦詩,轉程總督公,即委石工勒諸山壁。	七律	介紹飛來寺。	寫景
11	212	書懷柬段翰林	進退韻。逶遲使節,煙波增遊子之愁,蕩漾仙丹,雲樹慰故人之想,憑欄有感,走筆為言。	七律	與段俊的唱答(越南)。有句中註。 花塢非君負故巢: 段居鄉架屋子花園,名「風月巢」。嘯詠其間,字號巢翁。 作客含羞三士重: 趙王朝秦擇季良等以從曰:「吾有三士,足以重趙。」 同盟且讓一人高: 我三契,惟阮之峰超然物外。	酬唱
12	214	韶州江次奉餞廣東張臬臺回治	七天賓館,多荷周旋,千里舟程,重廑護伴,邂逅幸瞻星鳳,合離忽感泥鴻,聊借巴章,載申雅好。	七律	給廣東張臬臺(中國人、伴送官)的詩。	酬唱
13	214	經吉水縣挽文丞相		七律	典故(挽文天祥)。	抒情

14	214	蹡	廣東江西夾界，蹬道橫山，飛泉環繞，石壁刻海天一線南天鎖鑰等字，大庾山梅樹茂盛，名梅嶺開，相傳群雁南飛，至此而回，山間刻雁迴人遠字，粵東在嶺外，唐時張九齡以粵人作相使開此路，遂為車馬通衢，土人便之，有祀廟在山上，使舟道南雄府，起早，度嶺，自南安府城南，從水道行。	七律	介紹梅嶺。	寫景
15	216	舟程夜進即事		七律	寫景（路途艱險）。	寫景
16	216	題滕王閣	閣在江西省城外，子安序文，刻閣上粉屏，城中寒潭、風物繁麗，名南州花島，撫院市接□署，與府縣衙門，市鋪廛肆，並連絡環繞于潭之四旁，從閣下橫江抵東岸，是起早正路。	七律	寫景、地方介紹。	寫景
17	217	贈戴狀元	戴衢亨，江西大庾人，戊戌狀元，官翰林修撰，告假回鄉，見住江西省城，與列地方官，就公館□會，辭色溫雅，出所題北蘭寺二律，示諸陪臣，因送以詩云。	七律	贈戴衢亨（中國人）。	酬唱
18	218	江西起早	六月初八日，自江西省登程□奉旨以七月初十日就避暑山莊陛見，陪道趨行，晝夜並進，所過店鋪，居人還轎觀看，擁簇而來，途間諸節學科宦之家。恩旨旌表，並建石坊，鑴勒廟墓古蹟之處，並有遺碑可考。	七律	行程交代，中國百姓對使臣團的好奇。	行程交代
19	219	贈九江城管主貢生呂肇祥		七律	贈詩（中國人呂肇祥）。	酬唱
20	219	渡潯陽江望琵琶亭	追退韻。	七律	寫景、典故（琵琶亭）。	抒情
21	220	書懷答武工部		七律	與武輝瑨唱答（越南）。	酬唱

22	221	晚遊坡仙亭	亭在黃崗縣城外赤山，依山結構，棟宇華麗，板屏刻前後赤壁二賦，石壁刻坡公神像，兩傍刻梅竹並公所題梅竹詞二闕。	七律	寫景、典故（蘇軾）。	寫景
23	221	亭下偶感	景興辛丑中，于備位府僚，頗事豪華，畜待姬設歌院，以備公餘賞玩，倣先岳公製東坡國語詞，譜以新聲，令諸歌姬演戲，迨壬寅後，因國事遏密，尋經變故，音樂久輟，今偶即坡公赤壁遺蹟，緬懷往事，然有感焉。	七律	典故（蘇軾）。	抒情
24	222	夜渡赤壁江口		七律	寫景、懷古、典故（赤壁之戰），有句中註。 洗盞高懷舞袖工： 此聯敘歌姬演戲中裝做景色。	抒情
25	223	武昌驛次附國書寄吳兵部		七律	唱答吳時任（越南）。	酬唱
26	223	和餞青峯吳翰林使回		七律	唱答吳青峯（越南）。	酬唱
27	224	河南道中	河南古豫州地，號稱中州，平沙曠邈，土穀惟蒿梁麪麥，不宜種稻，沿途柳樹成行，居民麪食，土屋，風物嗇陋，使程到信揚州，換轎登車，一切裝擔，並歸車上載去，車一輛，用馬或騾四疋，前奔牽挽，口聲如雷，飛塵塞道，形色頗為艱勞。	七律	地方介紹，使臣團趕路。	寫景
28	225	又	時我國使部擬於覲時奏請，恩准賜由水程回國，俾遍覽南京風物，故云。	七律	寫景、懷古。	寫景
29	225	題郾城岳王廟		七律	懷古、典故（岳飛）。	抒情
30	226	殷太師比干之墓		七律	懷古、典故（比干）。	抒情

31	226	羑里演易處	在湯陰縣	五排	懷古、典故（演易）。	抒情
32	227	韓魏公晝錦堂故址	在章德府城，即古相州，有具碑刻公勳蹟	七律	懷古、典故（韓綺、歐陽修）。有句中註。晝閣惟餘琬琰文：歐陽公作晝錦堂記，今書記文于閣屏。	抒情
33	227	先考生日感作		七律	爸爸生日、思鄉。	抒情
34	228	遣悶		七律	思鄉，有句中註。雁書三度到家無：昨於橫州南諸驛次，並有札函附與國書，寄交家眷接領。（橫州應為衡州）	抒情
35	228	過燕京	使部到良鄉驛，禮部侍郎德明，欽命接恭訖，起行，經燕京外城，從彰儀門入，由正陽橋入、宣武門歷皇城西邊街舖，自己牌轉未牌，始達城北德勝門，城中行路口青石，車聲雷動，人跡如沸，伴送官督令兼程趨行，弗能暫憩閒覽。	七律	描寫北京城。	寫景
36	229	長城即事	越燕京一日半，到秦城，登山關出口，行車陟降最艱。	七律	寫景（長城）、感懷。	寫景
37	230	塞北口夜行	出口十餘里，經陽業祠，又數十里經太寧寺，趨夜續行，俱未登覽。	七律	寫景（兼程趨路）。	寫景
38	231	昭君墓		七律	懷古、典故（昭君墓）。	抒情
39	231	恭和　御詩	七月十一日，陛見熱河行宮，奉　御賜國王詩章　奉旨和進奉　御硃批詩亦嘉妥。	七律	和御詩。	應制

			上塞恭口　玉輅巡傾葵一念效尊親，波澄桂海遵口度，日暖口階見聖人，萬里梯航歸有極，九天雨露沐同仁，乾行景仰無疆壽，普率胥陶帝世春。			
40	232	奉抄　御詩		七律	抄御詩。	抄詩
41	232	奉頒　冠服	題扇頒示恭和進覽，奉賞大緞一卷，箋紙二卷，筆墨各二匣。	七律	頒三品冠服。	應制
42	233	奉抄　御詩		七律	抄御詩。	抄詩
43	234	奉特賜遍觀皇莊恭紀	十三日奉侍　御閱文武選在朝元門訖，奉特召入內觀看，經淡泊敬誠殿，入便殿，詣四知書屋，金扁書四四知說，益取易繫之陰陽知剛柔之義，非楊震四知之謂，奉　御製詩文，列掛牆壁間，隨在炳耀十六日，侍宴清音閣，奉特賜入內經勤政殿，詣五福五代堂，御書匾額，表五代同堂之慶，奉見宸居口所，奎文宣口，庭階位置、花石，形甚古雅。	七律	參觀皇家庭園紀錄。	紀事
44	235	奉穿戴天朝冠服，惕然感懷		七律	只能接受的無奈。	抒情
45	235	東朝鮮國使	朝鮮正使駙馬黃秉禮，副使吏曹判書徐洗修書狀宏文館校理李百亨與我使連日侍宴，頗相疑洽，因投以詩。	七律	與朝鮮使陳的交流。正使駙馬黃秉禮。副使徐洗修。書狀宏文館校理李百亨。	酬唱
46	236	朝鮮徐判書和送即席再柬		七律	朝鮮→越南。	酬唱
47	237	附錄徐判書和詩		七律	朝鮮→越南。	抄詩

48	237	圓明園侍宴紀事	圓明園號西苑，去京城二十里。 二十日自熱河，奉旨先回圓明園館待駕，二十九日奉御到迎候道左。八月初一日至初十日，連侍宴看戲，每夜四更趨朝，候在朝房，卯刻，奉御寶座、王公大臣，內屬蒙古、青海、回回、哈薩喀爾喀諸酋長，外藩安南、朝鮮、緬甸、臺掌、臺灣生番諸使部，排列侍坐，未刻戲畢，賞賚珍玩外，三次賜食，前後二次，賜肉品，中賜蜜品，率以為常，浹旬奉御宴筵，聲樂迭奏，時召閣時議事，裁決政機，四方彰疏，經奉宸覽批答，次第宣示，又時奉御製詩文，題寫箋帖，無日無之，仰惟聖心運量，傾刻不停，以勤敬之寔，享壽康之福，萬古帝王之所未有也。	七律	圓明園招待各國使臣。 乾隆勤政之狀。	紀事
49	239	三束朝鮮徐判書		七律	與朝鮮使陳的交流。	酬唱
50	239	朝鮮李校和詩再贈前韻		七律	朝鮮→越南。	抄詩
51	240	附錄李校理和詩		七律	朝鮮→越南。	抄詩
52	240	侍宴西苑朝鮮書記樸齊家	攜扇詩就呈，即席和贈。 圓明園赴宴，八宮門數層，道御溝，用小舟數四載勳貴列位，及諸國使臣二里許，登清音閣，我使部與朝鮮每同舟並行。	五律	與朝鮮使臣樸齊家的交流。	酬唱
53	241	附錄樸齊家詩		五律	朝鮮→越南。	抄詩
54	242	特賜陪遊西苑禁內恭紀	八月初六日，侍宴訖，中堂列臺，奉旨帶領，棹扁舟從御溝經福海葦洲，登方壺勝境，重樓複閣，並奉侍座，	七律	禁內之景。	紀事

			寶器駢羅，蓙珠宮口所，御座旁分設西洋銅人鼓琴吹簫，應機而動，庭前排禽獸，雜出水石間，皆自飛自舞，極致工麗，至於亭樹花草之勝，摸寫不悉。			
55	243	扈遊萬歲山恭紀	初九日，駕車幸萬歲山昆明湖，奉賜扈隨，特宣登樓船上層，遍觀御座製詩文，既抵岸，陟山巔延壽寺，體制宏麗，山下五百羅漢，口室，縈迴轉折，奇特萬狀，側身攀燭以行，移時出口，奉賜珍膳，再歷覽亭樹，御製題刻之處。	七律	遊萬歲山。	紀事
56	244	夜與同幹閒話偶賦	十三日奉朝萬壽禮訖，夜與同幹閒話偶賦，如此良夜何得何字。	五律	與同行使臣談話，有思鄉之情。	抒情
57	244	客館中秋	是日自京城扈侍月口夜就園明公館。	七律	思鄉。	抒情
58	245	贈禮部主事吳進士	吳照直隸清苑人，丁未進士，遇余於朝房，口口對敘，禮意頗恭，因寄贈以詩。	七律	與中國人交流。	酬唱
59	246	旨賜歸國奉特宣至御座旁賜酒歡感紀事	二十日，于正大光明殿，奉特宣至御座旁，親賜玉飲，歡感紀事。	五古	禮遇。	紀事
60	247	奉旨自西苑公館，登程回國，喜作	二十二日。	七律	收到即將回國的消息。	抒情
61	248	別燕京依武工部韻		七律	抒懷。	抒情
62	248	夜間車行依武工部韻		七律	抒懷，有詩中註。龜繇且喜符元吉：在昇龍飭裝時，曾詣文廟，揲占得口交，繽口其羣元吉。	抒情

63	249	涿州城三義廟		七律	典故（桃園三結義）。	抒情
64	249	宿許州城追憶曹瞞故事	許城即古許都。	七律	典故（三國）。	抒情
65	250	晨渡黃河	昨於夏季來到河，潦漲流奔，波濤洶湧，橫舟數口方抵北岸。	七律	寫景。	寫景
66	250	月夕過武勝關	湖北河南夾界。	七律	寫景。	寫景
67	251	遊黃鶴樓	樓在武昌城，俯臨漢渚，乃費禕騎鶴登仙之處，今第一層，奉呂仙像，旁有盧生臥像，樓後有仙棗亭，棗根猶存，如沉香樹，然隔岸是漢口大馬頭，人煙湊集，商貨盈積，龜山、晴川閣、鸚鵡洲諸景，真宇宙間一大觀，人多畫黃鶴樓圖軸發客，我使部自漢陽公館，橫舟而來，總督畢狀元，接見于棗亭，晚登高閣，徘徊四眺，時段翰林先構詩三章，余借用其一，細加潤訂，憑段兄筆題樓壁，偶誌以詩。	七律	寫景、與中國總督畢狀元交流。	寫景
68	252	附錄題壁詩		七律	寫景、典故（李白、黃粱夢）、抒懷。	抄詩
69	252	黃鶴樓再寄	吳兵部依前韻。昨來黃鶴，有詩帖寄吳兵部，令回遊斯樓，再依前韻飛寄。	七律	寫給吳時任的詩。	酬唱
70	253	漢水舟程	自燕京出車，歷三千餘里，抵漢陽留駐數日，福總督辭回粵東省城，西撫陳用敷，市政湯雄業暨文武官員弁，乃奉伴送我國使部，辦理舟舫，九月廿二日開船越七夕到洞庭湖。	七律	寫景，有詩中註。魚縣江彎偶半酐：漢口開船，夕駐嘉魚縣城津次，乘涼淺酌。	寫景
71	254	岳陽樓曉望	樓在越州城俯臨洞庭湖，閣上奉呂仙像，板屏刻范文正記文，憑高遠覽，天水一色，君扁二山，隱約波間。	七律	寫景。	寫景

72	255	風帆過湖，敬用呂仙之句	自岳陽城，辰碑開船，北風轉勁，湖波滾起，替將行李船，與司馬坐船，觸灣覆倒，余船獨先穩濟，未牌過湘陰津次，沽酒歡飲。	七律	寫景、旅程插曲。	寫景
73	255	次長沙懷賈傳	長沙是湖南省城，俯臨湘江，城西錦坊，有賈傳址，江中浮洲，拱極樓，數層高聳，江右岳麓山，有南宋書院遺跡。	七律	寫景、抒懷、典故（賈誼）。	抒情
74	256	望三閭大夫廟	廟在汨羅江岸，進退韻。	七律	典故（屈原）。	抒情
75	257	上湘偶誌	湘江興安海陽山發源，經永州與瀟川合流，按圖志，自湘源至衡州為上湘，湘潭為中湘，湘陰為下湘，謂之三湘，上湘江淺水清，兩岸煙景繁麗，俗傳湘妃濺淚，竹皆成班，江右近迴雁峯，唐元結剌道州，愛祁陽山水，家于江岸，爰名吾亭吾臺吾溪，鑿石為口樽，今存其地號三吾駅，山崖有片石，黑光可鑑，謂之石鏡，光結做大唐中興頌，顏真卿書之，刻于鏡石之上，是稱二絕。	七律	寫景、抒懷。	抒情
76	258	湘灘夜泊	夜深阻灘，不能趕上行次，暫泊汀前，徘徊不寐，星早從江岸起早，抵全州城。 全州城外里餘，有湘山寺，奉無量壽佛，素稱第一禪林，我國使嘗遊此題詠，令回軺趕行，未及訪覽。	七律	寫景、抒懷。	抒情
77	259	桂林江程，書寄吳兵部，依黃鶴樓前韻		七律	寄贈吳時任。	酬唱
78	259	漓江記見	江水自桂林流注，溪漓口回曲，山從嶺南迤口而下，懷抱江岸，土人多設杵臼於溪旁，引水舂杵，無人舂，田地磽确，野有灌莽，桂林以南，	七律	寫景。	寫景

79	260	溯五險灘		七律	寫景（旅途艱難）。	寫景
80	261	麗江道中憶家鄉		七律	寫景、思鄉。	抒情
81	261	題關帝像	南寧船戶，出軸請題。	贊	題像。	抒情
82	262	口善江程		七律	寫景、思鄉。	抒情
83	262	漫述		七律	抒懷。	抒情
84	263	贈王分府	王撫棠浙江人，己酉冬遊南寧左堂，口宣封副員，余奉赴關迎接，相與口識，今春王轉任龍州分府，審覆我國文書諸事，入覲之議，福總督委王先行諭意，初夏，王兩次出關，就京北界，與我陪臣商酌，迨使進程，王奉命長送，一切事宜，加心邦護，尤致情於余，回到明江，王邀來坐船作飯，有眷戀惜別之語，爰謝以詩。	七律	贈詩。	酬唱
85	266	回程啟關	中冬廿九日次幕營口卻內地冠服乃著本國衣裝，辭別列位護送官員，早赴南關接遇兵部眷臺詢詩得家信安好當席喜賦。	七律	得家書之喜。	抒情
86	267	使回題山家	使軺回至口營跌墜傷左足，因具表請免朝謁暫留調養。	七律	寫景。	紀事
87	271	夏日臨池		七言	寫景。	寫景
88	271	武江勝跡		七言	寫景。	寫景
89	272	僱洞芳蹤		七言	寫景。	寫景

欽祝　大萬壽詞曲十調

春季入覲，議成，余奉擬祝嘏詞十調，先寫金箋，隨表文口口，清帝旨下，擇本國伶工十名，按拍演唱，帶隨覲祝，至是欽侍。御殿開宴，禮部引我國伶工，前入唱曲，奉大皇帝嘉悅，厚賞銀幣，再命太常官，口梨園十人，依召我伶工入禁內，教他操南音，演曲調，數日習熟。開宴時，引南北伶工，分列兩行，對唱，體格亦相符合。

90	276	滿庭芳		詞		祝壽
91	277	法架引		詞		祝壽
92	277	千秋歲		詞		祝壽
93	278	臨江仙		詞		祝壽
94	278	秋波媚		詞		祝壽
95	279	卜養子		詞		祝壽
96	279	謁金門		詞		祝壽
97	280	賀聖朝		詞		祝壽
98	280	樂春風		詞		祝壽
99	281	鳳凰閣		詞		祝壽
100	281	芙蒥驛		七言	同阮忠彥。	—
101	281	丘溫驛		七言	同阮忠彥。	—
102	282	遇雨		七言	同阮忠彥。	抒情
103	282	重九		七言	同阮忠彥。	抒情
104	283	先考口時感作		七言		抒情
105	283	寄校理		七言		酬唱
106	283	餞黎侯赴合義		七言		酬唱
107	284	園庄即事		七言		寫景
108	284	無線四眺		七言		寫景
109	285	懷古		七言		抒情
110	285	雲嶺晴嵐		七言		寫景
111	286	題伴仙洞		題詠		寫景
112	286	題三清洞		題詠		寫景
113	287	題仙井		題詠		寫景
114	287	題蘇氏望夫山		題詠		寫景
115	287	題鐘鼓樓		題詠		寫景

附錄二　武輝瑨《華原隨步集》

華原隨步集						
序號	頁數	詩　名	詩　序	體式	大要／詩中註	類別
1	297	登程自述		七言	自謙自敘。	抒情
2	297	三遊三清寺即事有感		七言	遊三清寺所見所感。	抒情
3	297	登香㑊寺樓有感	寺在團城東西。	七言	遊香㑊寺所見所感。	抒情
4	298	題望夫山		七言	題詠。	抒情
5	298	客中清明即事		七言	寫景抒懷、典故（王羲之）。	抒情
6	299	旅次聞嫡孫生喜賦	奉和家尊孫詩韻。	七言	家中來信嫡孫降生。	酬唱
7	299	和諒山協口鄧川伯詩韻		七言	與越南官員的唱酬。	酬唱
8	300	四訪三清洞與新參協公共酌醉韻		七言	與越南官員的唱酬。	酬唱
9	300	左江道臺公偶中興吟示劉州閣	寶林山在關南界首。	七言	到此有感，對出使任務的重視。	抒情
10	301	奉和家尊寵餞使程詩韻		七言	與父親的和詩。	酬唱
11	301	自澤鄉登程自述		七言	從家鄉啟程自述。	抒情
12	302	至芹營阻雨留住山村漫興		七言	寫景抒情。	抒情

13	302	登母子窖山感成古風一首		五古	寫景、抒懷。	抒情
14	303	和韻回示我家兒茂郎渙應□		七言	與兒子和詩。	酬唱
15	303	南關午進	內地宣報此回使臣起陸，要初秋到京，拜和聖節。	七言	抒懷、行程交代。	敘事
16	304	自暮府至寧明州城，途中興述		七言	寫景、抒懷。	抒情
17	304	席贈寧明知州李關甫		七言	贈中國官員詩。	酬唱
18	305	望銅柱感懷古風一首		五古	寫景、抒懷。	抒情
19	305	東左江兵備道盛屬僚吳契		七言	抒懷。	酬唱
20	306	□村塘夜泊	漢官船各有紅燈題號，差人行任船問安。	七言	寫景。	寫景
21	306	三江口舟中	觀家尊華程詩集興述。	七言	寫景、抒懷。	抒情
22	306	太平府城江亭次	時協鎮公曾與督部堂到關賜宴受表，今又欽旨領本部赴京入覲，又承協督府德公索立餞一首，限平字。	七言	此為贈中國官員詩。	酬唱
23	307	南寧府使程初啟陸興述	奉旨差左江道與新太平督府伴送益創恩也。	七言	從南寧繼續啟程之興述。	抒情
24	308	贈思恩府正堂汪公索詩	公滿洲人，年少英銳，帽上時加孔雀尾，示表異威，是期同入賀壽。	七言	贈中國人詩。	唱酬
25	308	川上塘公館與伴送李公月下少酌揮贈		七言	贈中國人詩。	唱酬
26	309	渡大溶江有感		七言	寫景抒情。	抒情
27	309	題湘山寺	寺在全州城外山腰，正中塔十餘丈，勢聳雲漢奉唐無量壽佛真身，塔門以銅扁，題無量壽洞，接以大殿，扁主人常在四字，外殿扁楚南第壹禪林。	七言	寫景、地方介紹。	寫景

28	310	題兵書岩	岩在江右秤勿灘,高百餘丈,石門處望有石木箱丹漆,俗傳諸葛兵書國遺跡。	七言	寫景、典故（諸葛亮）。	寫景
29	312	三吾三詠和家尊詩稿原韻 其一浯溪	原稱陽梧山,乃唐辰水部員外郎元次山卜築之所,其山有一條溪,名之曰:「浯溪」又臨流一石高六十餘丈,構亭於上,名之曰:「唐亭」後人誤記,〈據廣輿記〉所錄,改扁曰:「□亭」又山最高處,特構一臺,名之曰:「峿臺」,今僅存空址,臺下一石,鑿下深廣各六七寸,是為次山□樽,當日次山撰出新字,而以三吾字寓意,意欲此溪此亭此臺,私為己有,前署色邑令荊道,乾作三吾說,言後人不能以次山之所私者斯次山,然盈天地間山溪何常一經高人點出眉目,而後可傳,則其傳在人不再,山溪今遊客過此,山之溪之高亭臺,由次山所名之,則道乾雖欲不私次山之私者故在也。	七言	此詩為和武輝珽三浯六詠之其一浯溪。 （詩見武輝珽《華程詩》,收入《越南漢文燕行文獻集成》第五冊,頁293。）	唱酬
30	312	其二□亭		七言	此詩為和武輝珽三浯六詠之其二□亭。 （詩見武輝珽《華程詩》,收入《越南漢文燕行文獻集成》第五冊,頁293。）	唱酬
31	313	其三峿臺	山之右叢林有寺,製甚優雅,俗傳為次山故宅,又山邊有磨崖碑,	七言	此詩為和武輝珽三浯六詠之其三峿臺。	唱酬

			次山唐中興訟，魯公書刻于此，世稱三絕。			（詩見武輝珽《華程詩》，收入《越南漢文燕行文獻集成》第五冊，頁294。）
32	313	題夏善贈求		七言	贈詩。	唱酬
33	313	又效古體五言一律		五古		敘事
34	314	望洞庭湖偶興		七言	寫景抒情。	抒情
35	314	武昌江晚泛		七言	寫景。	寫景
36	315	題秋扇贈求		七言	贈詩。	唱酬
37	315	華軺乘月		七言	希望可以盡早抵達北京完成任務。	抒情
38	316	題萬年庵歇心堂	庵倚山前臨雙溪，舊規頗狹，經大重建，製亦精雅，後堂奉佛，中堂以為縉紳往來之所，前任督學吳荊州董其昌手書歇心處三字，并五言詩一首，掛於堂之陽云茲因賀元韻。	五言	寫景、禪詩。	寫景
39	316	渡黃河		七言	寫度黃河時心中之感。	抒情
40	317	謝衛輝府正堂德公宴席		七言	謝詩。	酬唱
41	317	長城懷古	長城以北謂之口外。	七言	描寫長城之景，心有所發。	抒情
42	318	宮奉頒出御製詩一首		七言	大清之國威與西山之正統。	應制
43	318	奉於御前欽和進覽，頗蒙稱獎，欽賞奎藻龍章筆一幽十枚		七言	被賞賜。	應制
44	319	朝回喜賦		七言	回朝。	抒情
45	319	朝回喜賦		七言	回朝。	抒情
46	320	是月二十八日早朝，奉御駕獵回		七言		應制

		射獲文鹿一頭，分肉于使臣，且以天下年高由能命中誇示，回即宴。席次揮成一首，欽進，奉賞御藏香墨一包十笏				
47	321	欽進賀聖節詩一首并表文		七言表	有詩、有表，對乾隆皇帝的歌功頌德。	應制
48	322	熱河公館中秋漫興		七言	思鄉。	抒情
49	323	回程道樂亭縣偶贈書贈求詩者		七言	贈詩。	酬唱
50	323	重過興龍寺留別連城禪師		七言	思鄉。	酬唱
51	324	彰德館中重陽漫興		七言	思鄉。	抒情
52	324	秋夜奉達林口縣尹廉公來帖索詩求和	縣城中扁古潁川郡。	七言	和詩（中國人）。	酬唱
53	325	附錄廉公復詩		七言	與中國人交流。	酬唱
54	325	再和廉公尹來詩仍邀共飲		七言	和詩，與中國人交流。	酬唱
55	326	小河溪驛答楚澴彭秀才詩韻		七言	和詩，與中國人交流。	酬唱
56	326	附錄彭秀才元韻		七言	與中國人交流。	酬唱
57	326	重過萬年即事		七言	抒懷。	抒情
58	327	登岳陽樓		七言	登黃鶴樓之景。	寫景
59	328	越王宮沼	沼在桂林省城中獨秀峰下，相傳為越王後宮所，吳故宮有香水溪，西施常濯妝于此，溪上源至今猶香，人號為脂粉塘。	七言	地方介紹，典故（西施）。	寫景
60	328	舟行即事		七言	舟行有感，思鄉心切。	抒情

61	329	梧州	州有八景，如火山夕焰、水井泉香、雲島晴嵐、龍州砥峙，諸目予來時，因公絆留漣八九日，故末句托月寫懷去。	七言	寫景、思鄉。	抒情
62	329	太平公館雪夜偶興		七言	望冬景有思鄉之情。	抒情
63	330	午晴回到南關興述		七言	回鄉之感。	抒情
64	330	奉和司馬少保兵部諸公寵贈詩韻		七言	和詩（越南）。	酬唱
65	330	臘月十七日回到鳳城，二十日又南往富春，登程感興		七言	需至富春覆命。	抒情
66	331	羅河行宮除夕書懷		七言	抒懷。	抒情
67	332	縞京贈詩二首	伊富春人，家尊督視順化辰有富春十景詩，伊為之序，適余回程，過於南溪江驛，共榻談心，連日竝轡而行，伊贈詩二首。 其一、一生忠孝酬元債，兩國文章播盛名。 其二、回頭經過半天地，到處吟殘名古今。	—	比較像對聯。	酬唱
68	332	程答和真祿縣知縣陳縞京詩韻（一）		七言	和詩（陳縞京、越南）。	酬唱
69	332	程答和真祿縣知縣陳縞京詩韻（一）		七言	和詩（陳縞京、越南）。	酬唱
70	333	二里過楊舍有感懷	予十五歲時，隨父任楊舍鎮營，其遊江寺，有庭前兩桂幡幢動之句，又講書堂前，植雙桃與槐池，移希志兄有同席雙桃院之句，今希志兄	七言	故地重遊有感。	抒情

			嘉遯，而余獨馳驅，觸景興懷，不勝今昔之感。			
71	334	謝福爵閣部堂啟		文	致謝中國官員。	酬唱
72	335	一謝海提督啟		文	致謝中國官員。	酬唱
73	335	謝孫部院啟		文	致謝中國官員。	酬唱
74	336	謝左江兵備道湯啟		文	致謝中國官員。	酬唱
75	336	謝右江王都督府啟		文	致謝中國官員。	酬唱
76	337	謝福爵閣部堂壽誕啟		文	致謝中國官員。	酬唱
77	337	奉撰尊祭北來陣亡諸將文		祭文	祭因與清國戰爭而死之將士。	抒情
78	339	寄謝河南順府梁大人啟		文	致謝中國官員。	酬唱
79	340	—	其對聯云：萬古綱常昭宇宙，一腔義烈達君王。	文	後黎朝滅、阮皇后之事蹟。	紀事
80	342	詠烈女翠靄祠二首，其一	□有事跡。	七言		抒情
81	343	詠烈女翠靄祠二首，其二		七言	烈女事跡。	抒情

附錄三　武輝瑨《華程後集》

<table>
<tr><td colspan="7" align="center">華程後集</td></tr>
<tr><th>序號</th><th>頁數</th><th>詩文名</th><th>詩　　序</th><th>體式</th><th>大要／詩中註</th><th>類別</th></tr>
<tr><td>1</td><td>351</td><td>南關進秩發</td><td></td><td>七言</td><td>啟程時的抒發。</td><td>抒情</td></tr>
<tr><td>2</td><td>351</td><td>寧江泛棹和同幹潘侍郎詩韻</td><td></td><td>七言</td><td>與潘輝益和詩。</td><td>酬唱</td></tr>
<tr><td>3</td><td>352</td><td>石塘夜泊與段兄即席，限次賈舍人早朝大明宮詩韻</td><td></td><td>七言</td><td>與段浚和詩。</td><td>酬唱</td></tr>
<tr><td>4</td><td>352</td><td>舟中夜酌，示翰林段兄</td><td></td><td>七言</td><td>與段浚和詩。</td><td>酬唱</td></tr>
<tr><td>5</td><td>353</td><td>又示吏部潘兄</td><td></td><td>七言</td><td>與潘輝益和詩。</td><td>酬唱</td></tr>
<tr><td>6</td><td>353</td><td>安江晚泊與潘段二兄即席，限次劉舒州金陵懷古詩韻</td><td></td><td>七言</td><td>與潘輝益、段浚和詩。</td><td>酬唱</td></tr>
<tr><td>7</td><td>354</td><td>橫州舟次即席餞仙佃阮副使回程</td><td></td><td>七言</td><td>阮副使為阮偍。</td><td>酬唱</td></tr>
<tr><td>8</td><td>354</td><td>客中端午感成</td><td></td><td>七言</td><td>至廣東省時值端午有感。</td><td>抒情</td></tr>
<tr><td>9</td><td>354</td><td>登明遠樓</td><td>在粵東省。</td><td>七言</td><td>借景抒懷、典故（李煜）。</td><td>抒情</td></tr>
<tr><td>10</td><td>355</td><td>月夜泊石角墟</td><td></td><td>五言</td><td>行程交代，借景抒情。</td><td>抒情</td></tr>
<tr><td>11</td><td>356</td><td>題禺峽飛來寺和郡守張浮山詩韻并引</td><td>寺在清遠縣之禺峽，石磴飛空飛瀑懸涯</td><td>七言</td><td>地方介紹。</td><td>寫景</td></tr>
</table>

			清江前橫，碧山周繞，為西粵第一勝槩，有寺其上倚巒面勢，宏巖層出，詢諸老僧，知是梁咸通朝一夜如雷飛來，因以為其寺，古有二禹君，與白猿諸名蹟不可殫述，郡守張浮山，有詩扁在雙泉亭余因和題其左。			
12	356	又應制奉題一首，限來字		七言	應制詩。	應制
13	357	題梅嶺張文獻公祠，和撫越使者德保前題詩		五言	與中國官員和詩。	酬唱
14	357	過清水津次，望文山吊文丞相		七言	緬懷文天祥。有詩中註： 風捲新牌恨未央： 公殉節後，元人為致祭，牌寫大元丞相口起狂風，新牌不知去向，元人懼改為故宋丞相。	抒情
15	358	感和吏部潘兄詩韻		七言	與潘輝益和詩。	酬唱
16	359	應制題滕王閣并引	藤王唐藩王也，臨江為閣，誠一時遊觀之所而江西名勝，獨口千秋，豈非以王子安一序有落霞孤鶩秋水長天之句，足以壽其傳乎？若夫西山南浦雁陣漁舟，圖上之大觀，則序文中摸寫略後雖有作者，不能復加已，余隨駕觀得臨此古來星	七言	應制詩、禮遇。	應制

			槎所未曾到之地，莫非煙景文章之有夙因者適奉督憲要國王，命賦詩一章，將銘于石以記此遊，余喜因援筆立成以獻。			
17	360	附吉永詩匣□應□和韻		七言	和詩。	酬唱
18	360	柬詩客縣尹王鄉南		七言	感謝地方官員的照顧。	酬唱
19	361	和江西狀元戴衢亨詩韻		七言	和詩（戴衢亨，中國人）。	酬唱
20	361	題琵琶亭	即白樂天，月夜送客，安長老妓作琵琶行處。	七言	抒懷、琵琶亭。	抒情
21	362	題黃崗蘇東坡公祠		七言	懷蘇東坡。	抒情
22	362	三江懷古	周郎放火處。	七言	懷古。	抒情
23	363	黃鶴樓（一）		七言	寫黃鶴樓之景。	寫景
24	363	黃鶴樓（二）		七言	寫黃鶴樓之景。	寫景
25	363	武昌公館回柬兵部吳臺兄		七言	與吳時任唱和。	酬唱
26	364	望高山		七言	寫登高之景。	寫景
27	364	夜渡□沱河		七言	寫景抒懷。	抒情
28	364	題岳武穆王廟（一）		七言	懷岳飛。	抒情
29	365	題岳武穆王廟（二）		七言	懷岳飛。	抒情
30	365	題岳武穆王廟（三）		七言	懷岳飛。	抒情
31	366	應制奉代和特賜朝服御製詩韻		七言	應制詩（賜冠服）。	應制
32	366	附御製詩		七言	御製詩。	應制
33	366	次日奉賜三品冠服，因奉依前韻進謝		七言	應制詩（賜冠服）。	應制
34	367	被帶新頒冠服偶成		七言	賜冠服。	應制
35	367	月選朝罷，奉賜遍觀行宮大內恭記		五言	記遊行宮大內。	紀事
36	368	柬朝鮮國使		七言	與朝鮮人和詩。	酬唱

37	369	附朝鮮國使吏曹和詩云		七言	和詩，徐洗修→武輝瑨。	酬唱
38	369	依前韻再柬		七言	和詩，與朝鮮人和詩（徐洗修）。	酬唱
39	370	附朝鮮國使到圓明殿再復		七言	和詩，朝鮮→越南。	酬唱
40	370	熱河回程喜述		七言	即將回國之喜。	抒情
41	371	三柬朝鮮國使		七言	和詩，與朝鮮人和詩。	酬唱
42	371	四柬朝鮮副使李校理（一）		五言	和詩，武輝瑨→李百亨。	酬唱
43	372	四柬朝鮮副使李校理（二）	辛卯使部家尊逢貴國副使李公諱致中以詩贈答，李詩有曰:「肝膽豈輸鞮舌裡，精神虛注路班中。為本國傳誦，於此來又逢臺駕詢之，為前李公堂親，亦一奇邂逅也。」	七言	和詩，武輝瑨→李百亨。	酬唱
44	372	又和朝鮮行使人，內閣檢書摸序加詩韻		七言	和詩。	酬唱
45	372	八月初五，奉侍陪國王，遍觀御園記見		七言	遊御園。	紀事
46	373	中秋前二夜，與潘段二兄，賦得如此良夜何得何字		五言	與潘輝益、段浚和詩，思鄉。	酬唱
燕臺秋咏，與翰林段兄、吉水裴先生限沿韻三十絕						
47	374	秋風		七言		抒情
48	374	秋雨		七言		抒情
49	374	秋月		七言		抒情
50	375	秋雲		七言		抒情
51	375	秋露		七言		抒情
52	375	秋霜		七言		抒情
53	376	秋霞		七言		抒情
54	376	秋煙		七言		抒情

55	376	秋山		七言		抒情
56	377	秋水		七言		抒情
57	377	秋砧		七言		抒情
58	377	秋草		七言		抒情
59	378	秋葉		七言		抒情
60	378	秋荷		七言		抒情
61	378	秋菊		七言		抒情
62	379	秋柳		七言		抒情
63	379	秋蘭		七言		抒情
64	379	秋梧		七言		抒情
65	380	秋蟀		七言		抒情
66	380	秋雁		七言		抒情
67	380	秋燈		七言		抒情
68	381	秋琴		七言		抒情
69	381	秋晴		七言		抒情
70	381	秋夜		七言		抒情
71	382	秋園		七言		抒情
72	382	秋夢		七言		抒情
73	382	秋聲		七言		抒情
74	383	秋色		七言		抒情
75	383	秋香		七言		抒情
76	383	秋酒		七言		抒情
77	384	中秋		七言	抒懷。	抒情
78	384	是月廿一奉特宣至御座旁以兩次遠來慰問親酌玉杯賜飲喜成		七言		紀事
79	385	柬禮部主事吳進士		七言	與中國官員唱和。	酬唱
80	385	柬內閣中書徐君炳泰		七言	與中國官員唱和。	酬唱
81	385	別燕臺京	余少時擬富命使制有句云：「燕臺兩度皇華，至是人以為□云」。	七言	兩次出使的抒懷。	抒情

82	386	秋夜車中即事		七言	抒懷。	抒情
83	386	曉渡河沙懷段翰林		七言	懷段浚。	抒情
84	387	鄭州途中重九即事		七言	抒懷。	抒情
85	387	陽明道中秋晚夜望		七言	抒懷、思鄉。	抒情
86	388	過殷故都	在河南淇縣史家堡。	七言	抒懷、懷古、典故（烽火夕諸侯）。	抒情
87	388	過文王羑里處	在陽參縣柳栢又一碑刻文王演易處。	七言	寫景、抒懷。	抒情
88	388	秋夜書懷		七言	抒懷。	抒情
89	389	許昌懷古		七言	抒懷、懷古、典故（周西伯）。	抒情
90	389	留贈口送德順臺		五言	與中國官員唱和。	酬唱
91	390	漢口旅次寄兵部吳臺兄		七言	與吳時任唱和。	酬唱
92	390	桂林旅次回寄寧兄希志和前詩韻		七言	與越南友人唱和。	酬唱
93	391	梧州旅次柬廣東道臺吳臺公		七言	與中國人唱和。	酬唱
94	392	和答江西戴狀元贈扇詩韻		五言	與中國人唱和。	酬唱
95	392	附戴君贈扇詩二首（一）		五言	與中國人唱和。	酬唱
96	392	附戴君贈扇詩二首（二）		五言	與中國人唱和。	酬唱
97	392	月夜泊五險灘頭		五言	寫景、抒懷。	抒情
98	392	舟過五險灘用古風一首		五言	寫景、抒懷。	抒情
99	393	新太舟程曉發		七言	寫景、思鄉。	抒情
100	394	留贈梁通事		七言	贈詩。	酬唱
101	394	寫朝鮮扇留贈張伴送		七言	贈詩。	酬唱
102	395	上關幸接家信奉和尊堂詩韻		七言	與家尊和詩。	酬唱
103	395	初到京寄寧志契		七言	與越南友人唱和。	酬唱

104	395	和答吳道臺附鴻寄贈二首（一）		五言	與吳時任唱和。	酬唱
105	396	和答吳道臺附鴻寄贈二首（二）		五言	與吳時任唱和。	酬唱
106	396	附吳公來詩		五言	吳時任之和詩。	酬唱
107	397	新春回鄉和答□簽書汝述齋詩韻		七言	和詩。	酬唱
108	397	再寄吳道臺依前韻		五言	與吳時任唱和。	酬唱
109	398	和餞東閣吳兄使回錦指詩韻		七言		酬唱

附錄四　阮偍《華程消遣集》

華程消遣集						
甲什二之一						
序號	頁數	詩　名	小　序	體式	內　容	類別
1	111	聞命北使留簡京中諸友		七言	對北使的期待。	抒情
2	112	曉泛珥河		七言	珥河＝紅河。寫珥河冬景，對出使任務有所抒發。	抒情
3	112	月德江有感	陳末莫李暨前年冬並口兵於此。	七言	感懷、懷古。	抒情
4	112	山路早行		七言	冬天、思鄉、路途難行。	抒情
5	113	夕陽山行即景		七言	即景、思鄉、路途難行、一聲笛（典故）。	抒情
6	113	諒山即景	次本部大陪臣元韻。	七言	即景、路途難行、李白（典故）。	抒情
7	114	夕次芝義驛挽諒山協鎮蘇川侯	侯清池人。	七言	寫景、冬天、晚上、典故（佛）。	酬唱
8	114	過鬼門關		七言	寫景、抒懷。寫過關之感。	抒情
9	115	團城即景		七言	即景、寫景。	寫景

10	115	抵團城寄心友段海翁		七言	段海翁＝段浚、訴說旅途艱苦。	酬唱
11	115	梅坡夜次寄老友黎愛山	某聞囗北使他有詩餞行。	七言	訴說旅途艱苦。	酬唱
12	116	寄同懷弟清軒素如子	辰伊弟居瓊州。	雜言	途中抒懷。	酬唱
13	116	冬霄賞月寄心友段海翁		七言	寫景。	酬唱
14	117	冬至書懷		七言	思鄉。	抒情
15	117	詠蘇氏望夫山		七言	女性、表達自己的堅貞。	寫景
16	118	題二青洞	洞中奉吳大菩薩像遊會兩元文章為一國領袖官拜諒山督鎮。	七言	寫景、佛教。	寫景
17	118	遊三青洞	依世友武工部元韻。	七言	武工部。	酬唱
18	119	見團城碑記感作	修城碑文是公家所撰內述年伯梅公建節于斯以戊寅冬重修。	七言	感懷。	抒情
19	119	家囗有感		七言	感懷。	抒情
20	120	留贈諒山黎鎮臺		七言	贈詩。	酬唱
21	120	留贈同院諒山陶協臺	他於五月期充恩貢部副使他是世家子。	七言	贈詩、陶協臺曾出使。	酬唱
22	120	留題梅坡寓次		七言	寫景、驛站居住環境。	寫景
23	121	過關喜賦		七言	過關之心情抒發。	抒情
24	121	囗次明江水月庵		七言	寫明江水月庵之景。	寫景
25	122	留別經廳程老爺		七言	贈詩。	酬唱
26	122	新寧夜發		七言	懷鄉。	抒情
27	123	老江晴泛		七言	懷鄉、寫景。	抒情
28	123	南寧晚眺		七言	寫南寧之景。	寫景
29	124	永福即景		七言	寫永福之景。	寫景
30	124	恩州道中偶成		七言	趕路的情景。	寫景
31	125	馬欄山夜雨		七言	寫雨景有所發。	抒情
32	125	留贈柳州章參軍		七言	贈詩。	酬唱

33	126	題伏龍庵		七言	感懷、詠史、典故（三國、伏龍庵）。	抒情
34	126	全州八景		七言	寫景。	寫景
35	126	渡黃沙河即景		七言	即景、寫景。	寫景
36	127	早憩永州府城記勝		七言	寫景。	寫景
37	127	雪		七言	寫景。	寫景
38	128	衡州懷古		七言	寫景、懷古、典故（司馬、諸葛亮）、思鄉。	抒情
39	128	雪中行		七言	寫景。	寫景
40	128	喜晴		七言	寫景、抒情。	抒情
41	129	旅次書懷		七言	寫景、思鄉。	抒情
42	129	月夜渡湘潭		七言	寫瀟湘景。	寫景
43	130	殘冬旅思		七言	寫景、思鄉。	抒情
44	130	湘陰即景		七言	即景。	寫景
45	131	月夜抵岳州遙望洞庭湖口因憶心友段海翁		七言	寫景、懷友。	抒情
46	131	黃鶴樓		七言	寫景、思鄉。	抒情
47	132	漢口晚渡		七言	寫景、思鄉。	抒情
48	132	旅次逢春	辰在信陽州湖北河南交界。	七言	寫景。	寫景
49	133	信陽早行		七言	寫景。	寫景
50	133	啖梨懷弟		七言	思弟。	抒情
51	133	藝香書屬		五言	寫景。	寫景
52	134	詠演城蠟梅		五言	寫景、詠梅。	寫景
53	134	黃河曉渡		七言	寫景。	寫景
54	135	除夕趲程		七言	寫景、思鄉。	抒情
55	135	旅中元旦		七言	寫景、思鄉。	抒情
56	135	到京喜賦		七言	抒情。	抒情
57	136	紫光閣侍宴		七律	寫閣。	紀事
58	136	御製節前御園賜宴席中得句元韻		七律	宴會盛況。	紀事

59	137	扈駕泛龍舟于園明溝中		七律	圓明園泛舟。	紀事
60	137	病後戲作		七言	思鄉。	抒情
		乙什二之二				
61	139	春日回程		七言	回程之喜。	抒情
62	139	口沱懷古		七言	懷古、典故（夏禹、劉邦）。	抒情
63	140	邯鄲記勝		七言	懷古、典故（邯鄲學步）。	寫景
64	140	贈彰德陽分府		七言	贈詩。	酬唱
65	140	經口里周文王演易處		七言	懷古、典故（周文王）。	抒情
66	141	過殷墟有感	在淇水縣界。	七言	懷古、典故（商代歷史）。	抒情
67	141	題三仁廟	在淇水縣界。	七言	懷古。	抒情
68	142	題太公望故里	在級縣界首上馬韻口。	七言	典故（姜子牙）。	抒情
69	142	題武穆公祠	在鄺城縣成內。	七言	典故（岳飛）。	抒情
70	143	漢陽津次韻答心友吳翰林		七言	與同行使臣唱和。	酬唱
71	143	和答庚戌謝恩部黎元韻		七言	題太公望故里。	酬唱
72	144	登黃鶴樓	在武昌城北。	七言	典故（崔灝、李白）。	抒情
73	144	留住武昌偶成		七言	寫武昌勝景。	寫景
74	145	留贈短口漢陽分府萬大爺	落雁韻格。	七言	贈詩。	酬唱
75	145	過萬年庵步吳荊山壁間元韻	屬口祈縣。	七言	寫景、佛教典故。	寫景
76	145	又步先价武翰林元韻		七言	抒情。	酬唱
77	146	臨湖暮行	落雁韻格。	七言	寫景、思鄉。	抒情
78	146	巴陵道中	屬岳州府進退韻格。	七言	寫景。	寫景
79	147	嶽城夜雨		七言	寫景（洞庭、岳陽樓）、思鄉。	抒情
80	147	登岳陽樓	在岳陽府之城外。	七言	登岳陽樓有感。	抒情
81	148	洞庭曉望	落雁韻格。	七言	觀洞庭湖有感。	抒情

82	148	三醉亭	進退韻格。	七言	寫景（三醉亭）、典故（呂洞賓三醉岳陽樓）。	抒情
83	148	遊洞再庭憶心友段海翁元韻		七言	寫景（洞庭湖）、思友、懷鄉。	酬唱
84	149	蒲祈曉望	進退韻格。	七言	回鄉之路。	抒情
85	149	留贈湘陰縣正堂		七言	贈詩。	酬唱
86	150	湘陰曉景		七言	寫景（瀟湘）。	寫景
87	150	瀟湘晚渡		七言	寫景（瀟湘）、懷鄉。	抒情
88	151	熊羆山遇雨		七言	寫雨景。	寫景
89	151	題湘山寺		七言	寫景（湘山寺）。	寫景
90	152	初夏全州道中	上馬韻格。	七言	寫景（全州瀟湘）。	寫景
91	152	桂江曉望		七言	寫景。	寫景
92	152	曉天鮮纜		七言	寫景。	寫景
93	153	舟中獨酌	進退格韻。	七言	寫景、典故（李白）。	抒情
94	153	桂江舟程寫景		七言	寫景。	寫景
95	154	仰山		七言	寫景。	寫景
96	154	昭平晚泊		七言	寫景。	寫景
97	155	題劉三烈廟		七言	懷古。	抒情
98	155	月夜次灘江		七言	寫景、思鄉。	抒情
99	156	梧州晚泊		七言	寫景。	寫景
100	156	抵蒼梧懷古		七言	寫景、懷古。	抒情
101	156	梧江夜雨		七言	寫景。	寫景
102	157	藤江月夜	四月十五夜次藤江城江岐三口塘口三合口潛石土磯露出江面。	七言	寫景。	寫景
103	157	平南即景	昔陶侃在此拜平南將軍遂以縣名唐楊太真生于此地旁邑落雁韻格。	七言	寫景、典故（陶淵明）。	寫景
104	158	潯江順帆		七言	寫景、思鄉。	抒情
105	158	舟程阻風		七言	寫景、抒懷。	抒情
106	159	潯州晴夜		七言	抒懷、思鄉。	抒情

107	159	舟中漫成	上馬韻格。	七言	思鄉。	抒情
108	160	留贈梁通侯	他是明江人。	七言	贈詩。	酬唱
109	160	晚過大灘		七言	寫景。	寫景
110	161	又過五險灘		七言	寫景、思鄉。	抒情
111	161	過伏波祠		七言	懷古。	抒情
112	161	望半仙洞		七言	寫景。	寫景
113	162	橫州舟次		七言	寫景。	寫景
114	162	次心友段海翁元韻		七言	與段浚和詩。	酬唱
115	163	又次世友武工部元韻		七言	與友人和詩。	酬唱
		華程消遣後集				
		秋什四之一				
116	169	留東寮友	乙卯孟秋聞命再奉北使因留東春京諸寮友。	七言	告別友人。	抒情
117	169	春京夜發	孟秋初十日戌口自春京啟程。	七言	啟程有感。	抒情
118	170	永靈道中	一路穿林而行轉波渚白沙堆積綠樹發生惟多有鳥啼禽聲而已。	七言	寫景。	寫景
119	170	洞海曉渡		七言	寫景、抒懷。	抒情
120	171	口河	是口辰分界處兩岸並有大炮臺舊江中舊有木柵橫截。	七言	寫景、懷古。	抒情
121	171	橫山	是口辰攻守之地沉山一代古興尚存。	七言	寫景、懷古。	抒情
122	172	回鄉偶賦		七言	回鄉之感。	抒情
123	172	留別人安鎮戶部右同護弘口侯		七言	贈詩、告別友人。	酬唱
124	173	贈別乂安鎮戶部左奉護裕祿侯	侯亦於是日起身回朝。	七言	贈詩。	酬唱
125	173	藍江秋渡		七言	寫景、抒情、懷鄉。	抒情
126	173	經仙里挽故朝乂安督平裴司徒公	公為舊朝統將榮封功臣，督平乂安道有五六年，境土口寧民被其澤	七言	懷古。	酬唱

			再獻口復順化全境，公卒後，適值鼎隔其子亦亡，家園伺址蕩然為蕘蕘雉兔之場，見之有感。			
127	174	瓊琉曉行		七言	寫景、趕路。	抒情
128	175	過冷水泉	此是乂安清華交界處群山對峙一水，中遊客過此不勝故郡他鄉之感。	七言	寫景、抒懷。	抒情
129	175	濠門望海		七言	寫景。	寫景
130	175	清華道中		七言	寫景、懷古。	抒情
131	176	三疊山	山一帶自上流起祖橫亙至海，三疊山中一頂為清華內外鎮交界，口代以山之外為東粵山，之內為西粵，故清華亦號西都，舊辰以為湯沐邑，今為朝貢必由之道。	七言	寫景。	寫景
132	176	清決江	是舊辰戰地，故壘猶存，風景荒涼，見之有感。	七言	寫景、懷古。	抒情
133	177	經山南贈協鎮戶部右同護謹信侯	侯亦已有召口將回京奉侍。	七言	贈詩。	酬唱
134	177	登程偶述	春正奉在歸仁城，戎務七日，聞命北使，八月二十八日自昇龍城啟程。	七言	抒懷。	抒情
135	178	月江霄渡	江是在京北鎮口營北京北有三德水此是中支陳末莫季並口兵於此諒江一道口公宦口甚口，南岸社與鎮營對岸。	七言	寫景、懷古。	抒情
136	178	登母子山		七言	寫景。	寫景
137	179	題鬼門關	按陳末胡季犛篡國陳口添往來明兵口援胡兵拒截在此明兵失其歸路乞交納陳漆口而還又口莫氏失首昇龍城退口高諒安置家人於此鄭兵間道口至燒莫家口殆盡。	七言	寫景、懷古、抒懷。	抒情
138	179	呈謝侍中御史潘臺公	公與我同口年前曾口我頗有口口。	七言	贈潘輝益詩。	酬唱

139	180	和答刑部同護灝口侯	伊兄已有召命將回春京奉侍。	七言	和詩。	酬唱
140	180	贈諒山鎮守大都督維玉侯		七言	贈詩。	酬唱
141	181	贈諒山協鎮左在侍郎青峯侯	伊兄為我至交相隔許久契譜十人今僅存吳兄、潘兄、黎兄、武弟與我五人而已。	七言	贈詩。	酬唱
142	181	詠望夫山		七言	寫景、抒懷。	抒情
143	182	過關遇述		七言	寫景、抒懷、典故（玉門關）、思鄉。	抒情
144	182	受降城	是明朝受偽莫來降獻納三州之地處一口命名至今不改。	七言	詠史。	抒情
145	183	題寧明州水月庵依舒希忠壁間元韻	庵四面水遶，中起一堆結成見音沿平楷而八外門扁水月庵內堂扁小西湖松竹清疎口寐可愛我於己酉使部曾駐於此。	七言	寫景、典故（葛洪）。	寫景
146	183	寧城登舟		七言	寫景、思鄉。	抒情
147	184	明江鮮纜		七言	寫景、抒懷。	抒情
148	184	三江口舟中即景		七言	寫景、思鄉。	抒情
149	185	太平府城夕駐	我於己酉部由陸路間城夜半口此。	七言	抒懷。	抒情
150	185	重陽		七言	思鄉。	抒情
151	185	定綠秋泛	定綠江名有灝水灘水口盤旋，舟行頗難又有響湖冠瀑辰口聲如震雷。	七言	寫景、思鄉。	抒情
152	186	新寧州小憩即景	津頭有真武廟與口音庵古樹口差石磯斷截江岸風景如畫。	七言	寫景。	寫景
183	186	夜泊白沙塘不寐偶成		七言	寫景、抒懷。	抒情
184	187	南寧江	江號潯江，商客大聚，有崑崙山馬，口泉此為秋青破智高處，城中有陽明書院，是文成公講口處，城東又有逍遙山，	七言	寫景、當地特色。	寫景

185	187	呈護送龍州分府和老爺	他一路護送不曾與陪臣接見。	七言	贈詩。	酬唱
			偌口山上聞鼓樂聲，即其年豐。			
185	187	呈護送龍州分府和老爺	他一路護送不曾與陪臣接見。	七言	贈詩。	酬唱
186	188	詠龜嶺塔	偌傳此處舊有蛟患，故築塔以鎮之，蛟患始息，塔旁有古寺。	雜言	寫景、當地特色。	寫景
187	188	剪刀曉發	剪刀塘名辰徑涉灘州行頗難，州中人皆懼。	七言	寫景、抒懷。	抒情
188	189	永淳夜泊	次大陪臣元韻永濠縣城中有遺愛廟扁口林山斗城中外有樓，高三層近臨江渚。	七言	寫景。	寫景
189	189	口池月夜	口池塘名。	七言	寫景、旅懷。	抒情
190	190	舟中遣興		七言	旅懷。	抒情
191	190	恭遇親兄太保公諱辰有感		七言	旅懷。	抒情
192	190	橫州風景	橫州隔岸有龍母廟，廟下有龍母蹟，舟行頗艱，城中口王廟制極壯麗又有孔子行教像，刻石置學中，又於月林灣，相傳鐵船沉于水底，漢馬援口灘所用，遇大風雨或浮于水面，有口麼楷相口仙人董奉買口于此，又有海棠橋，是口少遊醉宿口下題祠云醉鄉廣大人間小。	七言	寫景、當地特色。	寫景
193	191	橫州江次有懷	我於庚戌回程與侍中御史當潘臺公刑部護武臺兄吏部郎段臺兄相遇於此，口賦詩各相敘別口重臨此地江山依舊。	七言	寫景、抒懷。	抒情
194	192	題伏波祠		七言	典故（伏波將軍）。	寫景
195	193	槎江舟程	江自橫州而下不下水，程最險，亂石浮口，隔塞江路，中有五險灘，曰龍門立壁，口口掛蛇虎	七言	寫景，抒懷（旅途艱險、意志堅定）、地方介紹。	抒情

			踞尤為險要，晉咸和間有一枯槎橫灘口，堅如鐵，有墨光，或謂天河流下，故名橫槎江。			
196	194	貴縣	縣山水最佳，舊記云貴縣四山，全只因東井穿東井，口不穿三科中一元，今士多志口科名最盛。去城十五里有東山，山有二石如人並立，口是何履何光引此仙化。	七言	寫景、地方介紹。	寫景
197	195	東津秋泛即景	東津塘名。	七言	寫景。	
198	195	潯州八景	潯州府屬廣西省，有八景曰白石洞天口叢岩月東口回瀾山西夕照，南津古渡、北岸漁翁樵洞，皷秋濤金蓮夜雨去城九十里有紫荊山，山多產桂，趙武帝取以獻口文帝。	七言	寫景、地方介紹。	寫景
199	196	潯江夜泛		七言	寫景。	寫景
200	196	平陽午泊	縣名晉陶侃唐太真故里皆在此，近地又有口石山，梁狀元讀書之所，石臺几猶存。	五言	寫景、地方介紹。	寫景
201	196	藤城曉望	縣城四面山遶濩江合流潛石土口暗路江口商津頭多有土人結竹為槎，築屋其上便與往返商船買賣。	七言	寫景、地方介紹。	寫景
202	197	梧州夜泊	州口廣東廣西夾界，江分兩岐各三合嘴，城北有九疑山，即舜口舊跡，又有會仙山，上建準提庵，風景殊勝，又有祿秀山，口是鹿昌公遇仙處，古屬交州，士王聲於此地。	七言	寫景、地方介紹。	寫景
203	198	梧州八景	州有八景曰桂江春泛、半仙渡水、水井泉香、火上夕口、龍州砥峙、	七言	寫景、地方介紹。	寫景

			雲嶺晴嵐、口池口月、鶴崗夕照。			
204		桂清泝流		七言	寫景。	198
冬什四之二						
205	199	昭江晚泊	一路橫口蔽流，舟行頗難經九峯灘董公口臺至口平城，岩後有五指山對河上流有劉三烈廟。	七言	寫景、地方介紹。	寫景
206	199	題劉三烈廟	明正德間有劉辰口者，舟行過此被劫，次室口氏妾口氏女劉氏不辱投江，喜靖旌表立廟於此落確韻格。	七言	寫景、地方介紹。	寫景
207	200	聞命喜賦	舟次長灘接到廣西從撫城札示奉庭寄上諭此次安南貢使當由廣東江西進程，由此底江西舟程又添數十日，路經韶南口府名勝甚多。	七言	改道紀錄。	紀事
208	200	漓江返掉	桂江一名漓江。	五言	寫景。	寫景
209	201	再泊昭平月夜口興	昭平縣名。	七言	寫景。	寫景
210	201	桂江紀見		七言	寫景。	寫景
211	202	再抵蒼梧		七言	寫景、抒懷。	抒情
212	202	梧江順泛即景	梧州五里繫至龍州，經口界塘是廣東廣西交界又十里至雙魚澤。	七言	寫景、抒懷。	抒情
213	203	封州晚泊		七言	寫景。	寫景
214	203	德江夜泛	德慶州屬廣東省肇慶府由此至京尚有七千六百餘里，護送官惟恐不及程限，連夜開舟，但見夾岸樹陰燈光閃爍，連江霧鎖，夜氣朦朧，甚寫景、抒懷有趣。	七言	寫景、抒懷（趕路）。	抒情
215	204	肇慶夜泊	城名信岩有七星岩中為石室岩有山松臺名勝景口端西兩口出石現最佳，使船到此隨即夜發未及遊賞。	七言	寫景、抒懷（趕路）。	抒情

216	204	三水晚眺	三水縣名水分三派，山列千峯，風景如畫。	七言	寫景。	寫景
217	205	清遠晚泊	縣名。	七言	寫景、思鄉。	抒情
218	205	題飛來寺石刻	寺口臨流對岸群山列翠寺傍有口瀑泉及古澗，是孫生遇白猿古跡為粵東一勝，口賦依口得來字。	七言	寫景、地方簡介（傳奇所記孫恪袁氏事，即此寺，至今有人見白猿者）。	寫景
219	206	英德晴口	口陽驛四十里至英德縣城有溪口。	七言	寫景、思鄉。	抒情
220	206	望夫崗	在廣東英德縣又我國諒山鎮城北三十里亦有望夫山。	五言	寫景。	寫景
221	206	題觀音岩	岩下有蓮花口。	七言	寫景。	寫景
222	207	途中偶憶老契溫如子心氣海派兄		七言	憶友人。	抒情
223	207	江程曉望		七言	寫景、抒懷（趕路）。	抒情
224	208	旅中遣興		七言	抒情、思鄉。	抒情
225	208	曹溪口偶占	韶州曲江屬按梁口有西竺國僧泛舶溪口聞異香，曰：上必有勝祖地。尋之關山立石口云：百七十年後，當有無上師法師在此演法，即六祖。南北寺又按達摩祖自天竺奉衣八中國有得道者，口與以為真印，五祖弘忍欲口衣鉢乃令諸僧各賦一偈，神秀偈云：身似菩提樹，心如明鏡臺，辰夕頻拂拭，勿使惹塵埃。六祖慧能見之曰：美則美矣，了則未了，故賡云：菩提本無樹，明鏡亦非臺，本來無一物，何處拂塵埃。五祖乃定以為法嗣，至六祖曹溪說法乃置其衣不口，今南華寺有六	七言	寫景。	寫景

			祖肉身與衣鉢、石鞋在此，進京百七十里，經仁化江口八舟露山有夢口開。			
226	209	白茫夕泛	白茫驛名過河西尾口昌海口十里至韶州府城，辰已屬中口口雲口領宿草兩提望之倍口寥寂。	七言	寫景、思鄉。	抒情
227	210	韶州懷古	府口最為衝繁，昔盧舜南從橫山達韶郡，上有薰風樓，風度樓外余二相祠，城東一代是長吳越往東之路。	七言	寫景、思鄉、地方介紹。	抒情
228	210	仁化江口夜間偶城	由此八州霞山有松園、菜圃，佳勝甚多。	七言	寫景、抒懷。	抒情
229	211	南雄起早	南雄府居嶺東上游與江西交界，水陸商賈必由之路，一水環抱有虹橋二道，八城東南二門津次多有古樹，西接凌江、北通庾嶺，大為衝要之地，使舟至此起早往江西辰值嚴寒冬雨朔風甚庾凜烈。	七言	寫景、地方介紹。	寫景
230	211	過大庾嶺未見梅花偶吟		七言	寫景、抒懷。	抒情
231	212	南安下舟	南安府名成之四面皆山，中有一江縈繞。地產冬口甚美，由是登舟下十八灘最險。	七言	寫景、抒懷（道路之險）。	抒情
232	212	南康即景	縣城外有古塔南庵到此水派清淺去舟磨石而行，城北有樓，制頗壯麗，辰已屬深冬，客舸航檣帶天邊之霧色舞短亭危舷。口舍與江程接商口沿江樹木隱約，城之四門各有戍和江上之濤聲耳所接俱口淒寂，南安府官相送已辭回兵修道大人又來護接。	七言	寫景、抒懷、地方介紹。	抒情

233	213	贛州冬望	贛州有章貢二水合流故名，沿流築城有東西二口口，城中有提口亭，昔王奇為縣小吏，會題口詩，一口於亭云：牛牛唧盧背曉霜盡隨駕鷺八口塘奇續方脫來澳掉驚口去書破天邊字一行，又有鬱孤臺在城外，使舟到此冬天甚是寒冷。	七言	寫景、抒懷、地方介紹。	抒情
234	213	過灘述景	灘西有萬安縣，有十八灘最陰，亂石嶙峋，回瀾飄沸，過此後一路河沙易行。	七言	寫景、地方介紹。	寫景
235	214	萬安曉泊	萬安縣名昔盧舜口九成於此，故山名韶山，水名韶水，使舟至此適值冬天，寒霧口尺不辨。	七言	寫景、地方介紹。	寫景
236	214	泰和夜泊	辰屬冬夜霧色朦朧，惟見水亭燈影石岸樂聲而已，城有快口古詩云：口口卻公家事，快閣東西倚晚晴，即此沅瀅，北方夜半霧氣也。	七言	寫景、地方介紹。	寫景
237	215	吉安晚望	吉安府城南有香城山，江灘曲折，形如吉字，故灘名吉陽縣吉水有文江樓口雲亭，辰值冬晴江山舒綿，樓閣臨流口陣驚寒漁舟唱晚，天邊縱目甚口有趣。	七言	寫景、地方介紹。	寫景
238	216	桐江即景	屬峽山縣江流開闊青山口口互相映，帶又見商舸舉肌漁舟撒網，景致最是清逸。而人家堤畔青草成叢樵經山頭白雲半掩風光如畫酷似我鴻山嵐水一般，因成一律。	七言	寫景、地方介紹。	寫景
239	216	峽山夜月	峽山縣名屬臨江府口嶺雪澄口江濤洶湧，而月色流光清瑩可愛。	七言	寫景。	寫景

240	217	冬至書懷		七言	抒懷、思鄉。	抒情
241	217	新淦晚泊	新淦縣名余幻孜生于此梅福蕭子雲亦隱居于此，有口出下有水名玉澗又宋劉次莊謫居山下，口池構堂曰戲魚堂，手摹淳化帖刻石。	七言	寫景、地方介紹。	寫景
242	218	夜經清江	清江縣名晉陶侃棠鈞澤中得一口掛壁間，一日口化為龍，後人做亭表之名化口亭。	七言	寫景、地方介紹。	寫景
243	218	曲城即景	曲城為江西第一巨縣，有雷口得劍古跡。	五言	寫景、地方介紹。	寫景
244	218	吳江阻風	昔王勃騰舟馬當山下順風一夜刑八百里至滕王閣做序文。	七言	寫景、典故（王勃）。	寫景
245	219	題滕王閣		七言	寫景、典故（滕王閣）。	寫景
246	219	題二程書院		七言	典故（二程）。	抒情
247	220	江西紀勝	江西即古豫章之地，又名江右，東接彭口，西臨洞庭，衡岳居其南廬山庄，其北省城內有二程書院，程外臨吳江，有滕王閣，中又有秋屏閣，是高曾子固云豫章樓可盡西山勝覽，為秋屏耳。	七言	寫景、地方介紹。	寫景
248	220	沙井起程	沙井驛名與江西省程對岸。	七言	寫景、抒懷。	抒情
249	221	途中遇口		七言	寫景、抒懷。	抒情
250	221	九泛晚望	江九派合自潮北下江南水流開闊波濤洶湧，兩岸樓閣，江面帆墙，往來如織，而口山夕照古樹口煙望之甚口有口去渡十五里口潯陽有琵琶亭。	七言	寫景、地方介紹。	寫景
251	222	題虞姬墓		七言	典故（虞姬）。	寫景

252	222	臨淮夜發途中遇雪	臨淮關屬鳳陽府辰江南道亭刀大人賜於鳳陽，宴罷夜發適逢雨雪。	七言	寫景、抒懷、地方介紹。	抒情
253	223	經棠棣橋	懷柔如弟。	七言	懷友。	抒情
254	223	宿州偶占	有古淮揚城碑唐張從守此安祿山破之，漢汲黯出守淮陽亦在此近地。	七言	寫景、抒懷、典故（安史之亂）。	抒情
255	224	符籬晴望	水是泰淮，一路多有石渠以防水患，漁舟大聚，居民多於浮門築屋，有口信口沙壅水古跡。	七言	寫景、懷古、地方介紹。	抒情
256	224	黃河		七言	寫景、懷古。	抒情
257	225	柳泉早行即景		七言	寫景。	寫景
258	225	東夜抒懷		七言	抒懷、思鄉。	抒情
259	226	行次東山偶憶蘭池漁者		七言	寫景、典故（伯夷、叔齊）。	抒情
260	226	易水渡水		七言	寫景。	寫景
261	227	至京喜賦		七言	描寫抵達北京喜悅。	抒情
262	227	燕臺八景		七言	寫景。	寫景
263	227	旅中除夕即事	太和殿名營造司公口名是日太早奉侍除夕宴于太和殿。	七言	侍宴太和殿的情景，從中表露出欲回鄉的念頭。	抒情
春什四之三						
264	229	元旦趨朝		七言	百官朝拜情景。	紀事
應制（進詩奉賞錦緞十端，大荷包一對，小荷包二對）						
265	229	太上皇帝紀元週甲授受禮成恭紀二首		七言	禪位應制詩。	應制
266	230	其二		七言	禪位應制詩。	應制
267	230	應制侍千叟宴	進詩奉賞壽杖一根，玉如意一把、錦緞六端及石硯、口墨水筆，緒箋、鼻咽等物，並御製詩一幅。	七言	千叟宴應制詩。	應制

268	231	侍皇極殿千叟宴預頒壽杖喜賦		七言	侍宴千叟宴的情景。	紀事
269	231	紫光閣宴罷回步西園即景		七言	侍宴紫光閣。	紀事
270	232	賀文護送大老爺預千叟宴		七言	賀文、千叟宴。	酬唱
271	232	人日有懷		七言	描寫思鄉之情。	抒情
272	232	應制侍元宵于圓明園之山高水長閣	詩進奉賞大緞一端及文房四寶物。	七言	描寫圓明園。	應制
273	233	朝罷喜賦	元宵十九夕奉引陛辭回國仍侍宴看戲口燈再口駕泛龍舟興豐慶園。	七言	完成使臣任務可以回國之喜。	抒情
274	233	春夜偶吟		七言	抒懷、思鄉。	抒情
275	234	挽大陪臣	正月二十一日就城外公館告行期遇成一口。	七言	抒情（人）。	抒情
276	234	題燕京公館		七言	題館後有感而發。	抒情
277	235	春日回程		七言	啟程回鄉之喜悅。	抒情
278	235	盧階曉月	盧橋曉月是燕八景之一，恭和乾隆御製元韻。	七言	寫景盧溝曉月。	寫景
279	236	良鄉客館偶題	時出住良鄉三日，護送官候領兵牌未已歸思口口旅愁寂寞因題一口。	七言	抒懷、思鄉。	抒情
280	236	涿州晚抵	涿州即古涿鹿之地，黃帝於蚩尤在此口桓侯引口故里州沿桂口有云曰邊衝要無雙地天下煩難地一州。	七言	抒懷、典故（黃帝、蚩尤）、地方介紹。	抒情
281	237	新城藥王寺夕望即景	用一句一藥味。	七言	寫景。	寫景
282	237	白溝懷古	白溝即古易州之地，燕太子使荊軻入秦送至此處，高潮口口口軻和而口之。有紫荊開嶺上，城高池深，還代守禦之所，又有五花臺相口。周武王口為占候之所，	七言	懷古、典故（荊軻），地方介紹。	抒情

			燕昭王建五樓於上，更名五花樓，是宋遼分界處，歲致銀絹在此。			
283	238	趙坡晴眺	在口縣城南十里，西連新安，東通天津，長堤十餘里，皆植杞柳，有名墻五六處，又有行宮制極壯麗，商船渡舟往來如織，地生蓬魚，沿岸艤船賣魚甚眾。	七言	寫景、地方介紹。	寫景
284	238	任邱城悼古	任邱是古勇戰地死于此，遂以成名去西門一里地有故墓在此。	七言	懷古。	抒情
285	239	題劉關張桃園結義處	在任邱城南十里有石碑。	七言	懷古、典故（桃園結義）。	抒情
286	239	河間	即古渤海之地後龔遂為太守教民俗始回淳，今民務農桑，土重文孝，有孝舍極廣闊。	七言	地方介紹。	寫景
287	240	獻縣午尖	獻縣舊有日花宮後王德所築置客館二十餘區，以延大孝士更有樂陵臺。元口天錫七夕後臺上侍桐梧懷李侍御亦古名勝之地，今城郭頹口舍稀疎，風景甚是寥寂。	七言	寫景、抒懷、地方介紹。	抒情
288	240	旅中得興		七言	抒懷。	抒情
289	241	景州曉發	辰遇大風嚴口路上口占。	五言	寫景、抒懷。	抒情
290	241	雪望	辰在德州夜間雪雨天霽進程一望連天口極目潔白可愛。	七言	寫景、抒懷。	抒情
291	241	偶題思縣公館二首	並依宋雙峯壁間元韻。	五言	抒懷。	抒情
292	242	其二		七言	抒懷、思鄉。	抒情
293	242	贈別舊送護原四城府正堂朱大爺	伊江西人至京引見，以老去任並口護送口伊取路回貫更就蘇口登舟途間相遇行況蕭條不似來	七言	贈詩。	酬唱

			辰風味，見之亦為悵然回贈一律。			
294	243	高唐夕住	州城東北有鳴雞山，昔田宣遇異人於此，遺以一石吞之，百日不飢，又有口太守中大夫東方朔故里碑及其口子守碑。	七言	寫景、地方介紹。	寫景
295	243	茌平早發	茌平即魯仲連所居，舊有仲連臺，唐相馬周故里，門東外三里是馬家庄有馬周墓。	七言	抒懷、地方介紹。	抒情
296	244	東阿春望	東阿古齊地，有口氏三口臺與口伯王墓碑，獅耳山是飼驢之所，狼溪水甚闊，地產阿膠。	七言	地方介紹。	寫景
297	244	題項王墓		七言	懷古。	抒情
298	244	恭詠泗水橋	城在口州城南門外甚闊，大有泗水橋石碑關石柱。	七言	寫景、地方介紹。	寫景
299	245	經鄒邑恭題	孟亞聖祠刻石。	七言	懷古（孟子）。	抒情
300	245	界河遇雨	河是鄒藤二縣交界，故名界河。東通洙水，西迹嶧山，至此遇大雨湔雪因住。	七言	思鄉。	抒情
301	246	題滕文公行井田碑	在滕縣界首。	七言	典故（滕文公）。	抒情
302	246	題口二疏故里	口美滿即古蘭陵之地，有二疏故里碑。	七言	典故（蘭陵王）。	抒情
303	247	黃河春渡		七言	寫景（黃河）、抒懷。	抒情
304	247	徐州即景		七言	寫景（黃河）、抒懷。	抒情
305	248	新豐春望		七言	寫景、思鄉。	抒情
306	248	春天晚眺		七言	寫景、抒懷。	抒情
307	248	經口山題岳武穆王祠	祠傍有王裔孫夢熊妻王氏節孝碑坊。	七言	典故（岳飛）。	抒情
308	249	途遇清明		七言	抒情。	抒情

309	249	春天淋雨		七言	抒情、思鄉	抒情
310	250	八公山	口淮南王與賓客八人修練于此，故名。	七言	典故（淮南王）。	抒情
311	250	途中偶億月江道人因次贈如元韻		五言	友人。	酬唱
312	251	附錄元韻		五言	友人。	酬唱
313	251	在經桐城懷孫秀才	前年我與秀才於梧州相別。	七言	中國友人。	抒情
314	251	盧山	山在九江府中，有香爐峯及石門瀑布 古詩有雲起爐峯一口炷煙之句，又云爐山奇秀甲天下，梁元帝序云：盧山南國之德鎮。	七言	地方介紹。	寫景
315	252	三笑亭	亭在盧山東林寺昔慧口口不履口邱百口潛陸修靜口至此三人皆笑。	七言	地方介紹。	寫景
316	252	途中遇雨山庵借宿偶成		七言	寫景、抒情。	抒情
317	253	清泉亭	亭在德安縣城北八里，昔宮口傳高公從省此地民被其澤，常愛此泉，去後民思之，乃亭其坐處而築，其權立碑以誌之，口門陳大夫又賦詩刻石以詠之，因依口韻續詠一律，亭傍又刻腺船隻字碑。	七言	地方介紹。	寫景
318	253	南昌登舟		七言	抒懷、思鄉。	抒情
319	254	再遊滕王閣		七言	寫景、抒懷、典故（滕王閣）。	抒情
320	254	送春	次二陪臣元韻。	七言	寫于同行使臣。	酬唱
		夏什四之四				
321	255	江程夕望	辰在豐城道中。	七言	寫景、抒懷。	抒情
322	255	舟次遣懷	辰在淦新道中。	七言	寫景、思鄉。	抒情
323	256	文江舟程雨中即景		七言	寫景、抒懷。	抒情
324	256	韶江淋雨	屬口安縣。	七言	寫景、抒懷。	抒情

325	256	上十八灘		七言	寫景、抒懷（旅途之難）。	抒情
326	257	伋鎮夜泊	伋鎮驛名屬口縣。	七言	寫景、抒懷。	抒情
327	258	贛江舟程		七言	寫景、抒懷。	抒情
328	258	賢女舖夕泊	岸上有賢女牌坊，卻不見鐫事蹟。	七言	地方介紹。	寫景
329	258	再登大庾嶺	大庾嶺產梅故號梅國嶺，上有梅開又有古寺，道右山最高處有碑刻，雁迴峯口四字，嶺之稍南有碑刻急流勇退四字。	七言	寫景、抒懷、地方介紹。	寫景
330	259	南口順泛		七言	寫景、抒懷。	抒情
331	259	韶州夕望		七言	寫景、抒懷、思鄉。	抒情
332	260	再遊飛來寺	得五來字。	七言	寫景。	寫景
333	260	清寄江口		七言	寫景、抒懷。	抒情
334	260	封川霄發		七言	寫景、抒懷、思鄉。	抒情
335	261	舟中遣悶	辰在平南道中。	七言	寫景、抒懷、思鄉。	抒情
336	262	旅中端陽		七言	寫景、抒懷、典故（屈原）。	抒情
337	262	舟程夕雨	辰在貴縣津次。	七言	寫景、抒懷。	抒情
338	262	午泛即景	辰在永淳道中。	七言	寫景、抒懷。	抒情
339	263	明城起早		七言	寫景、抒懷。	抒情
340	263	旅關喜賦	涼協吳兄是吾至友，預設酒開外云為我塵洗故七八云。	七言	友人。	抒情
341	264	呈謝護送劉都口府		七言	友人（護送官）。	酬唱
342	264	贈吳通事	伊是明江人，與我國接壤。	雜言	贈詩。	酬唱
343	265	柬朝鮮國使臣		七言	與朝鮮使臣詩文。	酬唱
344	265	附錄朝鮮國副使禮曹判書李亨亨元和韻體		七言	與朝鮮使臣詩文。李元亨（1741～1798）	酬唱

345	265	再柬朝鮮國使臣		七言	與朝鮮使臣詩文。	酬唱
346	266	附錄朝鮮國副使禮曹判書李元亨和體		七言	與朝鮮使臣詩文。	酬唱
347	266	再柬朝鮮國使臣李元亨	伊謝以公口不能屬和。	七言	與朝鮮使臣詩文。	酬唱
348	267	附錄朝鮮國副使吏曹判書內閣學士徐有防和體		七言	與朝鮮使臣詩文。徐有防（1741～1798）	酬唱
349	267	答和朝鮮國副使徐有防	伊亦謝以公口不能屬和。	七言	與朝鮮使臣詩文。	酬唱
350	268	附錄朝鮮國使臣徐有防	特同赴禮部餞宴。	七言	與朝鮮使臣詩文。	酬唱
351	268	錄朝鮮國徐有防	和體。	七言	與朝鮮使臣詩文。	酬唱
352	268	贈宿正堂陳大爺		七言	贈詩。	酬唱
353	269	次韻答宿州正堂陳大爺		七言	贈詩。	酬唱
354	269	附錄陳大爺元韻		七言	贈詩。	酬唱
355	270	留贈鳳盧道習大人	來辰伊設宴勸酒回期再有程口相贈又來拜會解口意甚懇懃因留謝一律。	七言	贈詩。	酬唱
356	270	和答吉水正堂錢大爺其一謝口詩	伊求見詩稿，再書詩三絕相贈，回和以答。	七言	贈詩。	酬唱
357	271	附錄錢大爺元韻		七言	贈詩。	酬唱
358	271	其二謝贈扇		七言	贈詩。	酬唱
359	271	附錄元韻		七言	贈詩。	酬唱
360	272	其三謝贈詩		七言	贈詩。	酬唱
361	272	附錄元韻		七言	贈詩。	酬唱
362	272	留謝高唐卅正堂酉山辰太爺	伊口接甚懇懃口口移時再有畫軸口口相贈因留贈一首。	七言	贈詩。	酬唱